Gemeinnützige GmbH

von

Thomas von Holt

Rechtsanwalt und Steuerberater
in Bonn

und

Christian Koch

Diplom-Kaufmann,
Unternehmensberater in Bonn

Verlag C. H. Beck München 2005

Verlag C. H. Beck im Internet:
beck.de

ISBN 978 3 406 53238 2

© 2005 Verlag C. H. Beck oHG
Wilhelmstraße 9, 80801 München
Druck: Nomos Verlagsgesellschaft
In den Lissen 12, 76547 Sinzheim

Satz: jürgen ullrich typosatz, 86720 Nördlingen

Gedruckt auf säurefreiem, alterungsbeständigem Papier
(hergestellt aus chlorfrei gebleichtem Zellstoff)

Vorwort:
Gemeinwohlorientierte Institutionen
zwischen Gewinnorientierung und öffentlicher
Bedarfsdeckung

Gemeinwohlorientierte Institutionen in Deutschland stehen vor einer großen Herausforderung: Dem eigenen Leitbild der Schaffung sozialer Gerechtigkeit und Qualität durch Dienst an der Gemeinschaft ebenso zu genügen wie den Anforderungen der Leistungsträger an die Kosten ihrer Dienstleistungen. Schon hat sich der Staat aus vielen Bereichen freiwilliger sozialer Aufgabenerfüllung bzw. ihrer Finanzierung zurückgezogen. Auch solche sozialen Aufgaben, die derzeit noch als Pflichtaufgaben des Staates ausgestaltet sind, werden zunehmend begrenzt und mit neuen Anforderungen an Kosten- und Wirkungseffizienz belegt. Nimmt man die politischen Debatten der letzten Jahre zum Maßstab, ist ein Ende dieses Trends derzeit nicht abzusehen.

Dabei ist eine Beschränkung staatlicher und kommunaler Ausgaben im sozialen Bereich zweifellos unumgänglich, um den deutschen Sozialstaat finanziell nachhaltig zu sichern. Um bei schwindenden Finanzressourcen einen hohen Standard an sozialen Dienstleistungen zu erhalten, wird von den Leistungserbringern oft eine größere Marktorientierung und Kosteneffizienz gefordert.

Die konkrete Ausgestaltung eines zukünftigen Sozialstaats wirft komplexe Fragen auf: Welche Folgen hat diese sogenannte „Ökonomisierung des Dritten Sektors" – bedeutet sie für die Leistungserbringer das Ende ihrer historisch gewachsenen Rolle oder die Chance, diese Rolle auch im Rahmen eines europäischen Binnenmarktes und einer globalisierten Welt weiter zu entwickeln?

Das vorliegende Buch kann und will diese offenen Fragen nicht umfassend beantworten. Sein großer Verdienst liegt zunächst darin, dass es dem Praktiker, der die Gründung einer gemeinnützigen GmbH (gGmbH) oder die Ausgliederung von Betriebsteilen auf eine solche überlegt, die betriebswirtschaftlichen, steuerlichen und rechtlichen Rahmenbedingungen in übersichtlicher und nachvollziehbarer Weise darstellt. Eine besondere Hilfe stellen dabei die umfangreichen Beispiele für Satzungstexte und Checklisten dar. Durch sie erübrigt sich nicht jede externe fachliche Beratung. Sie helfen aber dabei, das Problembewusstsein für alle wesentlichen Fragen der gGmbH zu schärfen und den Leser systematisch durch die verschiedenen Lösungsansätze zu führen. Ziel des Buches ist, dem Leser die größtmögliche Kompetenz in der Sache zu vermitteln, so dass externe Beratung gezielt erfolgen kann. Für das fachliche Niveau der Ausführungen bieten die beiden erfahrenen Autoren eine ausgezeichnete Gewähr.

Über diesen praktischen Nutzen hinaus leistet das Buch auch einen wichtigen Beitrag zur notwendigen Versachlichung der Debatte über die Probleme und Chancen einer größeren Marktorientierung für gemeinwohlorientierte Institutionen. Denn Marktorientierung ist nicht gleichbedeutend mit einer Verschlechterung der Situation – weder für die Anbieter, noch für die zukünftigen „Kunden" sozialer Dienstleistungen.

Gerade in Abgrenzung zur sonst häufig von gemeinwohlorientierten Institutionen gewählten Rechtsform des eingetragenen Vereins kann die gGmbH Vorteile bieten: So bedeutet die Wahl der gGmbH eine Möglichkeit, den sich immer mehr auf die Leistungsanbieter verlagernden Risiken durch Haftungsbegrenzungen – auch für ehrenamtliche Vorstände – zu begegnen. Die Unabhängigkeit von zum Teil für die Entfaltung der unternehmerischen Tätigkeit hinderlichen Vorschriften, z.B. zum Vergabe- und Zuwendungsrecht, und der größere wirtschaftliche Gestaltungsspielraum bieten die Chance für weniger Bürokratie und eine flexible Gewinnverwendung. So kann die betriebswirtschaftliche Führung einer Institution die fachlich angemessene und effiziente Hilfe durch gemeinwohlorientierte Institutionen weiter unterstützen. Transparenz und Offenheit bei der Rechnungslegung können das Vertrauen in diese Institutionen und damit ihre Rolle in der Gesellschaft weiter stärken.

Allerdings muss die Frage, für welche gemeinwohlorientierten Institutionen sich die Rechtsform einer gGmbH eignet, differenziert betrachtet werden: Auch wenn es im geschäftlichen Umfeld von Vorteil sein kann, wenn die wirtschaftliche Aktivitäten der gGmbH unabhängiger von Vereinsinteressen bzw. Interessen der Mitgliederversammlung sind, muss das Konzept der ehrenamtlich besetzten Leitungsgremien vieler sozialer Einrichtungen weiterhin bestehen. Ehrenamtliche Leitung sichert die Beteiligung der Zivilgesellschaft und die Wertorientierung sozialer Institutionen. Werden gemeinwohlorientierte Institutionen nur noch nach betriebswirtschaftlichen Gesichtspunkten geführt, ist die Erfahrung, dass auch die Bereitschaft zum langfristigen ehrenamtlichen Engagement sinkt – eine Entwicklung, die nicht angestrebt werden sollte. Denn dann bliebe genau jener Verbandsteil auf der Strecke, der den zivilgesellschaftlichen Beitrag und damit die unverwechselbare Besonderheit sozialer Dienstleistungen ausmacht – die „Seele eines Verbandes".

Auch ist zu beachten, dass Effizienzdenken allein nicht zu einer
Steigerung der Qualität sozialer Dienstleistungen führt. Der Markt
darf die Preise für soziale Dienstleistungen nicht auf ein so niedriges
Niveau drücken, dass eine qualitätsvolle Leistungserbringung nicht
mehr möglich ist und nur noch zahlungskräftige „Kunden" in den
Genuss angemessener Leistungen kommen. Denn soziale Dienstleistungen sind qualitativ anders als sonstige Dienstleistungen in der
Privatwirtschaft. Pflege-, Betreuungs- und Beratungsqualität misst
sich nicht allein an betriebswirtschaftlichen Indikatoren. Für die Sicherstellung der Qualität der Leistungen verfügt das Sozialrecht zudem über eigene Instrumente, der Markt soll hier gerade nicht allei-
niges Steuerungsinstrument der Qualitätssicherung sein.

Angesichts des bewährten Zusammenspiels kommunaler und frei-
gemeinnütziger Träger im deutschen Wohlfahrtssystem muss eine
Öffnung gegenüber marktorientierten Managementinstrumenten
und Rechtsformen mit der gebotenen Vorsicht erfolgen. Auch wenn
gutes Wirtschaften von gemeinwohlorientierten Institutionen schon
immer als ethische Pflicht gesehen wurde, haben die Akteure die
Vorteile von Managementinstrumenten wie der Strategie-, Organi-
sations- und Personalentwicklung auch für den Gemeinwohlsektor
erkannt und setzen sie längst wirksam in ihren eigenen Institutionen
ein. Dabei sollten Managementinstrumente und Rechtsformen zugeschnitten sein auf die besondere Aufgabe der freigemeinnützigen
Seite im deutschen Wohlfahrtsstaat.

Neue Rechtsformen wie die gGmbH müssen daher ins Gemeinnüt-
zigkeitssystem passen. Gerade im Kontext der Diskussion zum
Wettbewerbsrecht und zur Dienstleistungsfreiheit in Europa ist darauf zu achten, dass Gemeinnützigkeit in Europa ein kulturell aner-
kanntes Konzept ist, das auch im Rahmen eines europäischen Sozi-
almodells langfristig erhalten bleiben muss. Nur dann bieten sich
mit der gGmbH Entwicklungsmöglichkeiten in einer pluralisierten
Trägerlandschaft im Rahmen einer Sozialpolitik, die längst nicht
mehr nur national steuerbar ist.

Ich bin zuversichtlich, dass die deutsche Sozialpolitik diese Gestal-
tungsaufgabe bewältigen wird, so dass Rechtsformen wie die gGmbH
auch zukünftig die Weiterentwicklung gemeinnütziger Institutionen
im Spannungsfeld zwischen Gewinnorientierung und öffentlicher Bedarfsdeckung unterstützen werden.

Berlin, im September 2005   Michael Löher
                                   Geschäftsführer des Deutschen Vereins
                                   für öffentliche und private Fürsorge e.V.

Inhaltsverzeichnis

Abbildungen

A. Einführung

I. Die gGmbH als Ausdruck der Ökonomisierung des Dritten Sektors

1. Wirtschaftliche Bedeutung der gGmbH

Als Dritter Sektor werden die Institutionen bezeichnet, die weder dem Staat noch der Wirtschaft zuzurechnen sind. Ihre Entstehung wird damit erklärt, dass Staat und Wirtschaft nicht alle Bedürfnisse der Gesellschaft befriedigen können. Nach Anzahl und Mitgliederstärke führen eindeutig die Sportvereine, nach Umsatz und Mitarbeitern sind die Wohlfahrtsverbände mit Abstand am größten. Zum Dritten Sektor gehören zahlreiche weitere Organisationen, wie z.B. Freiwillige Feuerwehr, Traditionsvereine, Jugendorganisationen, kulturelle Institutionen, Bildungseinrichtungen, Kirchen, Parteien, Gewerkschaften, Berufs- & Fachverbände, Kammern und viele mehr. Die Organisationen des Dritten Sektors sind überwiegend steuerbegünstigt,[1] womit ihrer gesellschaftlichen Bedeutung und nicht-wirtschaftlichen, gemeinwohlorientierten Ausrichtung vom Gesetzgeber Rechnung getragen wird.

Die gemeinnützigkeitsrechtlichen Vergünstigungen können nur Körperschaften im Sinne des Körperschaftsteuergesetzes (KStG) in Anspruch nehmen. Davon abgesehen ist die **Gemeinnützigkeit** nicht an eine bestimmte Rechtsform gebunden. Vielmehr kann jede Körperschaft so gestaltet werden, dass die Voraussetzungen der Steuerbegünstigung erfüllt werden.[2] Trotzdem dominierten über Jahrzehnte Vereine und Stiftungen das Bild gemeinnütziger Akteure in Deutschland. **Vereine** traten gleichermaßen als mitgliedschaftlich organisierte Personenvereinigungen und als Träger von Einrichtungen auf. **Stiftungen** mit ihrem einem gesellschaftlichen Zweck gewidmeten Kapitalstock waren ebenfalls als Träger von Einrichtungen (operative Stiftung) oder als Finanzier (Förderstiftung) tätig. Nicht zuletzt als Folge rückläufiger staatlicher Mittel für soziale und kulturelle Zwecke ist eine Zunahme der Stiftungsgründungen in den letzten Jahren festzustellen.[3]

Seit etwa zwanzig Jahren hat die Gründung von gemeinnützigen GmbHs deutlich zugenommen. In den meisten Fällen handelt es sich um **Ausgründungen** aus bestehenden Trägern, seltener um Neugründungen. Leider liegen keine zuverlässigen Statistiken über die

Rechtsformwahl im Dritten Sektor vor. Mittlerweile dürfte es in Deutschland über 4.000 ggmbHs geben.[4] Die Autoren gehen davon aus, dass mittlerweile deutlich mehr Beschäftigte des Dritten Sektors bei ggmbHs als bei Vereinen und Stiftungen angestellt sind. Was sind die Ursachen für eine so weit reichende **Verlagerung wirtschaftlicher Aktivitäten** aus Vereinen und Stiftungen in die ggmbH? Weshalb wird inzwischen so oft die ggmbH gewählt? Als wesentliche Ursache wird die **Ökonomisierung** des Dritten Sektors[5] angesehen, die genauer zu untersuchen ist. Weitere Faktoren haben den ggmbH-Gründungsboom sicher beflügelt, aber nicht verursacht:

- Die Rechtsform der ggmbH ist bekannter geworden und wurde daher häufiger als Alternative berücksichtigt.
- Das über längere Zeit gleich gebliebene Mindestkapital für die Gründung ist inflationsbedingt real gesunken.

2. Entwicklung des Dritten Sektors

In den sechziger bis achtziger Jahren ist der Dritte Sektor deutlich gewachsen. Anfang der 90er Jahre hat die Wiedervereinigung zu einem weiteren Ausbau geführt. Beispielhaft zeigen die Zahlen der Beschäftigten in der Wohlfahrtspflege diesen **bisherigen Wachstumstrend** auf.[6]

Jahr	Beschäftigte in der Wohlfahrtspflege
1960	96.000
1970	382.000
1981	593.000
1990	751.000
1995	1.313.000

Eine deutliche Zunahme der Beschäftigten ist auch in anderen Bereichen des Dritten Sektors festzustellen gewesen[7].

Bereich des Dritten Sektors	Zunahme der Beschäftigten von 1976 bis 1997 (nur Westdeutschland)	Beschäftigte 1997
Kirchen und Orden	67.466	159.348
Wissenschaft und Kultur	35.397	51.260
Berufsschulen	28.516	43.432
Wissenschaftliche Hochschulen	28.047	63.997
Politische Parteien	25.112	46.006

Bereich des Dritten Sektors	Zunahme der Beschäftigten von 1976 bis 1997 (nur Westdeutschland)	Beschäftigte 1997
Sport- und Jugendarbeit	21.496	34.609
Kunst-, Musik-, Sprach- und Sportschulen	11.762	18.012
Kammern und Innungen	11.451	36.877
Schulen	11.398	26.771
Berufsorganisationen	5.802	43.233
Sonstige, u. a. Gewerkschaften	5.382	31.081

Ohne Anspruch auf Vollständigkeit sollen einige **Faktoren für das Wachstum des Dritten Sektors** aufgeführt werden:

• Das Wachstum der Wirtschaft ermöglichte eine umfassendere Finanzierung sozialer und kultureller Leistungen. Dabei hat insbesondere das Zusammenspiel von Staat und Wohlfahrtsverbänden zu einem rasanten Ausbau der Leistungsangebote geführt.

• Arbeitsfelder der Sozialen Arbeit wurden professionalisiert, was sich z. B. in neuen Studiengängen Sozialarbeit, Sozialpädagogik, Medienpädagogik etc. niederschlug.

• Die Lebensverhältnisse haben einen Wandel von der Familien- und Hausarbeit sowie Nachbarschaftshilfe zur Dienstleistung begünstigt. Insbesondere der Trend zu Kleinfamilie und Singlehaushalt sowie die Berufstätigkeit beider Partner in der Familie sind treibende Faktoren dieser Entwicklung gewesen.

• Die angestrebte Angleichung der Lebensverhältnisse zwischen alten und neuen Bundesländern hat zu einem zügigen Aus- und Umbau von Versorgungsstrukturen geführt.

• Mit zunehmendem Alter der Bundesrepublik haben sich die Verbändelandschaft und der Lobbyismus immer stärker ausdifferenziert und professionalisiert. Dies zeigt sich in der Zunahme der Beschäftigten bei Parteien, Gewerkschaften, Kirchen und Berufsorganisationen.

Der Wachstumstrend ist mit Anbruch des 21. Jahrhunderts zum Stillstand gekommen. In Teilbereichen ist ein Rückgang der Angebote und Beschäftigtenzahlen festzustellen. Die Beschäftigten in der Wohlfahrtspflege sind von ca. 1.313.000 in 1995 (s. o.) auf 1.164.329 in 2000[8] zurückgegangen. Auch andere Bereiche des Dritten Sektors, wie z. B. die Gewerkschaften,[9] sind betroffen. Aktuell kann eine Phase der **Konsolidierung und moderaten Schrumpfung** konstatiert werden.

Die **Ökonomisierung** des Dritten Sektors[10] zeigt sich unter anderem in der zunehmenden Wahl der gGmbH als Träger von Dienstleistungsangeboten, der Einführung von Kostenrechnung und Risikomanagement, dem Aufbau von kaufmännischen Leitungsstrukturen und der zunehmenden Professionalisierung der Verwaltung. Letztere ist beispielsweise in der Entstehung neuer Berufsbilder (Fundraiser) und Ausbildungsgänge (Sozialwirt FH) zu erkennen.

Als wesentliche Ursachen der Ökonomisierung gelten
– das deutliche Wachstum der Betriebe,
– die rückläufige Finanzierung der öffentlichen Hand,
– die strukturellen Veränderungen der Finanzierung,
– die Entwicklung gewerblicher Konkurrenzangebote,
– die Auswirkungen des europäischen Binnenmarktes und der
– gesellschaftliche Wertewandel.

In vielen Bereichen werden Selbstkostenerstattung und pauschale Zuschussfinanzierung durch Leistungsentgelte[11] abgelöst. Zunehmend werden Leistungen genauer beschrieben und Entgelte nicht am eingesetzten Input sondern am Output oder sogar der erzielten Wirkung (Outcome)[12] festgemacht.

Eine leistungsorientierte, kalkulierbare Vergütung ist in vielen Tätigkeitsfeldern des Dritten Sektors für gewerbliche Anbieter der Anlass, sich neue Märkte zu erschließen. Die öffentlichen Leistungsträger sind an dieser Entwicklung häufig interessiert, um durch eine verschärfte Konkurrenzsituation einen niedrigeren Preis zu erzielen.

Der **Wertewandel** betrifft sowohl die Beschaffung von Ressourcen wie den Absatz von Leistungen der Nonprofit-Organisationen. Auf der einen Seite ist ehrenamtliches Engagement nicht mehr so selbstverständlich und insbesondere für die langfristige Aufgabenwahrnehmung schwieriger zu gewinnen. Auf der anderen Seite steigen die Erwartungen an die Nonprofit-Organisationen, die immer mehr als Dienstleister und weniger als Rahmen für Gemeinschaftsleben und Ausdruck von Solidarität verstanden werden. Daher treten z. B. Sportvereine in unmittelbare Konkurrenz zu Fitness-Studios.

In diesem veränderten Wettbewerbsumfeld haben sich viele Organisationen verstärkt an betriebswirtschaftlichen Instrumenten und Modellen orientiert. Bei wesentlicher wirtschaftlicher Betätigung kommen neue gesetzliche Anforderungen hinzu, wie beispielsweise Einführung einer Kostenrechnung bei Pflegeeinrichtungen[13] oder Bewältigung eines externen Bankratings bei Darlehensaufnahme.[14]

Die ausgeprägte Neuorientierung der Nonprofit-Organisationen zeigt sich nicht zuletzt in einer wahren Flut von Managementliteratur für Organisationen des Dritten Sektors.[15]

3. Perspektiven für den Dritten Sektor und die gGmbH

Nach dem Rückblick auf die bisherige Entwicklung werden in diesem Abschnitt einige besonders wichtige Trends[16] dargestellt, die sich auf die Organisationen des Dritten Sektors nachhaltig auswirken werden. Bei jedem Entwicklungstrend werden besondere Risiken und Chancen benannt sowie der mögliche Nutzen einer gGmbH aufgezeigt. Selbstverständlich sind für eine individuelle strategische Analyse weitere konkret einschlägige Faktoren hinzuzuziehen.

a) Rückzug des Staates und Senkung von Standards. Defizitäre öffentliche Haushalte führen dazu, dass sich die öffentliche Hand aus Aufgabenbereichen zurückzieht, die nicht gesetzlich verankerte Pflichtaufgaben darstellen. Dies kann z. B. die Unterhaltung von Freibädern, Büchereien und Museen betreffen. Ebenso steht die Trägerschaft von Stadtwerken oder Altenheimen zur Disposition. Schließlich wird auch die Finanzierung freiwilliger sozialer Angebote von Verbänden, z. B. diverse Beratungsstellen, zurückgefahren oder ganz eingestellt.

Dort, wo die öffentliche Verantwortung gesetzlich verankert ist oder aus politischen Gründen derzeit noch wahrgenommen wird, werden Standards entsprechend der Haushaltslage gesenkt. Dies betrifft nicht nur die Renten-, Arbeitslosen- und Krankenversicherung, sondern auch Sozialhilfe und andere kommunale Angebote. Während bisher jede Anpassung als einzelne politische Entscheidung – häufig euphemistisch als Reform bezeichnet – getroffen wurde, mehren sich die Stimmen, die eine automatische **Anpassung von Standards an die Haushaltslage** fordern.[17]

Bei allen Beteiligten – Einrichtungen, Mitarbeiter, Politik und freie Träger – ist diese Entwicklung mit erheblichen **Risiken** verbunden. Durch die Einstellung oder Übertragung von Angeboten werden der Bestand oder die Autonomie von Einrichtungen gefährdet. Politischer Gestaltungsspielraum nimmt ab. Kommunen können z. B. sozialräumlichen Entwicklungsdefiziten weniger leicht entgegensteuern. Qualitätsverluste und Versorgungslücken können eintreten. Soziale Chancengleichheit wird durch Preisdifferenzierung nicht-staatlicher Anbieter und den Wegfall von kostenintensiven Angeboten für besonders benachteiligte Zielgruppen gefährdet.

Den Anbietern sozialer Leistungen wird eine langfristige Planung erschwert. Dem Ausstieg aus nicht mehr finanzierten Angeboten stehen oft Ausstiegsbarrieren[18] gegenüber. Es fehlt an Managementerfahrung für die Bewältigung von Schließungs- oder Rückbauprozessen.

Aber die wirtschaftlichen Engpässe und Umbruchphasen bieten für Gebietskörperschaften und Nonprofit-Organisationen auch erhebliche **Chancen** im Falle einer adäquaten Neuorientierung. Größere, gut organisierte Träger übernehmen stationäre Einrichtungen aus kommunaler oder kirchlicher Trägerschaft und integrieren sie in einen leistungsfähigen homogenen Anbieterverbund. Auch für Kommunen bestehen Chancen, die Krise produktiv zu nutzen, ohne den politischen Einfluss über Gebühr zu verringern. Durch eine Auslagerung in kommunale Betriebsgesellschaften erhöht sich die Flexibilität der Einrichtungen und die Kommune koppelt sich mittelfristig[19] von den Betriebsrisiken ab. Während die Umsetzung des Neuen Steuerungsmodells innerhalb der Verwaltung oft ein langwieriger und zäher Prozess ist, lassen sich Controllingsysteme in einer GmbH relativ zügig, zumindest ohne verwaltungsrechtliche Hemmnisse umsetzen.

Die Absenkung des Niveaus der sozialen Sicherung kann zu einem Bedeutungszuwachs der Wohlfahrtsverbände führen. Deren sozialanwaltliche Rolle und Fähigkeit zur Aktivierung und Lenkung ehrenamtlichen Engagements wird zunehmend gefragt sein.

Somit ergeben sich für die gGmbH unterschiedliche Anwendungsfälle. Die gGmbH bietet sich für Kommunen zur Auslagerung von nicht-hoheitlichen Aufgaben an, um eine flexiblere Steuerung und Risikobegrenzung zu erreichen. Freie Träger nutzen die gGmbH zur Übernahme und anschließenden Integration von Einrichtungen. Bei rückläufiger oder unsicherer Finanzierung kann eine gesonderte gGmbH für die betroffenen Geschäftsfelder die Anpassungsprozesse erheblich erleichtern und die Risiken von den restlichen Aktivitäten bzw. der Vermögenssubstanz des Trägers abkoppeln. Neue Angebote, insbesondere bei noch unsicherer Refinanzierung oder die Zusammenarbeit mit neuen Kooperationspartnern können in einer gGmbH erprobt werden.[20]

b) Sozialleistungsträger und Zuwendungsgeber ersetzen Kostenerstattungen durch Leistungs- und Qualitätsvereinbarungen. Bei der Finanzierung sozialer Leistungen ist seit den neunziger Jahren ein weit reichender Paradigmenwechsel zu beobachten. Fehlbetragsfinanzierung, Festzuschüsse und Selbstkostenerstattung werden zunehmend durch Leistungsverträge und Entgeltvereinbarungen abgelöst. Bei der Preisfindung spielen Wirtschaftlichkeit oder sogar vorgegebene Budgets entsprechend der Leistungsfähigkeit der Haushalte eine vorrangige Rolle. Gleichzeitig werden Qualitätsstandards festgeschrieben oder erhöht. In einigen Fällen werden nicht nur die

Ergebnisse des Leistungsprozesses (Output), sondern sogar die zu erzielenden Wirkungen (Outcome) zum Gegenstand der Vereinbarung gemacht.

Beispiele für Entgeltvereinbarungen sind z. b. die Fallpauschalen zu einzelnen DRGs[21] im Krankenhausbereich oder Pflegesätze in der Altenhilfe. Leistungsbezogene Zuschüsse sind in vielen Bereichen üblich geworden und führen häufig zur Diskussion mit der Finanzverwaltung über eine möglicherweise bestehende Umsatzsteuerpflicht.[22]

Der Paradigmenwechsel führt zu einer erheblichen **Risikoverlagerung zu Lasten des Trägers**. Bei einem Leistungsentgelt an statt einer Finanzierung der Kapazitätsbereitstellung wird das Auslastungsrisiko vom Mittelgeber auf den Leistungserbringer verlagert. Sofern der Mittelgeber auch noch einen Einfluss auf die Inanspruchnahme der Leistung hat, ist der Leistungserbringer in erheblichem Maße wirtschaftlich abhängig. Beispiele für die Nachfragesteuerung durch den Mittelgeber sind Krankenkassen (z. B. Genehmigung von nicht allgemein anerkannten Verfahren), Jugendämter (Genehmigung von Maßnahmen oder Zuweisung zu Einrichtungen) oder Bundes- bzw. Landesministerien mit einer quasimonopolistischen Stellung für bestimmte Leistungen (z. B. Vergabe von Pflegemaßnahmen in Naturschutzgebieten).

Eine noch weitergehende Risikoverlagerung stellt die **Vereinbarung von Erfolgskennzahlen** als Bestandteil der Entgeltberechnung dar. Dies können z. B. Abschluss- und Vermittlungsquoten bei Maßnahmen der Ausbildung und Arbeitsförderung sein. Bedenklich ist dabei, dass der Leistungsanbieter zwar Einfluss auf die Qualität seiner Arbeit, aber häufig nicht auf die Voraussetzungen hat. Bringen die von der Bundesagentur für Arbeit einer Maßnahme zugewiesenen Teilnehmer schlechtere Voraussetzungen mit, werden ohne Verschulden des Maßnahmeträgers die Abschluss- oder Vermittlungsquoten schlechter ausfallen als in früheren Maßnahmen. Somit trägt der Leistungserbringer auch die Risiken für nicht von ihm beeinflussbare Faktoren sowie alle weiteren Unzulänglichkeiten der vereinbarten Messmethoden.

Aber auch die **Chancen** einer leistungsorientierten Vergütung sollten gesehen werden. Ein Leistungswettbewerb kommt letztlich der Klientel der Nonprofit-Organisationen zu Gute und ist wenn nicht im wirtschaftlichen, so doch im ideellen Sinne von den Organisationen zu begrüßen. Zudem lassen Entgeltvereinbarungen bei sinnvoller Gestaltung dem Träger mehr Freiheiten als Zuwendungsvereinbarungen oder Kostenübernahmen. Beispielsweise entfallen Bindungen an Haushaltsrecht und ggf. an Vergabeordnungen. Bei entsprechender Vereinbarung bestehen nicht nur Verlustrisiken,

sondern auch Gewinnchancen. Erzielte Überschüsse können für die
Weiter- und Neuentwicklung der Angebotspalette verwendet werden.
   Das erheblich höhere **Betriebsrisiko** ist ein häufiger Grund für die
Auslagerung in eine gesonderte gGmbH. Die rechtliche Trennung
erleichtert zudem die konsequente Zurechnung von Kosten und
Erlösen. Sofern bei der Entgeltvereinbarung noch individuelle Ko-
stenstrukturen zu Grunde gelegt werden, lassen sich diese in einer
gesonderten GmbH einfach nachweisen ohne weitere Informationen
über den Träger oder Einrichtungsverbund zusammenstellen, offen
legen und erläutern zu müssen.[23]

c) Markt statt Staat: Privatisierung und persönliche Budgets. In dem
Maße, wie sich der Staat aus der Verantwortung und Finanzierung
zurückzieht, nimmt die privat finanzierte Nachfrage auf einem
Dienstleistungsmarkt an Bedeutung zu. Dabei kann die Finanzie-
rung über private Versicherungen oder direkt aus dem privaten
Einkommen erfolgen.[24] Beispiele finden sich in allen Bereichen des
Dritten Sektors, z.B. als Eintrittsgelder (Kultur), Mitgliedsbeiträge
(Sport), Versicherungsbeiträge (Gesundheitsweisen) und Studienge-
bühren (Bildung). Dabei kann es sich um die erstmalige Einführung
von Beiträgen für bisher öffentliche Güter oder die sukzessive Erhöhung privater Kostenbeteiligungen handeln.
   Auch in Bereichen mit öffentlicher Finanzierung wird auf die Stärkung privater Nachfrage gesetzt, um Marktmechanismen für die
Steuerung des Dritten Sektors, hier insbesondere der Sozialwirtschaft,
zu nutzen.[25] Als Mittel der Kaufkraftstärkung kommen Zahlungen
an die privaten Leistungsempfänger (Beispiel ambulante Pflege) oder
persönliche Budgets (geplant in der Behindertenhilfe/Rehabilitation)
in Frage. Sozialpolitisch sind insbesondere zwei Effekte gewünscht.
Der Wettbewerb unter den Anbietern soll gefördert werden und die
individuellen Hilfebedarfe und Wünsche der Betroffenen, einschließlich deren individuelle Kosten-/Nutzenabwägung und Verzichtsbe-
reitschaft sollen stärkere Berücksichtigung finden.
   Für die Leistungsanbieter nimmt zumindest vorübergehend das
Risiko zu, sofern zum Verhalten privater Nachfrager noch keine Erfahrungen vorliegen. Der Aufwand der Akquise und Verwaltung
der Kundenbeziehungen nimmt zu. Erweiterte Marketingkompeten-
zen müssen angeeignet werden. Um die individuellen Leistungswün-
sche berücksichtigen zu können, müssen die Angebote ausdifferenziert werden. Die Nachfrage könnte stärkeren und kurzfristigeren
Schwankungen unterliegen als bisher.
   Andererseits bietet die Verlagerung von der öffentlichen zur privaten Nachfrage erhebliche **Chancen**. Die Abhängigkeit von mono-

polistischen oder oligopolistischen Sozialleistungsträgern oder Zuwendungsgebern nimmt ab. Innovative Anbieter können ihren Marktanteil ausbauen und ihrer Zielgruppe passgenau am individuellen Bedarf ausgerichtete Angebote unterbreiten. Die Ausrichtung der Leistungen am individuellen Bedarf und an persönlichen Vorstellungen des Leistungsempfängers entspricht in den meisten Fällen auch den ideell geprägten politischen Forderungen der nichtgewerblichen Leistungsanbieter.

Solange die Mittelvergabe unmittelbar über die öffentliche Hand erfolgte, diente die Anpassung an die öffentlichrechtlichen Strukturen der Stabilisierung von Austauschbeziehungen. Die leistungserbringenden Körperschaften waren auf Ebene der Gebietskörperschaften als Vereine oder Körperschaften des öffentlichen Rechts organisiert. Personelle Verflechtungen mit Verwaltung und Politik stabilisierten die Zusammenarbeit. Interne Abläufe und Strukturen waren häufig an die öffentliche Verwaltung angepasst. Im Vordergrund stand häufig die Gebietsversorgung mit einer (quasi-) öffentlichen Fürsorgeleistung. Mit einer Privatisierung der Nachfrage geht der Wandel von der Hilfeleistung zur Dienstleistung einher. Privatkunden oder deren Angehörige bzw. Betreuer mit individuellem Budget und ebenso individuellen Vorstellungen von der gewünschten Leistung erwarten ein serviceorientiertes Dienstleistungsunternehmen. Hierfür bietet sich die gGmbH an, deren Strukturen für eine flexible Ausrichtung an Marktbedürfnissen besonders geeignet sind.

d) Konzentrationsprozesse in vielen Bereichen des Dritten Sektors.
Auch wenn keine statistisch abgesicherten Daten über die Branchenstrukturen des Dritten Sektors vorliegen, sind sich die meisten Marktbeobachter einig, dass in vielen Bereichen ein Konzentrationsprozess zu beobachten ist. Dies betrifft vor allem Bereiche mit bundes- oder landesweit einheitlichen Marktbedingungen und größeren Umsätzen. Aktuell ist der Trend im Gesundheitswesen, der Altenhilfe und dem Bereich Qualifizierung & Beschäftigung am deutlichsten zu beobachten. Aber auch in der Jugend- und Behindertenhilfe finden Zusammenschlüsse statt.[26]

Konkret tritt der Konzentrationsprozess als Übernahme einzelner Einrichtungen durch größere Träger, Zusammenschluss von Organisationen unter einheitlicher Leitung oder Bildung von Kooperationsformen in Erscheinung. Die Konzentration ist eine Reaktion auf die verschärften Wettbewerbsbedingungen, denen mit Größenvorteilen (Skalenerträge = economies of scale) begegnet werden soll. Dies sind im Wesentlichen Mehrfachnutzung von einmal entwickeltem Betriebs-Know-how, größere Verhandlungs- und Einkaufs-

macht sowie mit zunehmender Größe degressiv verlaufende Kosten
zentraler Dienste (Verwaltung, Marketing, Controlling, Geschäftsführung). Den Vorteilen des Zusammenschlusses steht ein erhöhter
Organisations- und Koordinationsaufwand insbesondere bei räum-
lich verteilten Einrichtungen gegenüber. Als **Risiken** sind für die Einrichtungen Verlust von Autonomie,
Individualität und ggf. regionaler Spezialisierung sowie für die
Kommunen abnehmender Einfluss auf die Regionalentwicklung zu
nennen. Ein überregionaler Investor ist an einer mittelfristigen Ren-
diteoptimierung und nicht an einem langfristig sichergestellten, differenzierten Angebot in der Region interessiert. Aber auch der große, auf ein Angebot spezialisierte Träger sieht sich Risiken ausgesetzt. Hervorzuheben ist die Abhängigkeit von einem einzelnen
Geschäftsbereich, der zudem oft öffentlich (teil-)finanziert und somit dem Wechselspiel politischer Interessen und Intentionen ausgesetzt ist. Die Größe führt zu einer steigenden **Komplexität der Organisation,** die erfolgreich zu bewältigen ist und oft genug misslingt.
Dabei sind drei typische Wachstumsschritte besonders kritisch: der
Wechsel von der überschaubaren Kleinorganisation zum regionalen,
vom regionalen zum überregionalen Anbieter und der Wechsel zum
bundesweit tätigen Dienstleister. Letzteres ist im Dritten Sektor
noch die Ausnahme.

Als **Chance** sind vor allem die in der Praxis häufig nur unzureichend umgesetzten Größenvorteile zu nennen. Die Umstrukturierung des Marktes bietet weiterhin flexiblen Trägern die Chance, innovative Organisationsmodelle auszuprobieren. Dazu gehören z.B.
Aktiengesellschaften,[27] Franchising[28] und vielfältige Kooperationsformen. Durch die Konzentration auf wenige Träger mit standardi-
siertem Angebot entstehen auch immer wieder neue Nischen, die
von den großen Trägern nicht (mehr) erreicht werden. Dies bietet
kleinen oder neuen Organisationen besondere Chancen.

Die gGmbH ist die bevorzugte Rechtsform der aktuell am schnell-
sten wachsenden steuerbegünstigten Anbieter im Sozialmarkt. Als in-
tensivste Form der Kooperation bietet sich die Gründung eines Gemeinschaftsunternehmens an, für das ebenfalls fast ausschließlich die
gGmbH zu empfehlen ist. Beim Franchising können sowohl die Sys-
temzentrale wie die Franchisenehmer als gGmbH organisiert werden.[29]

e) Ausdifferenzierung der Anbieterstrukturen und Angebote. Das
Angebot der Nonprofit-Organisationen ist nicht nur erheblich ge-
wachsen, sondern hat sich deutlich differenziert. Dies betrifft alle
Bereiche des Dritten Sektors, u.a. Sport (z.B. Vereine für zahlreiche
Varianten asiatischer Kampfsportarten), Kultur (z.B. Museen für

jede Gattung von Sammelobjekten), Gesundheitswesen (z.B. Spezialkliniken, Selbsthilfegruppen auch für seltene Krankheiten) oder die Soziale Arbeit mit Angeboten für nahezu alle Lebenslagen (z.B. Altenheim für gleichgeschlechtlich orientierte Menschen). Die hohe Ausdifferenzierung der Angebote spiegelt den Reifegrad der Bereiche und Fachdisziplinen, aber auch die Fragmentierung der modernen Gesellschaft in immer kleinere Subkulturen wieder.

Die Individualisierung der Angebote ist aktuell im Sozial- und Gesundheitswesen deutlich zu beobachten: individuelle Pflegeplanung in der Altenhilfe, individuelle Hilfebedarfsermittlung in der Jugendhilfe und gemeindenahen Psychiatrie, individuelle Budgets in der Behindertenhilfe und persönlich vereinbarte, kostenpflichtige Zusatzleistungen im Gesundheitswesen sind auf dem Vormarsch.

Analog dazu verändern sich die Anbieterstrukturen. Der „monolithische" Wohlfahrtsverband, der alle Leistungen aus einer Hand anbietet, könnte schon bald der Vergangenheit angehören. In anderen europäischen Ländern sind die Anbieter sozialer Leistungen stärker als in Deutschland nach Fachbereichen bzw. Zielgruppen organisiert. Auf dem Markt scheinen aktuell kleine flexible und besonders große Anbieter jeweils mit klarer fachlicher Spezialisierung besonders erfolgreich zu sein.

Die Forderungen nach angemessener **Unternehmensgröße** und fachlicher **Spezialisierung** wirken auf den ersten Blick widersprüchlich. Denkbar sind regionale spartenübergreifende Verbünde mit gemeinsamen zentralen Diensten und überregionale fachlich spezialisierte Anbieter. Im ersten Fall werden Größenvorteile nur bei Sekundärdienstleistungen erzielt und eine überregionale fachliche Vernetzung ist unerlässlich. Diese kann z.B. über Franchising mit ausreichender Verbindlichkeit sichergestellt werden. Im zweiten Fall wird die erforderliche Betriebsgröße durch regionale Ausdehnung erreicht. Differenziertere Strukturen führen zu einer erhöhten Steuerungskomplexität. Neben das Controlling der einzelnen Angebote muss ein Verbund- oder Beteiligungscontrolling aufgebaut werden.

Der hohe Anpassungsdruck stellt für die Anbieter ein **Risiko** dar. Wer aktuelle Trends verpasst, muss mit Umsatzausfällen rechnen, die bei festem Personal schnell zu einem bedrohlichen Verlust ansteigen können.

Flexible und teilweise ganz neue Anbieter nutzen die **Chancen** eines Marktes im Umbruch, um mit innovativen Angeboten Marktanteile zu gewinnen.

Für eine organisatorische Differenzierung komplexer Anbieterstrukturen ist die gGmbH die erste Wahl. Auch wenn für das Erreichen angemessener Betriebsgrößen Kooperationen erforderlich werden, kommt fast ausnahmslos die GmbH zum Einsatz. Fachliche

Zusammenarbeit wird bisher (fast) ausschließlich über Fachverbände organisiert. Verbindlichere Formen in Form von gemeinsamen Gesellschaften (Instituten, Schulen, Zertifizierungsgesellschaften etc.) sind jedoch zunehmend anzutreffen. Um schnell und marktnah mit neuen Angeboten reagieren zu können, sind passende Entscheidungsstrukturen zu entwickeln, die zwar prinzipiell in einem Verein geschaffen werden könnten, in der Praxis aber häufiger und stringenter über eine gGmbH realisiert werden.

f) Identitätskrisen und Rollendifferenzierung der Akteure des Dritten Sektors. Die folgenden Ausführungen beziehen sich vorrangig auf soziale Nonprofit-Organisationen. In abgeschwächter und modifizierter Form gelten die Aussagen auch für andere Bereiche des Dritten Sektors.

Die Wohlfahrtsverbände haben in den 90er Jahren fast alle Prozesse der Leitbilddiskussion durchlaufen und versucht, eine Klärung ihres Selbstverständnisses und ihrer Rollenpluralität zu erzielen.[30] Die meisten sozialen Verbände haben drei Funktionen:[31]

1. Als Sozialanwalt vertreten sie die Interessen sozial benachteiligter Zielgruppen und agieren als „Lobby der Schwachen".

2. Als sozialer Dienstleister bieten sie, teilweise in Konkurrenz zu gewerblichen Anbieter, eine Vielzahl von Leistungen an, die entweder von den Leistungsempfängern oder häufiger von öffentlichen Sozialleistungsträgern finanziert werden.

3. Als Mitgliederverband schaffen sie Gemeinschaft, ermöglichen das Entwickeln und praktische Umsetzen gemeinsamer Ideale und Überzeugungen religiöser oder politischer Natur und erschließen der Gesellschaft umfangreiches ehrenamtliches Engagement.

In allen drei Rollen stehen die Verbände in den nächsten Jahren deutlichen **Herausforderungen** gegenüber, die gleichermaßen als Risiko und Chance zu sehen sind.

Die **sozialanwaltliche Funktion** wird mit der Einstellung von öffentlichen Angeboten sowie der Absenkung sozialer Standards immer wichtiger werden. Dabei wird sich auch zeigen, ob Verbände, die zugleich Dienstleister sind und über die Gremien des Mitgliederverbandes zahlreiche personelle Überschneidungen mit der Politik aufweisen, diese Anwaltsfunktion überzeugend ausfüllen können.

Als **sozialer Dienstleister** stehen sie in einem immer noch zunehmenden Wettbewerb untereinander und mit gewerblichen Anbietern. In diesem Wettbewerb gehen sie in der Regel mit Strukturen aus der Zeit vollständig öffentlich refinanzierter Leistungen und enger Kopplung an staatliche Institutionen.

Die **verbandliche Funktion** wird durch rückläufige und in ihrer Form veränderte Bereitschaft zum ehrenamtlichen Engagement exis-

tentiell getroffen. Fast alle Großorganisationen klagen über Mitgliederschwund und Überalterung der Mitgliederstruktur. Auf Grund
der Individualisierung der modernen Gesellschaft ist es nicht mehr so
selbstverständlich wie bei früheren Generationen, Mitgliedschaften
in lokalen, gemeinschaftsstiftenden Organisationen (Pfadfinder,
DRK, Kirchenchor, …) zu erwerben. Mit der Organisationsform der gGmbH wird es möglich, die
Rolle des sozialen Dienstleisters in eine selbständige rechtliche Trägerschaft zu überführen, um die Funktionen Dienstleistung und
ideeller Mitgliederverband zu trennen und damit profilieren zu
können.[32] Dabei ist eine angemessene Kopplung der Bereiche sicherzustellen.

g) Demographische Entwicklung. Die demographische Entwicklung
ist relativ zuverlässig zu prognostizieren.[33] Einzig das politisch bestimmte Ausmaß an Zuwanderung könnte kurzfristigen Schwankungen unterworfen sein. Wesentlich schwieriger sind Aussagen
über die Bedarfsentwicklung und für die Bedarfsdeckung zur Verfügung stehende Kaufkraft zu treffen.

Sicher zu prognostizieren ist eine deutliche Zunahme älterer
Menschen, insbesondere hochbetagter Personen. Die bessere medizinische und pflegerische Versorgung ermöglicht allerdings auch eine längere Phase der autonomen Lebensweise oder zumindest ambulanten Versorgung. In welchem Umfang der Pflegebedarf zu-
nimmt und in welchem Verhältnis er stationär oder ambulant
gedeckt wird, ist schon weniger präzise vorherzusagen und zudem
politischen Eingriffen unterworfen. Die zunehmende Belastung der
Pflegeversicherung in Verbindung mit einem möglichen Rückgriff
auf das Vermögen Angehöriger könnte den Trend abnehmender
Pflege durch die Familie stoppen.

Ähnlich stehen sich bei anderen Leistungsbereichen des Dritten
Sektors gegenläufige Trends gegenüber. So können Hochschulen
mit einem Druck Richtung verkürzter Studienzeiten und rückläufiger Jahrgangsstärken rechnen. Andererseits nimmt der Fort- und
Weiterbildungsbedarf noch zu („lebenslanges Lernen"), so dass sie
von diesem Marktsegment profitieren könnten.

Wird nicht nur der Bedarf, sondern auch seine Finanzierbarkeit
betrachtet, wird die Situation noch komplexer.[34] Mehr alten Menschen mit Pflegebedarf stehen weniger Einzahler in die umlagefi-
nanzierten Rentenversicherungen gegenüber. Selbst bei Versicherungen mit Kapitalstock stellt sich die Frage nach der langfristigen
Wertentwicklung bei einer überalterten Gesellschaft: Wie wird sich
zum Beispiel der Wert von Aktien und Immobilien entwickeln,
wenn alle Versicherungen auf Grund der demographischen Struktur

gleichzeitig ihren Aktien- und Immobilienbestand abzubauen beginnen?

Risiken liegen in einer langfristig falschen Orientierung insbesondere bei einer Bindung durch Immobilienbesitz bzw. der Entwicklung spezialisierter Sozialimmobilien, die sich erst nach zwanzig Jahren oder mehr amortisiert haben. Eine sorgfältige Analyse und laufende Bewertung der aktuellen Entwicklungen bietet jedoch auch hier wieder den flexiblen und vorausschauenden Akteuren **Chancen,** von den Marktumwälzungen zu profitieren.

Die gGmbH bietet sich an, um Geschäftsfelder mit sehr unterschiedlichen Planungshorizonten zu trennen. Betriebswirtschaftliche Entscheidungen über einen Zeitraum von zwanzig Jahren können in einer Mitgliederversammlung mit zufälligen Mehrheiten oder einem ehrenamtlichen Vorstand in der Regel nicht adäquat getroffen werden. Die gGmbH bietet die Möglichkeit, passende Kontrollstrukturen zu schaffen und notwendige Expertise einzubinden.

h) Einfluss der Europäischen Union. Die EU wirkt sich auf den Dritten Sektor vor allem aus

– in der Rechtsprechung, z. B. dem Arbeits- und dem Umsatzsteuerrecht, mit unmittelbaren Folgen für die nationalen Rahmenbedingungen,
– auf die Förderung einerseits durch Subventionsverbote außerhalb des Bereichs der Daseinsvorsorge und andererseits durch eigene Förderprogramme,
– in der Freizügigkeit von Arbeitskräften, deren Migration mit der EU-Erweiterung noch zunehmen wird,
– durch den Transfer von Standards, Organisationsmodellen und fachlichem Know-how und
– durch die Bildung neuer Organisationsgrößen, die multinational agieren.

Wie im vorherigen Punkt liegen auch hier **Chancen und Risiken** nah beisammen. Sorgfältige Beobachtung der Entwicklung, frühzeitiger Aufbau von Netzwerken und vorsichtige Entwicklung von Pilotprojekten stellen sicher, dass die eigene Organisation von der Entwicklung nicht überrascht wird.

Neben die gGmbH als Rechtsform für multinationale Projekte und Unternehmungen treten

– andere nationale Gesellschaften, z. B. die englische Limited mit geringen Gründungskosten,
– die Europäische wirtschaftliche Interessenvereinigung (EWIV),
– die Europäische Aktiengesellschaft (SE) und
– die Europäische Genossenschaft (SCE = Societas Cooperativa Europaea).[35]

Bisher haben sich diese Rechtsformen im steuerbegünstigten Bereich noch nicht etabliert. Auf Grund der umfangreicheren Erfahrungen mit der gGmbH wird diese bis auf weiteres in den meisten Fällen vorzuziehen sein.

II. Die GmbH im verbandlichen und kommunalen Umfeld

1. Das Sanduhr-Modell[36]

Ausgangspunkt für die Gründung einer GmbH ist in der Regel ein vorhandener oder aufzubauender **Wirtschaftsbetrieb.** Dieser ist durch eine hierarchische Struktur geprägt.

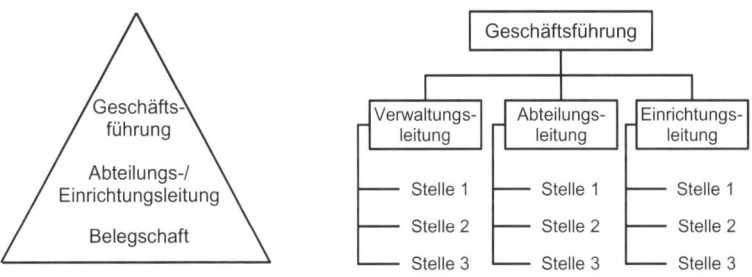

Abb. 1: Betrieb als Pyramide

Bei vielen gewerblichen GmbHs spielt die Struktur der Gesellschafter für die GmbH nur eine untergeordnete Rolle. Im Falle des Gesellschafter-Geschäftsführers sind die Eigentümerinteressen bereits durch die Geschäftsführung vertreten. Renditeorientierte Gesellschafter haben eindeutige und klar formulierte Interessen gegenüber der Gesellschaft, die leicht zu kommunizieren sind und weitgehend mit den Interessen der Gesellschaft übereinstimmen. Interessengegensätze gibt es weniger in Bezug auf die Renditeerzielung, als vielmehr bezüglich der Verteilung zwischen Ausschüttung, Geschäftsführerentlohnung und Investition in die Gesellschaft. Bei der Einbindung in Konzernstrukturen können neben Renditevorgaben noch strategische Ziele hinzukommen, die eindeutig vorgegeben sind.

Gänzlich anders ist die Lage bei einem **verbandlichen oder kommunalen Gesellschafter.** Dieser hat seinerseits eine hierarchische Struktur.

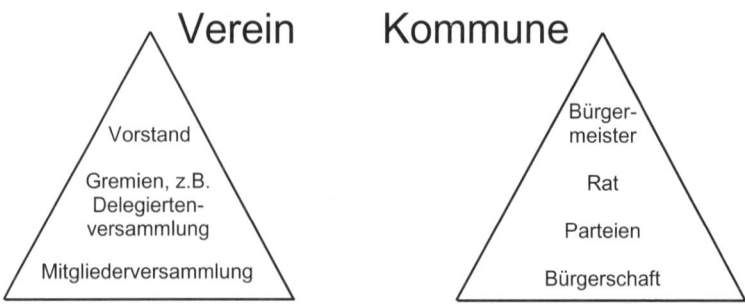

Abb. 2: Pyramidaler Aufbau von Verein und Kommune

Im Zusammenspiel mit einem Betrieb ergibt sich daraus die Struktur der Sanduhr. Da Verein oder Kommune eine bestimmende Rolle ausüben, stehen sie zuoberst. Ihr Basis sind die Mitglieder oder die durch Parteien vertretene Bürgerschaft. Je nach Größe und Komplexität der Organisation verdichten sich die Interessen dieser breiten Basis über eine oder mehrere Stufen bis zum vertretungsberechtigten Organ, das gegenüber dem Betrieb weisungsbefugt auftritt. Die folgende Grafik zeigt die Konstellation am Beispiel des Vereins.

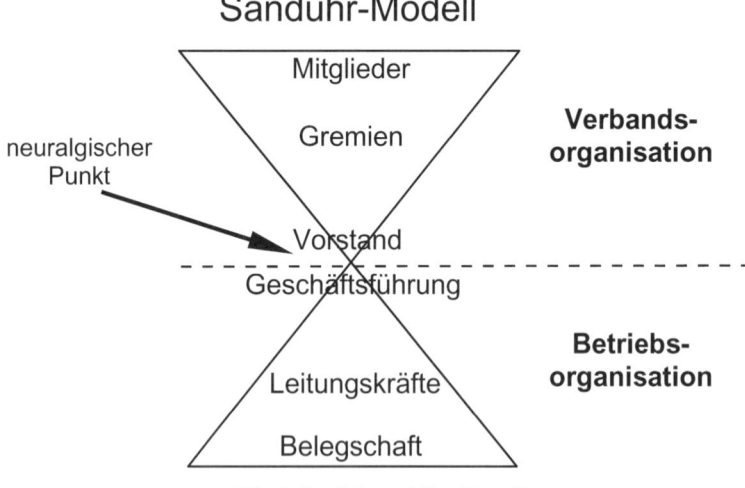

Abb. 3: Sanduhrmodell – Grundform

Diese Sanduhrstruktur ist unabhängig von der gewählten Rechtsform, also z.B. auch bei einem Eigenbetrieb einer Kommune oder rechtlich nicht selbständigen Einrichtung eines Vereins zutreffend. Wesentliche Merkmale dieser Struktur sind
– die **zwei gänzlich verschiedenen Sphären** der Verbandsorganisation bzw. Kommune einerseits und des Wirtschafts-/Zweckbetriebes[37] andererseits,[38]

– die relativ große organisatorische und **kommunikative Distanz** zwischen Mitgliedern bzw. Bürgern als Legitimationsbasis und dem betrieblichem Alltag,
– die starke **Verdichtung des Kommunikationsstrangs** auf wenige Personen im Mittelpunkt der Sanduhr sowie
– die durch die Abbildung verdeutlichte Gefahr einer **Entfremdung oder Abkopplung** des Betriebes von den Zielen des Vereins oder der Kommune.

An diesen Punkten wird die zentrale Aufgabe bei der Gestaltung der gGmbH deutlich. Einerseits muss der Betrieb eine **angemessene Autonomie**[39] erhalten, um **wirtschaftlich** arbeiten zu können. Dabei muss er sich häufig in einem Wettbewerbsumfeld als konkurrenzfähig erweisen. Andererseits ist der Betrieb dem **Gemeinwohl** und den besonderen Zielen der meistens demokratisch legitimierten und kontrollierten[40] Gesellschafter verpflichtet, die daher eine **angemessene Kontrolle und Steuerung** ausüben müssen bzw. sollten.

Für jede gGmbH muss eine individuell abgestimmte Ankopplung an die Gesellschafterinteressen und Willensbildungsprozesse der Legitimationsbasis des Gesellschafters erreicht werden. Autonomie und Anbindung sind ebenso sorgfältig auszubalancieren, wie die Orientierung an den ideellen Gesellschafterinteressen und am wirtschaftlichen Handeln.

2. Wirtschaftliche Aktivitäten bei Verbänden

Das Modell der Sanduhr verdeutlicht, dass bei wirtschaftlich tätigen Vereinen zwei sehr unterschiedliche Sphären zusammenkommen.

	Verbandliche Sphäre	Betriebliche Sphäre
Basis	Mitglieder	Mitarbeiter, Kapital
Art der Mitarbeit	ehrenamtlich	hauptamtlich
Motive für Mitarbeit	ideelle (soziale, politische, ethische) Ziele, ggf. Interesse an Leistungen	Einkommenserzielung, ggf. nachrangig ideelle Ziele
Umfang der Mitarbeit	begrenzter zeitlicher Einsatz	hoher zeitlicher Einsatz
Rechtsgrundlage	vereinsrechtliche Beziehung, i. d. R. kein Leistungsanspruch	dienstrechtliche Beziehung, Anspruch auf (beiderseitige) Erfüllung des Anstellungsvertrages

	Verbandliche Sphäre	Betriebliche Sphäre
Abhängigkeit der Mitarbeitenden	meist geringe Abhängigkeit vom Verein	wirtschaftliche Abhängigkeit je nach Arbeitsmarkt
Leistungs- schwerpunkt	Willensbildung, Gemeinschaft	Erbringung von Dienstleistungen
wirtschaftliche Relevanz	geringe Umsätze und wirtschaftliche Risiken	hohe Umsätze, hohe wirtschaftliche Risiken
Turbulenz der Umwelt	langsame Umwelt- änderungen, z. B. Wertewandel in der Gesellschaft	schnelle Umweltänderun- gen, z. B. rechtlich und ökonomisch
Wettbewerb	partieller Wettbewerb um Spenden, Mitglie- der, Engagement	starke Konkurrenz auf Absatz- und Beschaffungsmärkten

Stark vereinfacht ist der **verbandliche Bereich** durch **ideelle Moti-**
vation, Willensbildungsprozesse und ehrenamtliches Engagement,
der **betriebliche Bereich** durch **hauptamtliche Erbringung von**
Dienstleistungen geprägt. Im verbandlichen Bereich spielen der Inte-
ressensausgleich, die repräsentative Besetzung von Gremien und die
Zufriedenheit der Mitglieder eine große Rolle (**Binnenorientierung**).
Im Betrieb stehen die wirtschaftliche und fachliche Orientierung,
das Bestehen auf dem Markt und die Effektivität der Zielerreichung
im Vordergrund (**Außenorientierung**).

Zu den in der Tabelle aufgeführten typischen Eigenschaften lassen sich in der Praxis immer auch Ausnahmen finden, z. B. primär
ideell motivierte Hauptamtliche oder Mitglieder, die existentiell von
ihrem Verein abhängig sind. Jede dieser Abweichungen hat ganz
spezifische Konsequenzen, die bei der Gestaltung der Organisation
zu beachten sind. Besonders konfliktträchtig sind entstehende **Rol-**
len- und Interessengegensätze, z. B. zwischen primär ideell und primär wirtschaftlich motivierten Mitarbeitern oder sehr unterschiedlich von den Leistungen eines Vereins abhängigen Mitgliedern.

Die Existenz einer Mitgliedervereinigung wird sehr durch ihre **ge-**
sellschaftlichen Legitimation beeinflusst: Sind in ausreichendem
Maße Personen bereit, durch Mitgliedschaft, Spenden und aktive
Mitarbeit die Ziele der Organisation zu unterstützen und trauen sie
der Organisation einen wesentlichen Beitrag zur Zielerreichung zu?
Die Existenz eines (gemeinwirtschaftlichen) Unternehmens hängt
davon ab, ob es für ausgewählte Zielgruppen **bedarfsgerechte Leis-**

tungen zu konkurrenzfähigen Bedingungen anbieten kann. Weitgehend unabhängig von der Art der Finanzierung richtet sich die Zufriedenheit der Austauschpartner (Leistungsempfänger, Geldgeber) nach der Preiswürdigkeit und überprüfbaren Qualität der Leistungen. In der Regel bieten konkurrierende Anbieter einen Vergleichsmaßstab.

Beide Bereiche, Verband und Betrieb, haben einen hierarchischen Aufbau. Der Berührungspunkt bei Vorstand bzw. hauptamtlicher Geschäftsführung ist offensichtlich ein kritischer Punkt. Hier stoßen unterschiedliche Dynamiken und Logiken zusammen. Die Informationen aus beiden Bereichen treffen stark verdichtet aufeinander. Die erfolgreiche Kopplung der beiden Sphären und die Koordination aller Aktivitäten hängen wesentlich von der Schnittstellenstruktur ab.

Je größer die **Bedeutung der betrieblichen Leistungen für die ideelle Sphäre** ist, umso eher sollte eine Integration des Betriebes in den ideellen Träger oder eine enge Anbindung der gGmbH erfolgen. Je weniger die Leistungen für den Verband relevant sind und je weniger **fachliche Kompetenz im Verband** (analog in der Stiftung etc.) verfügbar ist, umso autonomer ist die gGmbH zu gestalten und mit einem teilweise oder überwiegend extern besetzten Aufsichtsrat auszustatten.

> **Beispiel:** Eltern behinderter Kinder gründen einen Verein, der Betreuungsleistungen anbietet. Da sich die Dienstleistungen unmittelbar an die Mitglieder bzw. deren Kinder richten, bietet sich eine enge Anbindung an den Verein an. Vorerst wird auf eine Auslagerung verzichtet.
>
> Nach zehn Jahren ist das Angebot deutlich gewachsen und umfasst eine Werkstatt für behinderte Menschen, Wohnheime und einen Fahrdienst. Die erhebliche Betriebsgröße und die dafür nicht mehr adäquate betriebswirtschaftliche Kompetenz der Mitglieder sprechen für eine Auslagerung in eine gGmbH mit einem sachkundig, teilweise extern besetzten Aufsichtsrat, der die Interessen der Eltern kompetent vertritt.

> **Beispiel:** Aus historischen Gründen ist die Kirchengemeinde Träger eines Krankenhauses. Das Gesundheitswesen ist durch eine erhebliche Dynamik und einen anhaltenden Konzentrationsprozess gekennzeichnet. Für die Gemeindearbeit hat das Krankenhaus nur untergeordnete Bedeutung. Krankenhausseelsorge und ehrenamtlicher Besuchsdienst lassen sich auch ohne enge

Anbindung an die Gemeinde erbringen. Eine Auslagerung in eine
gGmbH könnte die Vorstufe sein, um einen größeren Träger an
dem Krankenhaus zu beteiligten. Alternativ könnte die betriebswirtschaftliche Stärkung der gGmbH durch die Teilnahme an einem Franchisingverbund erfolgen.

Die unterschiedliche Dynamik der beiden Sphären wird an einem
einfachen Beispiel deutlich: Kaum ein Vorstand wird sein Amt verlieren, wenn er schwierige Entscheidungen vertagt oder regelmäßig
an Ausschüsse zur Beratung delegiert. Durch die langwierige Erar-
beitung eines breiten Konsenses wird sich seine politische Basis im
Verein eher festigen. Wenn hingegen ein Geschäftsführer Entscheidungen ausweicht, entscheidet der Markt für oder vielmehr oft gegen ihn. Andere Anbieter nehmen Chancen schneller wahr und verdrängen Konkurrenten, die sich veränderten Bedingungen zu langsam anpassen. Je stärker die **Wettbewerbsdynamik** umso mehr
Autonomie benötigt die gGmbH, um sich erfolgreich behaupten zu
können.
  Die Bedeutung der beiden Sphären kann sehr unterschiedlich ausfallen. Entsprechend haben verbandliche und betriebliche Elemente
der Organisation unterschiedliche Relevanz. Durch die Größe von
Ober- und Unterteil der Sanduhr kann die relative Bedeutung von
verbandlichen und wirtschaftlichen Aktivitäten dargestellt werden.
Mit zunehmender **Größe des Betriebes** bietet sich eine gGmbH als
Träger an, um den eher betriebswirtschaftlichen Anforderungen ge-
recht werden zu können.
  Eine Vertiefung der verbandlichen Fragestellungen mit konkreten
Anwendungsbereichen erfolgt in Abschnitt III. 1.

3. Wirtschaftliche Aktivitäten bei Kommunen

Die folgenden Ausführungen gelten in weiten Teilen auch für die
Beziehung zwischen anderen Gebietskörperschaften (Bund, Länder,
Kommunalverbände) und ihren Wirtschaftsbetrieben.
  Auch bei kommunalen Betrieben kommen wie im verbandlichen
Umfeld zwei sehr unterschiedliche Sphären zusammen.

	Kommunale Sphäre (Politik)	Betriebliche Sphäre
Basis	Mandatsträger, Hoheitsrechte	Mitarbeiter, Kapital

	Kommunale Sphäre (Politik)	Betriebliche Sphäre
Art der Mitarbeit	ehrenamtlich, geringe Aufwandsentschädigungen, teilweise hauptamtliche Mandate	hauptamtlich
Motive für Mitarbeit	ideelle (soziale, politische, ethische) Ziele, partielle Eigeninteressen, teilweise berufliche Perspektiven	Einkommenserzielung, ggf. nachrangig ideelle Ziele
Umfang der Mitarbeit	begrenzter zeitlicher Einsatz	hoher zeitlicher Einsatz
Abhängigkeit der Mitarbeitenden	meist geringe Abhängigkeit	wirtschaftliche Abhängigkeit je nach Arbeitsmarkt
Auswahl der Akteure	Wahl und Besetzung nach Proporz, Interessenlage und eher allgemeinen Fachkenntnissen	Anstellung auf Grund spezifischer Fachkenntnisse und Berufserfahrung
Leistungsschwerpunkt	Willensbildung, Aushandlung von Interessengegensätzen	Erbringung von Dienstleistungen
bestimmende Rahmenbedingungen	Verwaltungsrecht, insbesondere Kommunal- und Haushaltsrecht	Wettbewerbssituation, insbesondere Nachfrage und Konkurrenz
	Steueraufkommen	Wirtschafts- und
	öffentliche Meinung	Arbeitsrecht
Erfolgskriterien	Popularität, Wahlergebnisse, Beziehung zu Interessengruppen	Ergebnis, Umsatz, Leistungspalette und -qualität
Planungshorizont	vorrangig auf Haushaltsjahre und Wahlperioden ausgerichtet	kurzfristige Reaktionen auf den Markt, jährliche operative und langfristige strategische Planung, z. B. Investitionsplanung
Wettbewerb	starke Konkurrenz um Wählerstimmen und Einflussnahmemöglichkeiten	starke Konkurrenz auf Absatz- und Beschaffungsmärkten

Bei einer weiteren Differenzierung ist die **Verwaltung** in die Analyse mit einzubeziehen. Sie wird einerseits den Vollzug gesetzlicher Vorgaben und politischer Aufträge sowie andererseits Risikominimierung, Arbeitsvereinfachung und Wahrung von Einflussnahmemöglichkeiten anstreben.

Stark vereinfacht ist der **kommunale Bereich** durch eine **Orientierung an der öffentlichen Meinung, Einfluss vielfältiger Interessengruppen und eher kurzfristige Planungshorizonte** geprägt. Die Akteure durchlaufen eher politische als betriebsfachliche Karrieren. Die Vielfalt der Fragestellungen verlangt nach Generalisten. Demgegenüber ist der **betriebliche Bereich wettbewerbs- und leistungsorientiert.** Die hauptamtlichen Akteure verfügen über spezifische Fachkenntnisse und unterliegen einer sachorientierten Selektion.

Analog zum ideellen Bezug der wirtschaftlichen Aktivitäten von Verbänden stellt sich bei kommunalen Betrieben die Frage nach dem **kommunalen Bezug** der Leistungen. Als Erstes ist das **öffentliche Interesse** an der Leistung zu klären. Ein öffentliches Interesse wird dann zu bejahen sein, wenn die Leistung ohne öffentliche Mitwirkung nicht erbracht würde und sie im weitesten Sinne zur Lebensqualität in der Kommune beiträgt. Von Bedeutung sind dabei die Größe und Bedürftigkeit des Personenkreises, die von der Leistung profitieren. Aber auch übergeordnete Interessen können in die Bewertung einfließen, z.B. der Nutzen des Angebotes für das Stadtmarketing, Bedeutung für die kulturelle Vielfalt etc. Sofern kein öffentliches Interesse besteht, kann die Leistung nicht im Rahmen des kommunalen Haushalts erbracht werden. Eine Auslagerung in eine GmbH ist erforderlich und dient ggf. als Vorstufe einer vollständigen Privatisierung. Sofern das öffentliche Interesse zwar besteht, aber der finanzielle Bedarf unangemessen groß ist, kann auch versucht werden, private Sponsoren als Mitgesellschafter zu gewinnen.

Die **Zuständigkeit des eigenen Haushalts** wird zunehmend kritisch hinterfragt. Ein Angebot mag im öffentlichen Interesse sein, aber die gesetzlich geregelte Verantwortung liegt bei einer anderen Institution oder zumindest ziehen andere Körperschaften einen Nutzen aus dem Angebot. Die Auslagerung in eine GmbH bietet gute Voraussetzungen, um andere Gebietskörperschaften an dem Unternehmen zu beteiligen oder die Verantwortung vollständig an diese abzugeben. Dies wird vor allem dann als dringlich angesehen, wenn das Unternehmen regelmäßig Verluste ausweist.

Ferner ist zu überlegen, ob private Wirtschaftsunternehmen die Leistungen mit größerer **Effizienz** erbringen können. Neben einer Vollprivatisierung kommt auch hier die Auslagerung in Frage, um zu gleichen Bedingungen wie ein privater Anbieter agieren zu können. Sofern die Auslagerung nicht ausreicht, um wettbewerbsfähige Bedingungen zu schaffen, kann neben einem Verkauf auch eine private Beteiligung geprüft werden.

Eine Auslagerung wird also umso eher zu prüfen sein, je weniger die Leistungen im öffentlichen Interesse sind, je eher andere Gebietskörperschaften mit in die Verantwortung und Finanzierung einzubeziehen sind, je eher marktnahe Strukturen Voraussetzung für eine effiziente Leistungserbringung sind und mit zunehmender Bedeutung privater (Co-)Finanzierung.

Eine Vertiefung der kommunalen Fragestellungen mit konkreten Anwendungsbereichen erfolgt in Abschnitt III. 2.

III. Typische Anwendungsbereiche der gGmbH

Es gibt einige typische Grundkonstellationen für die Gründung einer gGmbH, die nachfolgend mit ihren spezifischen Problemen besprochen werden. Je Grundkonstellation werden die „offiziellen" Ziele der Gesellschaftsgründung, ggf. weitere Motive der Handelnden, kritische Aspekte der Rechtsformwahl, die Frage der Vermögensübertragung und eine zusammenfassende Bewertung ausgeführt. In der Praxis können auch mehrere Grundkonstellationen zusammenkommen, z. B. eine kommunale Auslagerung in ein Gemeinschaftsunternehmen. In diesen Fällen sind die Hinweise aus mehreren Abschnitten zu berücksichtigen.

1. Auslagerung zur Trennung von Verband und Betrieb

Die Auslagerung von Wirtschaftsbetrieben aus mitgliedsorientierten Vereinen und Verbänden ist weit verbreitet. Sie trägt im Wesentlichen den unterschiedlichen Bedingungen des verbandlichen und des betrieblichen Bereichs Rechnung, wie sie oben im Zusammenhang mit dem Sanduhrmodell ausführlich dargestellt wurden.

Durch die Auslagerung entsteht folgende Aufspaltung der Sanduhr.

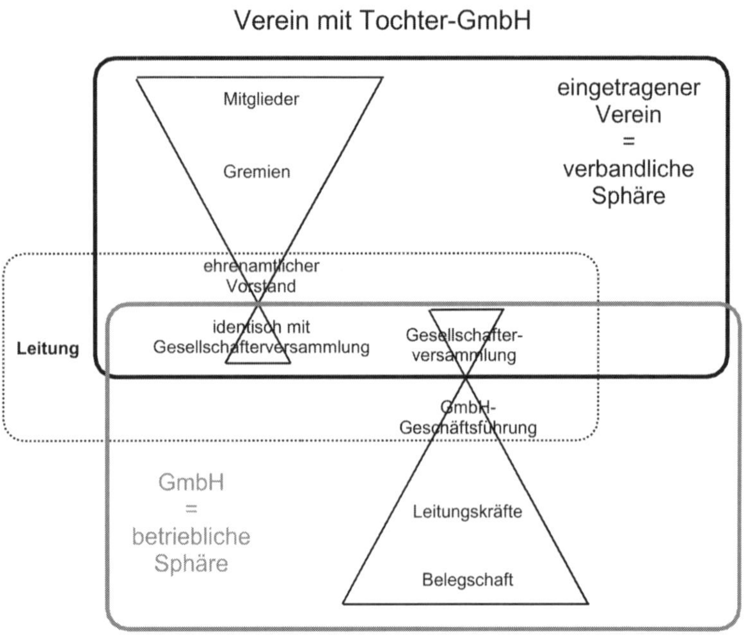

Verein mit Tochter-GmbH

Abb. 4: Sanduhrmodell bei Verein mit Tocher-GmbH

Deutlich wird die größere Komplexität der Struktur an der Schnittstelle zwischen Verein und GmbH. Durch eine Identität von vertretungsberechtigtem Organ des Vereins (Vorstand) und oberster Willensbildung in der GmbH (Gesellschafterversammlung) ist eine organisatorische Verbindung zum Alleingesellschafter immer sichergestellt. Die Steuerung wird jedoch komplexer, da die Leitung von Verein (Vorstand) und gGmbH (Geschäftsführung) in der Regel nicht oder zumindest nicht vollständig personenidentisch ist und unter verschiedenen rechtlichen Rahmenbedingungen erfolgt. Ferner agiert der Vorstand in einer Doppelrolle als Vereinsvorstand und Gesellschafterversammlung.

Beispiel: Die Caritas Altenhilfe Gemeinnützige Gesellschaft mit beschränkter Haftung ist Träger von 12 Seniorenheimen und -zentren sowie 12 Seniorenwohnhäusern in Berlin, Brandenburg und Vorpommern. Die gGmbH ist eine Tochtergesellschaft der Caritas im Erzbistum Berlin. Durch die Spartengesellschaft erfolgt eine Differenzierung zwischen Mitgliederverband und Wirtschaftsbetrieb.[41]

Mit einer Auslagerung aus dem verbandlichen Bereich sind im Wesentlichen eines oder mehrere der folgenden **Ziele** verbunden:

- Die wirtschaftlichen Risiken des Betriebes sollen nicht das gesamte Vereinsvermögen gefährden. Durch eine Auslagerung auf eine gGmbH soll die Haftung auf das Stammkapital und ggf. weitere genau begrenzte Vermögenswerte wie Gesellschafterdarlehen oder Bürgschaften begrenzt werden.
- Der Vorstand soll nicht persönlich für Risiken der Wirtschaftsbetriebe haften. Insbesondere ein ehrenamtlicher, fachfremder Vorstand überblickt die zahlreichen Pflichten und Risiken einer Geschäftsführung oft nicht ausreichend. Ihm fehlt neben der betriebswirtschaftlichen Fachkompetenz auch die erforderliche Zeit, um die Geschäfte mit der angemessenen Sorgfalt erledigen zu können. Im Falle der Anstellung eines Vereinsgeschäftsführers verlagert sich das persönliche Haftungsrisiko nicht wesentlich.[42] Je größer der Wirtschaftbetrieb ist, umso eher fallen rechtliche Verantwortung des Vorstandes und tatsächliche Führung der Geschäfte durch angestellte Leitungskräfte auseinander. Durch die Auslagerung reduziert sich die Verantwortung des Vorstandes auf die sorgfältige Auswahl der GmbH-Geschäftsführung und die Überwachung als Gesellschafter mit deutlich geringerer persönlicher Verantwortlichkeit.
- Sofern der Verband noch andere Funktionen als die Betriebsträgerschaft hat, kommen diese häufig in der Gremienarbeit zu kurz, da die Wirtschaftsbetriebe oft mit dringlichen Problemen aufwarten und die komplexen Fragestellungen der Betriebsführung erhebliche Beratungszeiten in Anspruch nehmen. Eine Auslagerung entlastet die verbandlichen Gremien, die sich auf ein relativ undifferenziertes Beteiligungsmanagement beschränken können. Die strategische Steuerung und operative Kontrolle werden an Gremien der Gesellschaft, insbesondere Gesellschafterversammlung und Aufsichtsrat, delegiert.
- Der zunehmende Wettbewerbsdruck verlangt eine laufende Optimierung der wirtschaftlichen Aktivitäten. Durch die Auslagerung soll die Flexibilität[43] und damit die Wettbewerbsfähigkeit der Betriebe gestärkt werden. Die eigentliche Auslagerung ist dabei weitgehend kostenneutral bzw. mit geringen Transaktionskosten verbunden. Die verbesserte Wirtschaftlichkeit wird erhofft durch
  - schnellere Entscheidungen durch die GmbH-Geschäftsführung und den Aufsichtsrat im Vergleich zu Verbandsgremien,
  - eine Differenzierung der Unternehmenskulturen zwischen Verband und Unternehmen, wobei letzteres eine stärkere Kunden- und Wettbewerborientierung zeigen soll,
  - günstigere wirtschaftliche Rahmenbedingungen auf Grund anderer Regelungen zum Tarif und zur Altersversorgung und

– Erleichterung der Kooperation mit anderen Partnern, z. B. benachbarten Gliederungen des gleichen Spitzenverbandes, Betrieben konkurrierender Verbände und gewerblichen Leistungsanbietern.

Weitere Motive liegen gelegentlich in der Veränderung der Machtverteilung und der Vorbereitung einer Veräußerung. Eine Auslagerung führt fast zwangsläufig zu einer Veränderung des Informationsflusses und der Entscheidungswege. Schließlich ist auch eine Entlastung des Vorstandes von der operativen Verantwortung in vielen Fällen gewollt. Ob und wie weit auch ein Verlust der wesentlich wichtigeren strategischen Steuerung damit verbunden ist, hängt von der konkreten Gestaltung ab.[44] In der Praxis kommt es vor, dass durch die Auslagerung der Vorstand die übrigen Vereinsmitglieder von betrieblichen Entscheidungen fernhalten will[45] oder die Geschäftsführung sich Unabhängigkeit vom Vorstand verspricht. In beiden Fällen ist eine offene Aussprache über die Rollen der Beteiligten und ihre Aufgaben zu empfehlen, um darauf aufbauend eine stabile Organisationsstruktur entwickeln zu können.

Die Auslagerung kann ein sinnvoller **Einstieg in den Ausstieg**, also eine Vorbereitung einer Veräußerung sein, sie muss es aber keineswegs. Nur wenn sich die erforderliche Wirtschaftlichkeit in der Tochter-GmbH nicht erzielen lässt und eine laufende Subventionierung durch den Träger nicht möglich oder politisch gewollt ist, kann ein Verkauf, auch im Interesse der Beschäftigten, erforderlich sein. Da mit der Auslagerung fast immer ein Schutz des Vereinsvermögens angestrebt wird, ergibt sich für die gGmbH allerdings eine klare Begrenzung der verfügbaren Ressourcen: Das Vereinsvermögen haftet nicht mehr automatisch in voller Höhe für Verluste der Betriebe. Im Einzelfall kann die Auslagerung das Ziel haben, durch eine klare Begrenzung des haftenden Kapitals die Reformwilligkeit der Beschäftigten deutlich anzuspornen und damit eine **Sanierung** zu erleichtern. Die Auslagerung stellt auch eine sinnvolle **Verkaufsvorbereitung** dar, weil der Käufer bei einer GmbH leichter erkennen und bewerten kann, was ihm als Kaufobjekt angeboten wird. In den meisten Auslagerungsfällen stehen nicht Verkauf oder Schließung, sondern langfristig wirtschaftliche Betriebsführung im Vordergrund. In diesen Fällen sollte im beiderseitigen Interesse besonders auf eine angemessene Kapitalausstattung geachtet werden, wobei neben dem Stammkapital auch Sacheinlagen und Darlehen in Frage kommen.

Es bestehen, zum Teil zu Recht, einige Vorbehalte gegenüber einer Auslagerung von wirtschaftlichen Aktivitäten. Diese **kritischen Aspekte der Auslagerung aus dem Verband** müssen frühzeitig berücksichtigt werden:

- Durch die zunehmende **Komplexität** kann es zu einem Kontrollverlust des Verbandes über seine Betriebe kommen. Dem ist mit klaren und zweckmäßigen Strukturen und einer Qualifizierung der Mitglieder in den Kontrollgremien zu begegnen.
- Es besteht die Gefahr einer langfristigen **Abkopplung** der Betriebe vom Verband, da beide eine unterschiedliche Unternehmenskultur entwickeln und sich an verschiedenen, für sie relevanten Anspruchsgruppen orientieren. Durch strukturelle Kopplung und ein umfassendes, auch unternehmenskulturelles Beteiligungsmanagement kann diese Gefahr gebannt werden.
- **Zuwendungen** der öffentlichen Hand sind an vielfältige Voraussetzungen geknüpft. Investitionszuschüsse führen zu einer langfristigen Zweckbindung der Investition. Im Falle eines Betriebsübergangs erwarten den Träger zahlreiche förderrechtliche Fallstricke. Vor einer endgültigen Entscheidung oder gar Umsetzung sollten Zuwendungsgeber kontaktiert und für die Übertragung oder Verpachtung von bezuschussten Sachanlagen deren Zustimmung eingeholt werden. Bei Betriebskostenzuschüssen ist im Vorfeld zu klären, ob die GmbH weiterhin in den Genuss einer Förderung kommen wird.
- Auch bei **Entgeltvereinbarungen** und **Verträgen** über Lieferungen und Leistungen sind die Folgen eines Betriebsübergangs zu klären. Einige typische Fragen sind: Wird die Tochter in den Bedarfsplan aufgenommen? Besteht Anspruch auf eine Entgeltvereinbarung in vergleichbarer Höhe? In welcher Höhe werden Pachten statt Abschreibungen bei einer Kostenerstattung oder Entgeltkalkulation anerkannt? Stimmt der Leasingpartner einem Vertragsübergang zu, ohne zugleich die Leasingrate erhöhen zu wollen?
- Die **steuerrechtlichen Restriktionen** sind sehr komplex. Auch hier einige Beispiele: Bei der Übertragung von Grundstücken kann Grunderwerbsteuer anfallen. Sofern der Verband keine wesentlichen eigenen steuerbegünstigten Aktivitäten fortführt, droht ihm der Verlust der Steuerbegünstigung. Ein Formfehler bei der Übertragung, z. B. ein nicht mit dem Finanzamt abgestimmter Gesellschaftsvertrag, kann zum vorübergehenden, nachträglich nicht heilbaren Verlust der Gemeinnützigkeit, im Falle der Vermögensübertragung verbunden mit erheblichen Steuerforderungen, führen. Werden bei der Auslagerung steuerpflichtige Bereiche auf den Verband und die Tochtergesellschaft verteilt, ist im Gegensatz zu vorher kein Verlustausgleich zwischen diesen Bereichen mehr möglich. Auf der einen Seite gefährden Defizite im steuerpflichtigen Wirtschaftsbetrieb die Steuerbegünstigung, auf der anderen Seite fallen bei Überschreiten der Freigrenze Körperschaftsteuern an.

- Mit der Auslagerung sind in der Regel komplexe **arbeitsrechtliche Fragestellungen** zu lösen, insbesondere wenn nicht nur ein Betriebsübergang sondern zugleich ein Tarifwechsel bzw. Wechsel des Vergütungssystems angestrebt wird. In vielen Fällen wurden der BAT oder Teile davon einzelvertraglich vereinbart, so dass ein Systemwechsel nur unter sehr spezifischen Voraussetzungen möglich ist.
- Während ein Wechsel des Vergütungssystems schon kritisch ist, bleibt ein zusätzlicher Wechsel der **Altersversorgung** häufig unmöglich. Ein unzulässiger Ausstieg kann zu erheblichen Nachforderungen bzw. Abstandszahlungen führen.
- Schließlich wird durch die Auslagerung nicht zwangsläufig eine ausreichende **Haftungsbegrenzung** für den Verein erreicht. Diese erfordert vielmehr eine korrekte Gründung und Umsetzung der vertraglichen Gestaltung sowie der tatsächlichen Geschäftsführung. Besonders häufig wird der Gesellschafter in Anspruch genommen, weil er Bürgschaften/Garantien/Sicherheiten gegeben, Darlehen gewährt oder bei der Auslagerung verlustreiche Einrichtungen ohne ausreichendes Kapital zur Sanierung übertragen hat. Im letzten Fall z. B. findet eine verdeckte Rückgewähr des Stammkapitals statt, so dass ein Haftungsdurchgriff erfolgen kann. Vergleichbares gilt beim Aufbau von Cash-Pooling-Systemen.[46]

Eine besonders wichtige Fragestellung betrifft die **Vermögensübertragung**. Sofern die Auslagerung wesentliche Vermögenswerte des Verbandes schützen soll, müssen diese natürlich im Verein verbleiben und Immobilien z. B. verpachtet werden. Andererseits benötigt die GmbH eine angemessene Kapitalausstattung und kann ggf. nur für eigene Immobilien Investitionszuschüsse erhalten. Bestehende dingliche Sicherungen und von Banken geforderte Sicherheiten setzen daher der Risikoreduktion des Trägers oft enge Grenzen. Je nach Situation sind sehr unterschiedliche Modelle denkbar, von denen einige kurz angedeutet werden sollen:

- Die ausgelagerten Aktivitäten finden in angemieteten Objekten statt. Der Gesellschafter muss nur eine relativ geringe Kapitalausstattung aufbringen. Das Stammkapital wird ggf. durch einen befristeten Betriebsmittelkredit ergänzt, der aus Gewinnen der Tochtergesellschaft getilgt wird. Nach einigen Jahren haftet der Träger nur noch in Höhe des Stammkapitals von 25.000 Euro.
- Die auszulagernden Betriebe sind defizitär. Der Gesellschafter will sich dauerhaft von den Verlusten befreien. Ob der Betrieb saniert werden kann, verkauft wird oder unter den gegebenen Rahmenbedingungen nicht wirtschaftlich zu führen ist, ist noch nicht absehbar. Der Gesellschafter stattet die Gesellschaft mit

ausreichendem Kapital aus. Als Untergrenze können die Verlustdeckungs- und Schließungskosten oder angemessenen Sanierungskosten dienen. Das Kapital kann als Stammkapital oder besser in einer Kombination von Stammkapital und Gesellschafterdarlehen gewährt werden. Letzteres muss mit einer qualifizierten Rangrücktrittserklärung verbunden sein. Sofern eine kurzfristige Besserung der wirtschaftlichen Situation ausbleibt, könnte ein Verzicht mit oder ohne Besserungsschein ausgesprochen werden. Bei der Gestaltung sind sowohl die angemessenen Interessen der Gesellschaftsgläubiger als auch die gemeinnützigkeitsrechtliche Unbedenklichkeit zu beachten. Ferner sollte die Tochter-GmbH nicht auf Dauer ein Fehlkapital ausweisen müssen.

- Der Verband überträgt Betriebe, die mit der übrigen verbandlichen Tätigkeit in einem eher losen Zusammenhang stehen, auf die Tochter-GmbH. Alle mit dem Betrieb im Zusammenhang stehenden Vermögenswerte einschließlich der Immobilien und eines angemessenen, für anstehende (Re-)Investitionen erforderlichen Anteils an den Rücklagen werden übertragen. Die im Verband verbleibenden Mittel reichen für die langfristige Verfolgung der Verbandsziele aus. Bei dieser Auslagerung unter wirtschaftlich geordneten Verhältnissen steht mehr die organisatorische Differenzierung als die mittelfristige wirtschaftliche Absicherung im Vordergrund. Die Tochter erhält optimale und nicht minimale Startbedingungen. Es ist auf eine Grunderwerbsteuer sparende Gestaltung zu achten.

- Der Verband steht in einer engen ideellen Beziehung zu den wirtschaftlichen Aktivitäten. Er behält die Immobilien und gründet eine reine Betriebsgesellschaft mit moderatem Kapitalbedarf. Im Falle einer Insolvenz der Betriebsgesellschaft sucht oder gründet er einen neuen Betreiber. Die Risiken aus der Spezialimmobilie verbleiben letztlich bei dem Verband, der auf einen leistungsfähigen Betreiber angewiesen ist und die Verantwortung für die Reinvestition trägt. Sofern keine Zweckbindung aus Investitionszuschüssen besteht und eine vorausschauende Bauplanung erfolgt, kann der Verband die Immobilie durch die Auslagerung leichter einer anderen Nutzung zuführen, wenn sich der Betrieb zu den bisherigen Bedingungen als nicht mehr tragbar erweist.

Als **Fazit** bleibt festzuhalten, dass eine Auslagerung aus einem Verband zwar die Komplexität der Struktur erhöht, aber in den meisten Fällen, insbesondere bei wirtschaftlichen Risiken oder verbandsfernen Aktivitäten, die Vorteile deutlich überwiegen. Die wirtschaftlichen Risiken des Verbandes und der handelnden Personen lassen sich begrenzen und die Flexibilität von Gesellschaft sowie Verband erhöhen. Die aufgeführten Risiken der Auslagerung können und müssen im Einzelfall durch sorgfältige Gestaltung aufgefangen werden. Je nach Zielsetzung sollte die gGmbH mit mehr als dem erforderlichen Mindeststammkapital ausgestattet werden, um ihr eine optimale Entwicklung zu ermöglichen.

2. Die kommunale Auslagerung

Die Ausführungen zur kommunalen Auslagerung gelten weitgehend auch für die Auslagerung aus anderen Gebietskörperschaften.

Analog zur verbandlichen Auslagerung zielt die kommunale Auslagerung auf die Trennung der öffentlich-rechtlichen Sphäre und der betrieblichen Sphäre. Während jedoch bei der Tochtergesellschaft eines Verbandes in der Regel die Gesellschafterrechte durch den Vorstand wahrgenommen werden, übernehmen diese Aufgabe bei kommunalen Gesellschaften je nach Bedeutung der Gesellschaft und Größe der Kommune nicht die Bürgermeister, sondern benannte Vertreter aus Fachausschüssen oder einzelnen Ämtern.

Beispiel: Die „Städtisches Klinikum Karlsruhe gGmbH" betreibt ein Krankenhaus der Maximalversorgung. Das Versorgungsgebiet umfasst die Stadt Karlsruhe, den gleichnamigen Landkreis und die Regionen Mittlerer Oberrhein und Nordschwarzwald. Die Stadt Karlsruhe ist Alleingesellschafter. Die Vertretung in der Gesellschafterversammlung erfolgt durch den Oberbürgermeister der Stadt Karlsruhe. Der Gesellschafter möchte durch den Betrieb der Gesellschaft eine hochwertige medizinische Versorgung der Bevölkerung sicherstellen. Da der Betrieb eines Krankenhauses vielfältigen rechtlichen Bedingungen zu genügen hat,[47] bietet sich der Betrieb in einem eigenen Rechtsträger an.[48]

Beispiel: Die Landeshauptstadt Stuttgart (LHS) überführt den Betrieb der „Galerie der Stadt Stuttgart" in die „Stiftung Kunstmuseum Stuttgart gGmbH". Sie wird in der Gesellschafterversammlung durch einen Vertreter der Stadt vertreten, der Weisungen des Gemeinderates auszuführen hat. Der Aufsichtsrat wird als Stiftungsrat bezeichnet und durch Gemeinderatsmitglieder, Verwaltungsmitarbeiter und externe Personen besetzt. Die rechtliche Auslagerung verbessert die Möglichkeiten für eine Einbindung externen personellen und finanziellen Engagements.

Die Bezeichnung als Stiftung ist zwar etwas irreführend, aber in Verbindung mit der korrekten Benennung der Rechtsform GmbH zulässig.[49]

Die **Ziele** einer kommunalen Auslagerung liegen überwiegend bei einer Verbesserung der wirtschaftlichen Situation:

- Durch die rechtliche Trennung werden die Verluste der Kommune begrenzbar. Sie beschränken sich auf eine einmalige Kapitalausstattung und ggf. eine in der Höhe begrenzte laufende Subventionierung. Eine Verlustbegrenzung wird allerdings nur dann wirksam, wenn die Kommune auch tatsächlich bereit ist, die GmbH insolvent werden zu lassen. Als Hinderungsgründe können sich rechtliche Verpflichtungen, z.B. gegenüber Mitarbeitern, und öffentlicher Druck auf die Politik erweisen.
- Eine verbesserte Wirtschaftlichkeit soll erreicht werden. Hier gelten praktisch die gleichen Bedingungen wie bei der verbandlichen Auslagerung:
  - schnellere Entscheidungen durch die GmbH-Geschäftsführung und den Aufsichtsrat im Vergleich zu den kommunalen Gremien,
  - eine Differenzierung der Unternehmenskulturen zwischen Kommune und Unternehmen, wobei Letzteres eine stärkere Kunden- und Wettbewerbsorientierung entwickeln soll,
  - günstigere wirtschaftliche Rahmenbedingungen auf Grund anderer Regelungen zur Vergütung und zur Altersversorgung,
  - Erleichterung der Kooperation mit anderen Partnern, z.B. benachbarten Kommunen, Wohlfahrtsorganisationen aber auch gewerblichen Anbietern sowie
  - spezifisch für die kommunale Auslagerung kann hinzukommen, dass Spenden, Nachlässe und ehrenamtliches Engagement leichter für den gemeinnützigen Träger als die Kommune zu gewinnen sind.
- Die organisatorische Differenzierung kann wie beim Verband zu einer Entlastung von Gremien führen. Sie bietet die Chance, sehr spezifischen Sachverstand in die Kontroll- und strategischen Steuerungsgremien einzuwerben. Die Beispiele Krankenhaus und Kunstmuseum verdeutlichen die große Spannbreite kommunalen Engagements. Rat, Fraktionen und Fachausschüsse können kaum für alle Tätigkeitsfelder Experten in ihren eigenen Reihen vorhalten. In der GmbH kann zusätzlicher Sachverstand über den Aufsichtsrat eingebunden werden.

Die Auslagerung kann auch ein Einstieg in den Ausstieg sein. Die Geschäftsanteile einer GmbH lassen sich leichter veräußern als ein kommunaler Betrieb.

> **Beispiel:** Die von Privatpersonen gegründete gemeinnützige „Kulturstiftung Festspielhaus Baden-Baden" übernahm 2000 die Gesellschaftsanteile an der vormals städtischen Betriebsgesellschaft des Festspielhauses.

Weitere **Motive** haben bei der kommunalen Auslagerung eine oft ausschlaggebende Bedeutung. Die Auslagerung führt in der Regel zu einer Machtverlagerung von den kommunalen Gremien zu Aufsichtsrat und Geschäftsführung. Sie erleichtert die Verschleierung privater Vorteilsnahme, insbesondere bei einem schwachen Beteiligungsmanagement und einer eingeschränkten Aufgabenwahrnehmung durch kommunale Aufsichtseinrichtungen, wie dem Rechnungsprüfungsamt. Häufiger als bei Verbänden ist die Auslagerung bei Kommunen eine Vorstufe zum Verkauf der Einrichtungen, insbesondere wenn es sich um marktgängige Leistungen handelt und ein laufender Subventionsbedarf nicht vermieden werden kann. Spektakuläre Verluste und kriminelle Machenschaften, z.B. bei der Berliner Bankgesellschaft, haben dem Ansehen der kommunalen Beteiligungen in letzter Zeit geschadet. Zu Recht werden einige **kritische Fragen** aufgeworfen, die in jedem Einzelfall zu klären sind:

- Werden durch die Auslagerung kommunale (Pflicht-)Aufgaben der **demokratischen Kontrolle** entzogen? Geht die **Transparenz** für die Öffentlichkeit verloren? Je direkter die Auswirkungen der Gesellschaftstätigkeit für die Lebensbedingungen in der Kommune sind, umso wichtiger ist eine Anbindung an die Interessen der Bürgerschaft, parlamentarische Kontrolle und Verpflichtung zur Transparenz. Als Instrumente sollten ein **qualifiziertes Beteiligungsmanagement,** ein umfassendes, an kommunalen Zielen orientiertes **Berichtswesen** und die differenzierte Einbindung kommunaler Interessen in **Aufsichts- und Beratungsgremien** zum Einsatz kommen. Durch die kommunale Auslagerung kann auch ein Mehr an Beteiligung erzielt werden, z.B. in dem engagierte Kunstkenner aus der Bürgerschaft in den Aufsichtsrat eines Kunstmuseums berufen werden, die sonst bestenfalls mit beratender Stimme in kommunalen Gremien gehört worden wären.
- Es bedarf einer politischen Diskussion und Entscheidung, in welchen Fällen Aufgaben unmittelbar durch die Kommune, mittelbar durch eine GmbH mit Einbindung sachkundiger Bürger, durch gewerbliche Anbieter oder durch gemeinnützige Organisationen, die von den Bürgern der Kommune getragen werden, wahrgenommen werden sollen. Kommunale Gesellschaften können wettbewerbsverzerrende Konkurrenz zu Unternehmen darstellen oder ehrenamtliches Engagement verdrängen. Daher kann ein sinnvoller

Rückzug der Kommune auf Kernaufgaben (Daseinsvorsorge, sozialer Ausgleich, Infrastrukturleistungen) und Kernkompetenzen zum Verkauf von Betrieben an Stelle einer Auslagerung führen. Andererseits kann eine kommunale Einrichtung sicherstellen, dass alle Bürger gleichen Zugang zu den Leistungen erhalten und Angebote nicht von den wirtschaftlichen Möglichkeiten des Einzelnen (Zahlung hoher Mitgliedsbeiträge) oder der Sozialstruktur eines Stadtteils abhängen.

- Grundsätzlich besteht die Gefahr einer Abkopplung von kommunalen bzw. sozialen Verpflichtungen.[50] Die Ausrichtung am Wettbewerb, an ertragswirtschaftlichen Zielen oder der Ausweitung des eigenen Gestaltungsspielraums kann zu einer langsamen Entfremdung von gemeinwirtschaftlichen Zielen führen.[51] Neben den bereits unter 1. aufgeführten Instrumenten spielen eine deutliche Verankerung der gemeinwirtschaftlichen Ziele in dem Gesellschaftsvertrag und die Entwicklung eines spezifischen Controllinginstrumentariums eine ausschlaggebende Rolle. Insbesondere mehrdimensionale Zielvereinbarungen, wie sie z.B. im Rahmen einer Balanced Scorecard[52] entwickelt werden, sind als Gegenmaßnahme zur Entfremdungstendenz anzuraten.

- Wie bei der verbandlichen Auslagerung werden sich Wirtschaftlichkeitsvorteile nicht automatisch erschließen. Der Ausstieg aus kommunalen Tarifstrukturen und kommunaler Altersversorgung sind ebenso problematisch wie die gemeinnützigkeitsrechtlichen Restriktionen. Höhere Effizienz setzt nicht nur passende Strukturen, sondern auch eine passende Unternehmenskultur voraus. Letztere lässt sich bei Übernahme des Personal häufig nur sehr langsam verändern.[53] Die Schwierigkeiten sind in der Regel noch umfassender als bei einer verbandlichen Auslagerung, weil neben die betrieblichen Auseinandersetzungen häufig Versuche der politischen Einflussnahme durch die Betroffenen treten. Gelegentlich wird dadurch eine Auslagerung so lange verhindert, bis die aufgelaufenen Defizite den politischen Gestaltungsspielraum auf die **Alternative der Betriebsschließung** begrenzen.

- Versuche persönlicher Vorteilnahme scheinen im kommunalen Umfeld häufiger als im verbandlichen Umfeld anzutreffen zu sein. Dies mag an einer geringeren Identifikation mit den kommunalen Interessen, den höheren Vermögenswerten bei Kommunen und der größeren Komplexität von Kommunen liegen. Auslagerungen können dazu missbraucht werden, Vermögenswerte der unmittelbaren kommunalen Aufsicht zu entziehen und durch Weiterveräußerung unter Preis persönliche Vorteile zu erlangen. Gleichfalls können kommunale Gesellschaften zur „Versorgung" von Personen mit Geschäftsführungs- und Aufsichtsratsposten zweckentfremdet werden. Neben den bisher genannten Kontrollmechanismen sind hiergegen eine Ausweitung der Zuständigkeit der kommunalen Rechnungsprüfung oder die Erweiterung des Auftrags der Wirtschaftsprüfer auf Prüfung der Geschäftsführung gegeben.

Die **Übertragung von Immobilien** ist in der Regel nur im Rahmen einer Veräußerung sinnvoll, zum Beispiel weil die Kommune den Gesellschaftszweck nicht als Kernaufgabe ansieht oder finanzielle Engpässe der Kommune einen Verkauf nahe legen. In den meisten anderen Fällen sprechen mehrere Gründe für den Verbleib der Immobilien bei der Kommune und den Abschluss eines Pacht- oder (eventuell grunderwerbsteuerpflichtigen) Erbbaurechtsvertrags:
– Die Kommune behält auf Dauer ihren Gestaltungsspielraum bei der Kommunalentwicklung.
– Sie kann bei einer Insolvenz oder Abweichung von der Zweckbestimmung einen neuen Betreiber finden.
– Eine Bereicherung an der Vermögenssubstanz, z. B. durch Veräußerung von Immobilien unter Preis, ist ausgeschlossen.
– Bei einer Verpachtung fällt keine Grunderwerbsteuer an; ein Erbbaurechtsvertrag kann grunderwerbsteuersparend gestaltet werden.

Als **Fazit** der kommunalen Auslagerung bietet sich im Rahmen der Entscheidungsfindung ein sehr differenziertes Bild. Zuerst sollte eine politische Bewertung der Aufgaben und alternativen Möglichkeiten der Leistungserbringung geprüft werden. Nur wenn eine gewerbliche oder gemeinnützige Leistungserbringung durch Dritte nicht in zufrieden stellender Form gewährleistet ist, muss eine passende Betriebsform gesucht werden. Handelt es sich weder um hoheitliche Aufgaben noch um Pflichtaufgaben und ist eine Marktnähe gegeben, bietet die kommunale Auslagerung die Chance, kommunalpolitischen Gestaltungseinfluss mit betrieblicher Effizienz und der Attraktivität einer gemeinnützigen Einrichtung für bürgerschaftliches Engagement zu verbinden.

Die steigende Komplexität der kommunalen Strukturen erfordert ein ausgeprägtes Beteiligungsmanagement und die sorgfältige Berücksichtigung der Grundsätze der Public und **Corporate Governance**. Die zunehmende Verbreitung des „Neuen Steuerungsmodells" mit stärkerer Orientierung an Effektivität und Effizienz sowie dezentraler Verantwortlichkeit kommt dem Auslagerungsgedanken entgegen. Ergebnisverantwortung und Dezentralität werden durch die Auslagerung strukturell noch weitgehender umgesetzt als im Rahmen der Verwaltungsmodernisierung. Die erstzunehmenden Kritikpunkte in diesem Abschnitt erfordern eine sehr sorgfältige Gestaltung der Strukturen und ein ausgefeiltes Beteiligungsmanagement, um langfristig die kommunalen Interessen abzusichern.

3. Gemeinschaftsunternehmen

Im Dritten Sektor besteht eine Vielzahl von dauerhaften Kooperationsformen:

- Kammern üben die Berufsaufsicht im staatlichen Auftrag aus und vertreten berufständische Interessen.
- Zahlreiche Fach- und Berufsverbände fördern den Informationsaustausch und nehmen gemeinsame Interessen wahr.
- Teilweise entstehen in diesem Umfeld auch wirtschaftliche Angebote, die unmittelbar oder – insbesondere zur Sicherstellung der Steuerbegünstigung[54] – über eine Tochtergesellschaft des Verbandes angeboten werden. Solche Dienstleistungsgesellschaften sind zunehmend auch bei Kammern anzutreffen. Diese Art der indirekten Kooperation fällt mit unter die oben behandelten Auslagerungen.
- In bisher sehr seltenen Fällen schließen sich gemeinnützige Akteure in einer Genossenschaft oder Aktiengesellschaft zusammen. Beide Rechtsformen sind besonders bei einer Vielzahl von Kooperationspartnern und häufigerem Wechsel der Mitgliedschaft interessant.

Bei wenigen Partnern und einer Kooperation in Bezug auf Betriebe ist die gGmbH das Mittel der Wahl.

> **Beispiel:** Die Bauernhaus-Museum gGmbH wird von dem „Historischen Verein für die Grafschaft Ravensberg" und die „Gesellschaft für Arbeits- und Berufsförderung GAB" betrieben. Durch den Einsatz unterschiedlicher, sich ergänzender Kompetenzen zweier gemeinnütziger Partner wurde der Wiederaufbau des Museums nach einem Brand im Jahr 1995 mit städtischer Unterstützung möglich. Das Museum vermittelt ländliche Sozialgeschichte und beinhaltet ein Museumscafé.[55]

> **Beispiel:** Die Wissenschaft im Dialog gGmbH ist eine Gründung von mehr als zehn führenden deutschen Wissenschaftsorganisationen und dient einer breit angelegten Wissenschafts-PR, die vom Bundesministerium für Wissenschaft und Forschung gefördert wird. In der Gesellschaft sind sowohl die Interessen privat finanzierter Industrieforschung wie staatlich finanzierter Grundlagenforschung vertreten.[56]

Die zahlreichen bisher in der Praxis gegründeten gGmbHs mit mehreren Gesellschaftern (Gemeinschaftsunternehmen, joint venture) sollen zur weiteren Analyse drei unterschiedlichen Konstellationen zugeordnet werden:

1. Bei der **Kooperation unter Gleichen** sind die Stammeinlagen und Stimmrechte aller Gesellschafter gleich. In den meisten Fällen handelt sich um zwei Partner mit jeweils 50% Anteil am Stammkapital. Sonstige Beiträge und der Nutzen aus der Zusammenarbeit stehen in einem ausgewogenen Verhältnis. Insbesondere bei nur zwei Beteiligten ist eine weitgehende Übereinstimmung in den Zielen und konkreten Vorstellungen zur Geschäftsführung erforderlich, damit sich die Partner nicht gegenseitig blockieren. Besonders fragil wird die Konstruktion, wenn jeder Gesellschafter einen Geschäftsführer stellt und damit Konflikte zwischen den Gesellschaftern ggf. unmittelbar in die Geschäftsführung verlagert werden können. Dieses Risiko sollte durch spezielle Vertragsklauseln aufgefangen werden.

2. Bei der **Kooperation unterschiedlich großer Partner** hat ein Gesellschafter eine absolute oder zumindest relative Mehrheit. Er wird in der Regel als führende Kraft mit einem besonders großen Beitrag zur Gesellschaft oder besonderer Fachkompetenz anerkannt. Die kleineren Partner möchten durch das Einbringen eigener Betriebe oder von Vor- und Nachleistungen von der Größe des anderen Partners profitieren. Einerseits ist hier in der Regel die Handlungsfähigkeit von Gesellschafterversammlung und Geschäftsführung gewährleistet, andererseits bedarf der Interessenausgleich zwischen den unterschiedlichen Partnern der laufenden Aufmerksamkeit, damit kein „Sand ins Getriebe" kommt.

3. Relativ selten ist die Kombination eines **sehr dominanten Gesellschafters mit einer Mehrzahl von nur symbolisch beteiligten Mitgesellschaftern** anzutreffen. Die Funktion der Beteiligung liegt in der Sicherung von Informationsrechten und der überwiegend ideellen Anbindung. Dahinter können auch konkrete wirtschaftliche Interessen beider Parteien liegen, z.B. wenn die Minderheitsgesellschafter den Kundenzugang der Gesellschaft fördern sollen und vom wirtschaftlichen Wohl der Gesellschaft in Form von Gewinnausschüttungen – bei gemeinnützigen Gesellschaftern[57] – oder spezifischen Leistungen für das Gemeinwohl – außerhalb so genannter verdeckter Gewinnausschüttungen[58] – profitieren. Gegenüber einer reinen Partizipation im Aufsichtsrat oder sogar nur im Beirat ist diese Beteiligung verbindlicher und ggf. durch den dominanten Gesellschafter nicht mehr einseitig auflösbar.

Die **Ziele** der gemeinsamen Gesellschaftsgründung beschränken sich weitgehend auf das Erreichen wirtschaftlicher Betriebsgrößen oder von Synergieeffekten durch die Kombination unterschiedlicher Kompetenzen und Angebote. Die Kooperation kann sich auf Hilfsleistungen und Kernleistungen beziehen. Allerdings wird eine GmbH mit Hilfsleistungen selten steuerbegünstigt sein können.[59] Als weiteres Ziel kann die Sicherung von Informations- und Mitspracherechten genannt werden. Als Mitgesellschafter kommen z. B. Kommunen in Frage, die Ressourcen in die Gesellschaft einbringen und ein besonderes Interesse an der regionalen Versorgung, weniger jedoch an der unmittelbaren Betriebssteuerung haben. Oder regionale Gliederungen beteiligen sich an einer verbandlichen Betriebsgesellschaft und stellen die regionale Anbindung eines überregionalen Trägers an die Politik und Bevölkerung sicher.

Als weitere, zum Teil für den Erfolg der Kooperation kritische **Motive** kommen in Frage
– schrittweise Zusammenführung zahlreicher Betriebe unter einer einheitlichen Leitung, um größere wirtschaftliche Macht zu erlangen,
– Einbindung potentieller Konkurrenten zur Absicherung einer Expansionsstrategie,
– Schaffung einer größeren Distanz zu problematischen Einrichtungen oder Abstoßen von wirtschaftlich ungesunden Betrieben und Betriebsteilen oder
– Verbesserung der Wirtschaftlichkeit durch Tarifwechsel, Ausstieg aus der Altersversorgung und Änderung weiterer Rahmenbedingungen.

Kritische Aspekte bei der Gründung und dem Betrieb eines gemeinnützigen Gemeinschaftsunternehmens sind
– nicht zusammenpassende Unternehmenskulturen, insbesondere bei Kooperationen zwischen Kommune und Verband oder Gliederungen unterschiedlicher Spitzenverbände,
– Einbringung versteckter Risiken und Belastungen,
– unterschiedliche Erwartungen bezüglich Geschäftsführung und Unternehmensziele,
– macht- statt sachorientierte Steuerung,
– deutlich unterschiedlicher Nutzen aus der Kooperation,
– Genehmigungsvorbehalte kommunaler und insbesondere spitzenverbandlicher Aufsichtsgremien, die eine Gründung verhindern oder der Gesellschaft den Zugang zur Mitgliedschaft in einem (Spitzen-)Verband mit entsprechenden Vorteilen verwehren,
– stärkere Tendenz zur Verselbständigung bei mehreren Gesellschaftern, sofern kein starker Einzelgesellschafter besteht und
– Verlust einer kommunalen oder verbandlichen Identität der Betriebe.

Bei ideell geprägten Gesellschaftern ist gerade der letzte Aspekt von großer Bedeutung und erschwert eine Kooperation über Verbandsgrenzen hinweg.

Bezüglich der Übertragung von Immobilien wird auf die Argumente der beiden vorherigen Abschnitte verwiesen.

Fazit: Der wirtschaftliche Druck zur Kooperation wächst deutlich. Zwar lassen sich durch Informationsaustausch, organisatorische Absprachen und vertragliche Regelungen bereits finanzielle Vorteile realisieren, aber erst eine gesellschaftsrechtliche Verbindung sichert die Zusammenarbeit auf Dauer – fast unumkehrbar – ab und erschließt weitere Rationalisierungspotentiale sowie Größenvorteile. Insbesondere in den ökonomisch wichtigen Sektoren des Gesundheitswesens und der Altenhilfe ist ein starker Konzentrationsprozess zu beobachten, der kommunale, freigemeinnützige und gewerbliche Träger gleichermaßen erfasst hat. Die gGmbH ermöglicht horizontale (regionale Ausweitung) und vertikale (vor- und nachgelagerte Leistungen) Kooperationen im kommunalen und verbandlichen Umfeld. Dabei bietet die GmbH so vielfältige Gestaltungsmöglichkeiten, dass praktisch zu jeder Kombination von Beiträgen, Nutzen und Interessen eine passende Kontroll- und Führungsstruktur gefunden werden kann. Je unterschiedlicher die Partner in Bezug auf Größe, Verfassung, Unternehmenskultur und Wettbewerbsfähigkeit sind, umso mehr Kompromissbereitschaft der Beteiligten ist für eine erfolgreiche Kooperation in der Praxis unabdingbar.

Zwingende Voraussetzung für das Eingehen einer gesellschaftsrechtlichen Verbindung ist eine Due Diligence[60] der eingebrachten Betriebe. Im Falle einer reinen Neugründung ist stattdessen eine sorgfältige Prüfung von Geschäftsidee und Geschäftsplan erforderlich.

4. Konzernorganisation mit Profit Center

Viele Nonprofit-Organisationen sind in den letzten Jahrzehnten zu mittelständischen Unternehmen herangewachsen. Dienstleister mit über 500 Mitarbeitern sind keine Seltenheit. Häufig werden mehrere Betriebe unterhalten, zum Teil auch in unterschiedlichen Branchen. Mit zunehmendem Wachstum bildet sich eine Struktur nach Fachbereichen oder nach Regionen aus.

Mit einer Aufgliederung von großen Unternehmen in Konzernstrukturen werden verschiedene **Ziele** verfolgt:

- die Risiken können begrenzt werden,
- die Betriebe erleichtern durch eine überschaubare Komplexität die persönliche Identifikation,
- regionale Verbundenheit kann leichter hergestellt werden (bei regionaler Gliederung),

- fachliche Profile lassen sich stärker entwickeln und nach außen kommunizieren (bei Spartengliederung),
- die dezentrale Steuerung und Ergebnisverantwortlichkeit wird gestärkt (Profit-Center-Gedanke),
- die Schnittstellen zwischen zentraler Geschäftsführung, zentralen Diensten und Fachbereichen werden transparenter und
- strategische Neuausrichtungen sind einfacher umzusetzen, insbesondere Übernahme oder Gründung neuer Einrichtungen, Einstieg in neue Tätigkeitsfelder, Schließung oder Verkauf von Einrichtung und Ausstieg aus ganzen Tätigkeitsfeldern.

Die gGmbH dient dabei, neben anderen Rechtsformen, als Regionalgesellschaft, Spartengesellschaft, Servicegesellschaft[61] oder als Träger größerer einzelner Einrichtungen. In seltenen Fällen ist auch die Holding als gGmbH organisiert, wobei sie neben der Holdingfunktion noch eigene gemeinnützige Aufgaben wahrnehmen muss. Ferner dient die gGmbH als Träger neu übernommener Einrichtungen, die ggf. erst nachdem sie eine Phase der Sanierung und Anpassung an die Verbundstrukturen erfolgreich überstanden haben, endgültig in den Verbund integriert werden.

Beispiel: Die Stiftung bürgerlichen Rechts „SRH Holding" dient als Holding für 27 Unternehmen. Die Gliederung in Sparten erfolgt teilweise über Aktiengesellschaften, z. B. die SRH Kliniken AG. Einzelne Arbeitsfelder, z. B. SRH Berufliche Rehabilitation gGmbH und SRH Fachschulen gGmbH, und Einrichtungen, z. B. SRH Fachkrankenhaus Neckargemünd gGmbH und Rhein-Neckar-Werkstätten und Service gGmbH, sind in gemeinnützigen GmbHs angesiedelt.[62]

Gegenüber anderen Rechtsformen ist die GmbH für die Konzernbildung im Vorteil. Sie ermöglicht sowohl eine vollständige Kontrolle über die 100%-Beteiligung wie die Kooperation in unterschiedlichen Abstufungen. Die Kosten für Gründung und Verwaltung sind relativ gering. Die Gesellschaftsverträge können einfach an geänderte Erfordernisse angepasst werden.
Kritisch anzumerken ist
- die steigende Komplexität der Konzernstrukturen mit zunehmender Untergliederung,
- die Gefahr eines Kontrollverlustes, insbesondere bei einer ehrenamtlichen Kontrolle oder Steuerung in der Holding und
- die Gefahr von nicht realisierten Synergien oder sogar konkurrierendem Verhalten mehrerer Töchter bei einer zu schwachen Holding.

Das **Immobilienvermögen** bleibt in der Regel bei der Holding oder einer Stiftung als Vermögensträger. Um betriebsnotwendiges Kapital zur Verfügung zu stellen, auf Grund von Zweckbindungen oder im Rahmen von Kooperationen kann es auch vorkommen, dass Immobilien im Besitz von Tochtergesellschaften sind. **Fazit:** Große, in mehreren Sparten tätige und regional verteilte Unternehmen können durch eine Konzernstruktur mit Trennung von Holding, zentralen Diensten und Sparten- bzw. Regionalgesellschaften Risiken besser begrenzen und die Steuerung optimieren. Voraussetzungen sind dafür eine starke strategische Steuerung und ein ausgefeiltes Beteiligungsmanagement. Die gGmbH ist sowohl für 100%-Töchter wie Gemeinschaftsunternehmen das Mittel der Wahl. Für die Holding kommen praktisch alle Rechtsformen in Frage. Sofern eine Trennung zwischen Legitimationsbasis (Mitglieder eines Vereins, Stiftungszweck und -kapital einer Stiftung) und professionellem Management angestrebt wird, bietet sich auch für die Holding die Rechtsform der GmbH an. Bei zahlreichen Legitimationsträgern, z. B. mehreren Vereinen und Stiftungen, ist eine Aktiengesellschaft als Alternative zu prüfen.

5. Erwerbsorientierte Unternehmensgründung

Grundsätzlich ist die „erwerbsorientierte" oder gewinnorientierte Gründung einer gemeinnützigen GmbH ein Widerspruch in sich, da die Gemeinnützigkeit eine Gewinnorientierung ausschließt.[63] In der Praxis sind jedoch zwei Arten von gemeinnützigkeitsrechtlich sehr umstrittenen[64] und je nach Fallgestaltung risikobehafteten gGmbH-Gründungen mit dem Ziel der Einkommenserzielung anzutreffen:

- In der Regel größere Unternehmen gründen **gemeinnützige Betriebsgesellschaften** für soziale Dienstleistungen. Sie erhalten zwar keine unmittelbare Verzinsung des eingesetzten Stammkapitals, verdienen aber an diversen Leistungen, die der gGmbH aus dem Unternehmensverbund, selbstverständlich zu marktüblichen Preisen, verkauft werden. Als Dienstleistungen kommen z. B. Bau, Finanzierung, Gebäudemanagement inkl. Reinigung und Waschen, Catering, Verwaltung einschließlich Rechnungswesen und Personalabrechnung sowie IT-Leistungen in Frage.
- Einzelpersonen wählen zur **Existenzgründung** eine gGmbH mit sozialen Leistungen, Bildungs- und Beratungsangeboten oder anderen steuerbegünstigten Leistungen. Auch sie müssen auf eine Verzinsung der Einlage bzw. Gewinnausschüttung verzichten. Sie können aber mittelbar durch eine Anstellung als GmbH-Ge-

schäftsführer mit einem vertretbaren Gehalt profitieren, so dass die Aufbringung der Stammeinlage verkraftbar ist. Die Wahl einer gGmbH bietet ggf. leichteren Zugang zu Genehmigungen, Zuschüssen, Spenden oder kommunaler Unterstützung. Eine ausführliche Abwägung der Vor- und Nachteile findet sich im Abschnitt A. IX. unter „Gemeinnützigkeitsrechtliche Grundlagen".

IV. Rechtliche Grundlagen

1. Wesen der GmbH

Charakteristische Merkmale der GmbH sind der Gesellschaftszweck, das haftende Gesellschaftskapital und die differenzierte Aufgabenverteilung zwischen Eigentümer und Geschäftsführung. Nach einer Übersicht werden diese zentralen Merkmale in den nachfolgenden Abschnitten vertieft behandelt.

Der **Gesellschaftszweck** bestimmt die Ausrichtung und Handlungsfelder der Gesellschaft. Insofern unterscheidet sich die GmbH nicht grundsätzlich von anderen Körperschaften, denen z.B. als Vereinszweck eine inhaltliche Bestimmung mitgegeben wird. Da die Zahl der Gesellschafter in der Regel geringer ist als die der Mitglieder eines Vereins, kann der Zweck in der Praxis meist leichter an veränderte Rahmenbedingungen angepasst werden. Die Restriktionen zur Erlangung der Gemeinnützigkeit sind in gleicher Weise wie beim Vereins- oder Stiftungszweck zu beachten.

Die GmbH ist wie die Aktiengesellschaft eine **Kapitalgesellschaft.** Das Stammkapital hat als haftendes Eigenkapital eine Sonderfunktion. Es steht für die laufende Geschäftätigkeit zur Verfügung, darf aber als Haftungsmasse für Gläubiger nicht durch Auszahlungen an die Gesellschafter geschmälert werden. Die Stimmrechte richten sich in der Regel nach den Stammeinlagen, also dem Anteil der Gesellschafter am Stammkapital. An dieser Regelung wird deutlich, dass nicht wie beim Verein Menschen mit einer gemeinsamen Idee und oft rein ehrenamtlichem Engagement den Ausgangspunkt der Gründung darstellen, sondern Geschäftspartner, die für die Realisierung einer Geschäftsidee Geld einbringen.

Entsprechend sind auch die Gründungsbedingungen unterschiedlich: Beim Verein müssen mindestens 7 Personen als Gründungsmitglieder zusammenkommen, das Gründungskapital hingegen kann 0 € betragen. Bei der GmbH genügt ein Gesellschafter, der ein Mindestkapital von 25.000 €, davon unmittelbar bei der Gründung die Hälfte, einbringen muss.

Letztes wesentliches Merkmal der GmbH ist die formale **Trennung von Eigentümer- und Geschäftsführerfunktion.** Bei der „kleinsten wirtschaftlichen Einheit", dem Einzelkaufmann oder dem Selbständigen, fallen Eigentum an den Produktionsmitteln und Führungsverantwortung in einer Person zusammen. Beim Verein ist es nicht zwingend notwendig, aber der Regelfall, dass aus dem Kreis der Mitglieder mehrere Personen als Vorstand die Geschäfte führen. Bei der GmbH ergeben sich die Stellung des Gesellschafters aus den Eigentumsverhältnissen und die Stellung des Geschäftsführers aus der Berufung in die Organstellung. Besonders bei der gGmbH erfolgt diese Berufung häufig nicht auf Grund einer Gesellschafterstellung, sondern mit Rücksicht auf die Eignung zur Führung der Geschäfte. Gleichwohl kann auch ein Gesellschafter oder Vertreter des Gesellschafters zum Geschäftsführer bestellt werden. Selbst in diesem Fall sind die Funktionen des Gesellschafters und des Geschäftsführers rechtlich sorgsam auseinander zu halten.

Die personelle Differenzierung zwischen der Kontrolle durch den Eigentümer und der Führung der Geschäfte durch einen sachkundigen Dritten stellt auch für gemeinnützige Gesellschafter eine große Chance dar, weil die Anforderungen an eine Führungsposition im ideellen Bereich und in einem Betrieb sehr unterschiedlich ausfallen.

2. Gesellschaftsvertrag

Der Gesellschaftsvertrag (Satzung) enthält die grundlegende **Verfassung der Gesellschaft.** Mit der Anmeldung der Gesellschaft zum Handelsregister muss ein beurkundeter Gesellschaftsvertrag eingereicht werden, der von allen Gesellschaftern unterschrieben ist. Die formalen Anforderungen verdeutlichen die Bedeutung des Gesellschaftsvertrages, der eine dauerhafte Grundlage für die Arbeit der Gesellschaft, das Zusammenspiel von Gesellschaftern und Geschäftsführung sowie das Zusammenwirken bei mehreren Gesellschaftern zur Verfügung stellen muss.

Eine spätere Änderung bedarf ebenfalls der notariellen Beurkundung. Bei mehreren Gesellschaftern ist eine Vertragsänderung an einne qualifizierte Mehrheit, ggf. sogar Einstimmigkeit gekoppelt.[65]

Im Gesellschaftsvertrag werden auch wesentliche Grundlagen für die spätere Corporate bzw. **Nonprofit Governance** gelegt. Daher sollte die Gestaltung mit großer Sorgfalt und Weitsicht erfolgen.

Der Vertrag muss mindestens folgende Regelungen enthalten:
– Firma (Name) und Sitz,
– Gegenstand des Unternehmens (Gesellschaftszweck),
– Höhe des Stammkapitals in EUR und

– Namen der Gründungsgesellschafter mit ihren jeweiligen Stammeinlagen.
– Für eine gGmbH kommen Angaben zur Sicherstellung der Steuerbegünstigung hinzu.

Alle weiteren Regelungen sind fakultativ und müssen nur dann vorgenommen werden, wenn von den gesetzlichen Standards abgewichen werden soll. In der Praxis ist es sinnvoll, weitere Regelungen zu treffen. Zum Einen werden die gesetzlichen Standards in den seltensten Fällen der individuellen Situation und den Intentionen der Gesellschafter gerecht, zum Anderen stellt die explizite Regelung eine aktive Auseinandersetzung mit den regelungsfähigen Sachverhalten sicher und erleichtert die spätere Arbeit der GmbH durch ein explizites und schlüssiges Regelwerk.

Neben den wenigen gesetzlich vorgeschriebenen Regelungen gibt es **materielle Satzungsbestandteile**, deren Regelungen nur als Teil der Satzung wirksam werden, und **formelle Satzungsbestandteile**, die auch außerhalb der Satzung, z. B. als Beschluss der Gesellschafterversammlung, wirksam vereinbart werden könnten.

Für die **Gliederung des Gesellschaftsvertrages** gibt es keine Vorschriften, sondern bestenfalls Gepflogenheiten. So wird man kaum Verträge finden, die nicht mit der Firma, dem Sitz und dem Gegenstand des Unternehmens beginnen. Auch wenn die Gliederung rechtlich unbedeutend ist, sollte eine möglichst schlüssige und übersichtliche Struktur gewählt werden, die auch später noch eine sichere und einfache Anwendung des Vertrages ermöglicht. Gerade bei gGmbHs müssen sich oft rechtliche Laien in dem Vertrag zurechtfinden, die zudem an der Gründungsdiskussion nicht beteiligt waren, sondern später in ein Amt gewählt werden, dass zur Wahrnehmung der Gesellschafterrechte oder eines Aufsichtsratsmandats führt.

Die Mustertexte folgen einheitlich der folgenden Gliederung
A. Konstitutive Bestimmungen und Gesellschafter
B. Organe
C. Laufende Geschäftstätigkeit
D. Änderungen der Gesellschaft bzw. der Gesellschafterstruktur
E. Schlussbestimmungen.

Der **Abschnitt A** umfasst alle Pflichtregelungen zu Firma, Sitz, Gegenstand, Stammkapital, Stammeinlagen und Gesellschaftern. Sinnvollerweise werden beim Gegenstand der Zweck im Sinne der AO und in einem nachfolgenden Paragraphen die vorgeschriebenen Regelungen zur Steuerbegünstigung ergänzt. Da die gemeinnützige GmbH keinen üblichen Erwerbszweck verfolgt, sondern neben ihrer wirtschaftlichen Tätigkeit eine ideelle Zielsetzung verfolgt, sollte diese unmittel nach dem Unternehmensgegenstand verdeutlicht

werden. Die Ausführungen stellen sicher, dass sich mehrere Gesellschafter ausdrücklich über ihre Erwartungen verständigt haben und
dass die Geschäftsführer auf die ideelle Orientierung ausdrücklich
verpflichtet werden.

Viele gGmbHs entstehen als Ausgründung aus einer Kommune
oder einer steuerbegünstigten Körperschaft (Verein, Stiftung). In
diesem Fall soll sich die gGmbH fast immer in die Tätigkeiten des
Gesellschafters sinnvoll einfügen und an deren Handlungsgrundsät-
zen orientieren. Häufig lassen sich die ideellen Ziele auch nur durch
ein abgestimmtes Zusammenwirken erreichen. Auf jeden Fall sollte
der Grad der Integration oder Selbständigkeit ausdrücklich geregelt
werden, so dass sich später keine unbeabsichtigte Verselbständigung
der gGmbH oder gar die Verfolgung gegenläufiger Interessen ergibt.
Daher wurde für diesen wichtigen Aspekt ein eigener Paragraph
vorgesehen.

Ein weiterer, in gewerblichen GmbHs ebenfalls eher seltenerer
Paragraph regelt die Mitwirkung der Gesellschafter, soweit diese
über die Erbringung der Stammeinlagen hinausgeht. Dafür kann es
eine ganze Reihe von Gründen geben. Bei Gemeinschaftsunternehmen ist auch im gemeinnützigen Bereich die Gesellschaft oft nur bei
guter Zusammenarbeit mit den Gesellschaftern überlebensfähig.

Beispiel: Zwei benachbarte Kreisverbände eines Wohlfahrtsverbandes legen ihre ambulanten Dienste zusammen, die bisher
nicht kostendeckend gearbeitet haben. An der gemeinsamen
Tochtergesellschaft „Ambulante Pflege A- und B-Kreis" sind sie
zu jeweils 50% beteiligt. Durch die Zusammenlegung werden
zwar Overhead-Kosten eingespart, aber noch keine Kostende-
ckung erzielt. Dafür sind eine enge Zusammenarbeit mit den stationären Einrichtungen und Beratungsstellen der Gesellschafter
sowie eine Bewerbung der Angebote bei den Mitgliedern der
Kreisverbände erforderlich. Nur durch die Mitwirkung der Gesellschafter kann ein kostendeckender Betrieb erzielt werden.
Umgekehrt bietet der ambulante Pflegedienst eine gute Möglichkeit neue Mitglieder für die Verbände und Kunden für ihre stationären Einrichtungen zu gewinnen.

In **Abschnitt B** werden die Organe der GmbH behandelt. Eine
Gesellschafterversammlung und ein Geschäftsführer sind durch das
Gesetz vorgeschrieben. Die Gesellschafterversammlung vertritt die
Interessen der Eigentümer, fasst ihr vorbehaltene Grundsatzbe-
schlüsse und übt die Kontrolle über die Geschäftsführung aus. Der
Gesellschaftsvertrag kann ihr weitere Aufgaben ausdrücklich zuwei-
sen, insbesondere Entscheidungen über wesentliche Geschäfte oder

die strategische Planung. Grundsätzlich kann die Gesellschafterversammlung immer Einzelweisungen an die Geschäftsführung erteilen und damit nahezu beliebig in das Tagesgeschäft eingreifen. Da dies einer erfolgreichen Arbeit der Gesellschaft regelmäßig abträglich ist, sollte eine sinnvolle Aufgabenverteilung entwickelt und im Gesellschaftsvertrag verankert werden.[66] Als weitere Organe werden ein Aufsichtsrat zur Stärkung der Kontrollfunktion der Gesellschafter und ein Beirat (fakultativ) zur Beratung aller Organe der Gesellschaft vorgesehen.[67]

Der **Abschnitt C** zur „Laufenden Geschäftstätigkeit" regelt das Geschäftsjahr, die Aufnahme der Geschäftstätigkeit sowie Bekanntmachungen. Hier könnten weitere Regelungen z.B. zum Jahresabschluss, der Gewinnverwendung[68] und der Prüfung getroffen werden.

Abschnitt D behandelt die in der Praxis zwar selten angewendeten, aber sehr wichtigen Regelungen zur Verfügung über Geschäftsanteile, dem Ausscheiden aus der Gesellschaft und der Änderung bzw. Auflösung der Gesellschaft. Die gGmbH wird üblicherweise für einen ideell orientierten Wirtschaftsbetrieb gegründet. Änderungen der wirtschaftlichen Rahmenbedingungen treten oft schneller als erwartet ein. Dann können Änderungen der Beteiligungsverhältnisse oder der Struktur der Gesellschaft erforderlich werden. Einerseits muss schon bei der Gründung auf ausreichende Flexibilität der Gesellschaft geachtet werden, andererseits muss ggf. ein dauerhafter Einfluss des ideell motivierten Gründers sichergestellt werden.

Abschnitt F umfasst nur die üblichen salvatorischen Klauseln sowie eine Regelung zur Übernahme der Gründungskosten durch die Gesellschaft.

3. Rechtsformvergleich

Der weiteren Verdeutlichung des Charakters der gGmbH und dem Aufzeigen von alternativen Gestaltungsmöglichkeiten dient die nachfolgende Übersicht zu den wichtigsten Rechtsformen, die bei Nonprofit-Organisationen verbreitet sind.

Wesentliches Merkmal des **Vereins** sind die im Laufe der Zeit wechselnden Mitglieder, die einen gemeinsamen Zweck verfolgen. Der Verein benötigt keine Mindestkapitalausstattung, ist mit geringstem Aufwand zu gründen und in seiner Organisation sehr flexibel. Er ist ideal für Zwecke der Freizeitgestaltung[69] und Interessenbündelung[70]. Der Verein kann bei Bedarf weitgehend an die Strukturen der GmbH angepasst werden und zum Beispiel einen

Aufsichtsrat erhalten. Auch bei der Benennung und Ausgestaltung von Gremien besteht weit reichende Freiheit.[71] Die **GmbH** eignet sich vor allem für die Verfolgung von wirtschaftlichen Zwecken durch einen kleineren Personen-/Eigentümerkreis. Der formale Gründungs- und Geschäftsführungsaufwand ist etwas größer als beim Verein. Beispielsweise bedarf der Gesellschafterwechsel der notariellen Beurkundung. Während Vereinsmitglieder in der Regel kein anteiliges Vereinsvermögen beim Ausscheiden erhalten, steht den Gesellschaftern in der Regel ein Anteil am Vermögen zu.[72] Neben die Gesellschafter tritt das Stammkapital als wesentliches Merkmal der GmbH. Daher die Bezeichnung Kapitalgesellschaft.

Bei der **Stiftung** schließlich treten die Personen bis auf den Stifter während der Gründung, in den Hintergrund und nur das Stiftungskapital in Verbindung mit dem Zweck ist prägend. Die Stiftung ist auf unbegrenzte Zeit an den im Stiftungsgeschäft fixierten Willen des Stifters gebunden. Sie unterliegt den Landesstiftungsgesetzen und der darin geregelten Stiftungsaufsicht. In ihrer inneren Struktur kann sie, ähnlich wie der Verein, sehr frei gestaltet werden. Je nach rechtlicher Gestaltung und Zielsetzung werden zahlreiche Varianten der Stiftung unterschieden, z. B. Stiftungen privaten oder öffentlichen Rechts, Familien-, Bürger- und Unternehmensstiftungen sowie rechtlich selbständige oder unselbständige Stiftungen.[73]

	Verein	**GmbH**	**Stiftung**
konstitutives Element	bei Gründung 7, dann 3 Mitglieder	Stammkapital ab 25 T€	Stiftungskapital, je nach Bundesland ≥ 50 T€
Rechtsgrundlage	BGB §§ 21–79	GmbH-Gesetz	BGB §§ 80–88, Landesstiftungsgesetze
Gründungs- und Verwaltungskosten	gering	vertretbar, bei Sachgründung hoch Publizitäts- und Rechnungslegungspflichten	gering, aber Anerkennungspflicht seitens der Stiftungsaufsicht
besondere Eignung	viele, häufig wechselnde Personen Austarierung gegenläufiger Interessen	Wirtschaftsbetriebe, Kooperation in Gemeinschaftsunternehmen	Mittelbeschaffung und -verwaltung

	Verein	GmbH	Stiftung
Vorteile	flexibel gestaltbar, Aufsichts-, Beirat, Delegierten-versammlung etc. möglich geringe Publizität	Risikobegren-zung auf Stammkapital Struktur ist spezifisch auf Betriebsführung ausgerichtet	guter Ruf geringe Publizität langfristige Orientierung
Risiken, Nachteile	Vorstandshaftung auch bei Ehrenamtlichen strukturell nicht auf Betriebs-führung ausgerichtet	Übertragung von Anteilen aufwendig	Satzungsände-rungen nur mit Zustimmung der Stiftungsauf-sicht durchführ-bar, Zweckände-rung selten möglich
weitere Eigen-schaften		Formkaufmann	Kapitaler-haltungspflicht

Als weitere Rechtsformen sind noch die Aktiengesellschaft und die Genossenschaft zu nennen. Die **Aktiengesellschaft** ist gesetzlich wesentlich stärker reglementiert als die GmbH. Der Gründungs- und Verwaltungsaufwand ist höher. Sie ist für wirtschaftliche Unternehmungen durch eine größere Zahl wechselnder Personen geeignet und verbindet damit Aspekte von GmbH und Verein. Die **Genossenschaft** dient der wirtschaftlichen Förderung ihrer Mitglieder. Die Pflichtmitgliedschaft im genossenschaftlichen Prüfungsverband in Verbindung mit einer restriktiven Handhabung der Anerkennung hat die Form für Neugründungen eher unattraktiv werden lassen. Ansonsten wäre sie für die Verfolgung wirtschaftlicher Zwecke durch eine Mehrzahl, auch wechselnder natürlicher Personen oder Körperschaften von Interesse.

Alle genannten Körperschaften können **steuerbegünstigt** sein.[74] Grundsätzlich sind Mittelübertragungen zwischen verschiedenen steuerbegünstigten Körperschaften möglich, wenngleich hierbei besondere Bestimmungen des Gemeinnützigkeitsrechts zu beachten sind.[75] Die steuerbegünstigte Stiftung bietet zusätzliche steuerliche Vergünstigungen für den Stifter.[76]

In der Tabelle werden nur besonders wichtige Aspekte aufgeführt. Die spezifischen Bedingungen der konkreten Situation müssen zusätzlich beachtet werden. Da die Rechtsform sich langfristig auswirkt, sollten auch künftige Anforderungen ausreichend Beachtung finden.

In der Praxis werden häufig mehrere Rechtsformen im Verbund genutzt, um die jeweiligen Vorteile zu realisieren.

Beispiel: Der mitgliederstarke Verband verfügt über eine durch personelle Verflechtungen angebundene Stiftung zur Mittelbeschaffung und eine Betriebs-GmbH für eine große stationäre Einrichtung. Über ein Gemeinschaftsunternehmen mit zwei anderen Verbänden, ebenfalls eine gGmbH, wird ein Hausnotruf angeboten.

4. Rechtsquellen

Die Mustersatzung und die Kommentierung berücksichtigen die aktuelle Rechtslage und entlasten den Leser vom Studium der einschlägigen Quellen. Trotzdem kann ein Überblick über die Rechtsquellen für die Entwicklung abweichender Vorschläge, die Diskussion mit Beratern und Gespräche mit Kooperationspartnern nützlich sein.

Zentrale gesetzliche Grundlage der GmbH ist das „Gesetz betreffend die Gesellschaften mit beschränkter Haftung" oder kurz **GmbHG.** Das Gesetz wurde bereits am 20. April 1892 erlassen und seitdem regelmäßig geändert. Das Gesetz regelt in sechs Abschnitten

1. Errichtung der Gesellschaft,
2. Rechtsverhältnisse der Gesellschaft und Gesellschafter,
3. Vertretung und Geschäftsführung,
4. Abänderung des Gesellschaftsvertrages,
5. Auflösung und Nichtigkeit der Gesellschaft sowie
6. Schlussbestimmungen.

Auf einzelne Regelungen des GmbHG wird in den Fußnoten an geeigneter Stelle verwiesen.

Das GmbHG verweist insbesondere in § 52 „Aufsichtsrat" auf das **Aktiengesetz** (AktG).[77]

Die GmbH ist Formkaufmann im Sinne des **Handelsgesetzbuches** (HGB). Neben den allgemeinen Vorschriften gilt insbesondere im dritten Buch des HGB der zweite Abschnitt „Ergänzende Vorschriften für Kapitalgesellschaften ..." mit Regelungen zur Rechnungslegung.[78]

Die **Abgabenordnung** (AO) mit Regelungen zur Steuerbegünstigung[79] und das Einkommensteuergesetz mit Regelungen zum Spendenabzug[80] sehen keine Besonderheiten für GmbHs vor.

5. Gesellschaftszweck

Eine GmbH kann zu jedem gesetzlich zulässigen Zweck gegründet werden.[81] Für die gGmbH gilt als Einschränkung, dass der Zweck steuerbegünstigt sein muss.[82] Ferner kann für die Eintragung eine Genehmigung (z.B. Betrieb einer Gaststätte) oder eine Anmeldung (z.B. Eintragung in der Handwerkerrolle) erforderlich sein.
Bei der Festlegung des Gegenstandes oder Zwecks der Gesellschaft sind folgende Überlegungen anzustellen:
- Für eine Eintragung im Handelsregister ist eine **hinreichende Konkretisierung** erforderlich, damit die interessierten Wirtschaftskreise (Banken, Vermieter, Lieferanten, Kooperationspartner, Zuwendungsgeber etc.) eine allgemeine Vorstellung vom Tätigkeitsfeld der Gesellschaft erhalten. Nicht ausreichend wären nur „Handelsgeschäfte" oder „gemeinnützige Zwecke aller Art". Mit Einhaltung der gemeinnützigkeitsrechtlichen Anforderungen wird auch die gesellschaftsrechtlich erforderliche Konkretisierung gewährleistet.
- Die Beschreibung des Gesellschaftszwecks wirkt sich auf die Reichweite eines ggf. bestehenden **Wettbewerbsverbotes** aus. Der Geschäftsführer unterliegt aus der Treuepflicht zur Gesellschaft einem Wettbewerbsverbot, soweit nicht im Gesellschaftsvertrag oder einem Gesellschafterbeschluss eine Befreiung erteilt wird. Zum Wettbewerbsverbot der Gesellschafter siehe § 5a des Mustervertrages. Eine zu enge Formulierung des Gegenstandes kann dazu führen, dass einzelne Gesellschafter konkurrierend in Bereichen tätig werden, die sich die Gesellschaft noch erschließen möchte.
- Der Gegenstand der Gesellschaft beschränkt die **Geschäftsführungsbefugnisse** des Geschäftsführers.[83] Ohne einen Beschluss der Gesellschafterversammlung kann der Geschäftsführer nicht außerhalb dieser Schranken tätig werden.
- Die **Steuerbegünstigung** erfordert, dass sich die Art der Erreichung des steuerbegünstigten Zwecks bereits aus dem Gesellschaftsvertrag ersehen lässt.[84] Die Benennung eines Geschäftsfeldes reicht nicht aus, sondern es muss auch die Art der Tätigkeit benannt werden. Auf eine im Gesellschaftsvertrag nicht genannte Tätigkeit erstreckt sich die Steuerbegünstigung selbst dann nicht, wenn diese weitere Tätigkeit ebenfalls steuerbegünstigt wäre.[85]

Beispiel: „Die Gesellschaft wird im Bereich der Altenhilfe tätig." Dieser Zweck ist handelsrechtlich ausreichend konkret, aber steuerrechtlich noch zu unbestimmt. Die Satzung lässt nicht

erkennen, ob die konkreten Aktivitäten steuerbegünstigt sein
werden.

Beispiel: „Die Gesellschaft wird im Bereich der Behindertenhil-
fe tätig. Sie betreibt eine Werkstatt für behinderte Menschen und
Wohnheime. Die Werkstatt kann Zweigwerkstätten betreiben.
Die Gesellschaft bietet ergänzend Betreuungssleistungen an, ins-
besondere Logopädie, Ergotherapie und therapeutisches Reiten."
Die konkreten Leistungen werden aufgeführt. Die Aufzählung
ergänzender Leistungen ist offen gehalten, so dass vergleichbare
Leistungen ohne Änderung des Vertrages hinzukommen können.
Durch die Klausel mit den Zweigwerkstätten wird sichergestellt,
dass später ein Betrieb an mehreren Standorten unkritisch ist.

Beispiel: Die oben stehende Gesellschaft engagiert sich im Um-
welt- und Naturschutz, z. B. durch Pflanzaktionen, Ankauf von
schützenswerten Biotopen und die Verbreitung von Broschüren.
Obwohl Umweltschutz steuerbegünstigt ist, sind diese Aktivitäten
bei dieser Gesellschaft nicht begünstigt, da sie nicht als Gesellschaftszweck aufgeführt werden. Mit der Verwendung von Gesell-
schaftsmitteln für den Umweltschutz gefährdet die Gesellschaft ihre Steuerbegünstigung. Sofern bei den Aktivitäten gleichzeitig im
Rahmen der Werkstatt Behinderte beschäftigt werden oder es sich
um Freizeitmaßnahmen im Rahmen der Betreuung handelt, könnte je nach den konkreten Umständen eine Steuerbegünstigung aus
dem Gesellschaftszweck hergeleitet werden.

Zusammenfassend lässt sich feststellen, dass zwei Abwägungen
zu treffen sind:

1. Der Gesellschaftszweck sollte ausreichend weit gefasst werden,
   damit die Gesellschaft nicht in absehbarer Zeit über ihren Zweck
   hinaus tätig wird und dadurch Tätigkeitsbereiche aus der Steuerbegünstigung herausfallen oder sogar die Steuerbegünstigung gefährdet wird. Ferner kann die weite Fassung dem Wettbewerbs-
   schutz künftig geplanter Aktivitäten dienen. Andererseits muss
   sich der Gegenstand auf steuerbegünstigte Zwecke beschränken
   und sollte nur die Aktivitäten umfassen, die die Geschäftsführung
   in absehbarer Zeit verfolgen soll.
2. Neben dem Umfang spielt für die Steuerbegünstigung die Konkretisierung des Gesellschaftszwecks eine Rolle, die eine Überprüfung der Steuerbegünstigung ermöglichen soll, aber nicht zum
   Ausschluss von künftig denkbaren Tätigkeiten führen darf.

6. Gesellschaftskapital

Für die gGmbH als Kapitalgesellschaft ist die Kapitalausstattung bei der Gründung, und hier insbesondere die Höhe des Stammkapitals, von zentraler Bedeutung. Die GmbH dient, auch wenn sie zu ideellen Zwecken gegründet werden kann, vorrangig zur Teilnahme am Wirtschaftleben. Als Ausgleich für die Beschränkung der Haftung der Gesellschafter auf die Höhe der Stammeinlage sieht der Gesetzgeber bei der Gründung eine **Mindesthöhe des Stammkapitals** von 25.000 € vor. Das Stammkapital darf nicht an die Gesellschafter zurückgezahlt werden, sondern bietet den Geschäftspartnern der Gesellschaft ein Minimum an Haftungsmasse. Diese Haftungsmasse kann jedoch durch Verluste aufgezehrt werden, so dass nur ein aktueller Jahresabschluss etwas über die Bonität der GmbH aussagen kann.

Die **Kapitalausstattung** der GmbH hat vielfältige **Funktionen:**

- Das Stammkapital, auch als gezeichnetes Kapital bezeichnet, stellt ein Minimum an Eigenkapital zum Zeitpunkt der Gründung dar. Durch Gewinne, Einlagen der Gesellschafter und eigenkapitalersetzende Darlehen[86] kann diese Haftungsmasse weiter steigen, so dass die Risiken eines Forderungsausfalls bei Geschäftspartnern sinken.
- Das Eigenkapital ist Gradmesser für die Bonität der Gesellschaft und damit entscheidend für die Kreditaufnahme und Verhandlungen mit Lieferanten.
- Durch das Eigenkapital können Anlagegüter langfristig finanziert und kurzfristig die Liquidität sichergestellt werden. Viele gemeinnützige Träger sind als Dienstleister tätig und haben einen Anteil von über 70% Personalaufwendungen am Gesamtaufwand. Bei diesen Gesellschaften spielt die Vorfinanzierung der Löhne eine große Rolle. Sofern Immobilien unterhalten werden, muss bei einer Finanzierung durch Banken ein angemessener Eigenanteil aufgebracht werden. Diese Notwendigkeit steigt mit rückläufigen Investitionszuschüssen der öffentlichen Hand.
- Das Stammkapital dient in fast allen Fällen der Bestimmung der Stimmrechte. Allerdings muss sich das Stimmrecht nicht nach dem Verhältnis der Einlagen richten, sondern kann im Gesellschaftsvertrag auch abweichend vereinbart werden.
- Das Stammkapital bildet ferner die Grundlage für die Gewinnverteilung. Auch hier können im Gesellschaftsvertrag andere Regelungen getroffen werden. Die Steuerbegünstigung schließt eine Gewinnausschüttung nicht aus, sofern nur an steuerbegünstigte

Gesellschafter ausgeschüttet wird und die Gesellschaft nicht in
erster Linie auf Gewinnerzielung ausgerichtet ist.[87]
- Die Ausstattung mit (Stamm-)Kapital hat auch eine wichtige psy-
chologische Bedeutung. Den Mitarbeitern signalisiert sie, insbesondere im Fall einer Ausgründung mit Betriebsübergang, inwieweit der Gesellschafter in eine Fortführung des Betriebes investie-
ren will. Im Falle eines Gemeinschaftsunternehmens schaffen die
Kapitaleinzahlungen der Partner ein deutliches Signal für die
Ernsthaftigkeit der Kooperationsabsichten.

Auf der Passivseite der Bilanz einer GmbH können folgende Ka-
pitalposten stehen:
- Das **Stammkapital** als historische Ausstattung mit haftendem Kapital bleibt auf Dauer unverändert, außer es wird im Wege der
Kapitalerhöhung oder sehr viel seltener der Kapitalherabsetzung
verändert. Es stellt eine **Ausschüttungssperre** dar, weil es nicht an
Gesellschafter ausgezahlt werden darf und eine Ausschüttung von
Gewinnen ausgeschlossen ist, solange kein Eigenkapital in Höhe
der Stammeinlage ausgewiesen wird. Vor einer Ausschüttung
müssen Verluste aus Vorjahren zunächst durch Gewinne ausgeglichen werden.
- Das haftende Kapital kann durch **satzungsmäßige Rücklagen** er-
höht werden. Dazu muss die Satzung vorsehen, einen Teil der
Gewinne einer Kapitalrücklage zuzuführen, die anschließend wie
das Stammkapital als Haftungsmasse dient und einer Ausschüttungssperre unterliegt. Diese Form der Erhöhung des haftenden
Kapitals ist bei gGmbHs nicht gebräuchlich.
- Die Haftungsmasse erhöht sich durch weitere **Kapitalrücklagen.**
Diese entstehen vor allem durch Einzahlungen der Gesellschafter
in das Kapital.[88]
- Unter den **Gewinnrücklagen** dürfen nur Beträge ausgewiesen
werden, die im abgeschlossenen oder einem früheren Geschäftsjahr aus dem Ergebnis gebildet worden sind. Dieser Betrag steht
für Gewinnausschüttungen zur Verfügung. Die Gesellschafter
können weitere **freie Rücklagen** aus den Gewinnen bilden und
damit eine bestimmte Verwendungsabsicht für diese Gewinne
zum Ausdruck bringen.
- Bei vielen gGmbHs ist ein **Sonderposten für Investitionszuschüsse**
zu bilden, der mit dem gleichen Prozentsatz erfolgswirksam aufgelöst wird, mit dem das bezuschusste Anlagevermögen abge-
schrieben wird. Es handelt sich um eigenkapitalähnliche Mittel,
da im Falle der Geschäftsfortführung und damit verbundenen
Einhaltung der regelmäßig vorhandenen Zweckbindung der Mittel keine Rückzahlung erfolgt. Wirtschaftlich stehen diese Mittel
wie Eigenkapital langfristig zur Finanzierung zur Verfügung. Ge-

sellschaftsrechtlich unterliegen sie keinen besonderen Bestimmungen.
Das **Stammkapital** hat insgesamt eine Mindesthöhe von 25.000 €,
je Gesellschafter von 100 €.[89] Der Anteil je Gesellschafter wird als
Stammeinlage bezeichnet und muss durch 50 € teilbar sein.[90]
Das Stammkapital muss zur Anmeldung der GmbH beim Handelsregister mindestens zur Hälfte eingezahlt sein, davon jede einzelne Stammeinlage mindest zu einem Viertel, und dem Geschäftsführer zur Verfügung stehen.[91] Bei der Ein-Mann-GmbH muss für
den ausstehenden Teil eine Sicherheit bestellt werden. Solange das
Stammkapital nicht voll einbezahlt ist, haften alle Gesellschafter gesamtschuldnerisch für die ausstehenden Beträge.[92] Ausstehende Anteile müssen im Jahresabschluss gesondert ausgewiesen werden. Auf
Grund der negativen Auswirkungen auf die Bonität, der gesamtschuldnerischen Haftung und des erhöhten Aufwandes für die Geschäftsführung werden die Stammeinlagen in aller Regel sofort in
voller Höhe eingezahlt.

An Stelle einer Bargründung mit Einzahlung der Stammeinlagen
ist auch eine **Sachgründung** mit Sacheinlagen der Gesellschafter
möglich. Die Sacheinlagen sind im Gesellschaftsvertrag zu benennen, ihr Wert ist durch einen Sachgründungsbericht nachzuweisen
und die Gesellschafter haften gesamtschuldnerisch für den angesetzten Wert der Sacheinlage[93]. Bei einer Überbewertung der Sacheinlagen hat das Amtsgericht die Eintragung abzulehnen[94] und die Gesellschafter haften für die Wertdifferenz.[95] Auf Grund des wesentlich höheren Aufwandes, der größeren Risiken für die Gesellschafter
und einer ggf. negativen Außenwirkung kommt die Sachgründung
bei der gGmbH nur in Ausnahmefällen zum Zuge.

Die aufwändige Sachgründung kann nicht dadurch vermieden
werden, dass die Gesellschafter der Gesellschaft nach einer Bargründung Betriebsmittel verkaufen und sich bezahlen lassen. Denn
sofern dieser Vorgang mit der Gründung in einem zeitlichen und
sachlichen Zusammenhang steht, liegt eine **verschleierte** oder **verdeckte Sacheinlage** vor.[96] Es müssen die Bareinlage erneut erbracht
oder der Gesellschaftsvertrag geändert und alle Prüfungen der Sachgründung nachgeholt werden.[97]

Für die Einzahlung der Stammeinlage haften im Falle einer Übertragung des Gesellschaftsanteils der alte und der neue Gesellschafter.[98]

Falsche Angaben zur Kapitalausstattung durch die Gesellschafter
oder den Geschäftsführer im Zusammenhang mit der Eintragung
der Gesellschaft sind strafbar.[99]

Zur Stärkung der Position der Gläubiger bestehen eine Reihe von
Einschränkungen, die nicht nur einen gesonderten Ausweis von

Stammkapital und ausstehenden Einlagenmfassen, sondern auch jeglicher durch den Gesellschaftszweck nicht gedeckter Schmälerung des Gesellschaftsvermögens außerhalb ordnungsmäßiger Gewinnausschüttungen zu Gunsten der Gesellschafter entgegen wirken. Entsprechende Auszahlungen an die Gesellschafter sind unzulässig.[100] Dies gilt erst recht für jede Leistung an einen Gesellschafter, die zu einer Unterbilanz ohne Aufdeckung stiller Reserven führt.[101] Sofern eine unzulässige **Rückgewähr der Stammeinlage** erfolgte, ist diese der Gesellschaft zu erstatten. Wenn der betroffene Gesellschafter dazu nicht in der Lage ist, haften die übrigen Gesellschafter für die Erstattung gesamtschuldnerisch. Die vorstehend skizzierten Kapitalerhaltungsgebote umfassen auch die **verdeckte Rückgewähr der Stammeinlage**, z.B. durch nicht marktgerechte Preise im Falle eines Leistungsaustausches mit dem Gesellschafter, die Gewähr von geldwerten Vorteilen oder die Übernahme von Verlusten.

> **Beispiel:** Der Alleingesellschafter überträgt auf seine Tochter-GmbH eine defizitäre Einrichtung. Die für mindestens zwei Jahre feststehenden Finanzierungsbedingungen führen zu einem sicheren Verlust von 40.000 €. Mit dem Beschluss der Übernahme der Einrichtung in der Gesellschafterversammlung ohne Kompensation der Verluste durch den Gesellschafter greift der Gesellschafter unzulässig in die Substanz der Gesellschaft ein, sofern die Gesellschaft die Verluste nicht aus einer bestehenden Gewinnrücklage decken kann. In diesem Fall wären die Gesellschafter Regressrisiken ausgesetzt.

Falls die Gesellschafter ein solches Vorgehen beschließen, muss der Geschäftsführer die Leistung verweigern. Andernfalls kann er der Gesellschaft persönlich für den ausgezahlten Betrag bzw. die erbrachte Leistung haften und sich strafbar machen.[102]

Der Geschäftsführer hat die Gesellschafter zu informieren, wenn durch Verluste die Hälfte des Stammkapitals aufgezehrt wurde und unverzüglich eine Gesellschafterversammlung einzuberufen; unterlässt er dies, macht er sich strafbar.[103]

„Hat ein Gesellschafter der Gesellschaft in einem Zeitpunkt, in dem ihr die Gesellschafter als ordentliche Kaufleute Eigenkapital zugeführt hätten (Krise der Gesellschaft), statt dessen ein Darlehen gewährt, so kann er den Anspruch auf Rückgewähr des Darlehens im Insolvenzverfahren über das Vermögen der Gesellschaft nur als nachrangiger Insolvenzgläubiger geltend machen."[104] Es handelt sich dann um ein **eigenkapitalersetzendes Gesellschafterdarlehen**. Ein Gesellschafter, der in einer Krise kurzfristig Mittel zur Überbrü-

ckung eines Liquiditätsengpasses zur Verfügung stellt, riskiert daher
leicht einen Totalausfall seiner Forderung.

Das Stammkapital ist nicht mit dem **betriebsnotwendigen Kapital** gleichzusetzen. Letzteres ist die nach betriebswirtschaftlichen
Grundsätzen zu ermittelnde erforderliche Kapitalausstattung. Sie
lässt sich aus einem Geschäftsplan mit einer Planbilanz, Plangewinnermittlung, Liquiditäts- und Investitionsplanung ableiten. Bei Investitionstätigkeit sind die notwendigen Eigenmittel zur Erlangung
von Zuschüssen und Darlehen von Bedeutung, ansonsten spielen bei
Dienstleistungsunternehmen die vorzufinanzierenden Personalkosten und Forderungen die größte Rolle. Das betriebsnotwendige Kapital setzt sich aus Fremd- und Eigenkapital zusammen. Das erforderliche Eigenkapital muss nicht in Form von Stammkapital aufgebracht werden. Es kommen auch eigenkapitalersetzende Darlehen,
Kapitaleinlagen und Bürgschaften zur Finanzierung in Frage. Bei
nicht ausreichender Ausstattung mit Eigenkapital droht **Unterkapitalisierung**, die sich in einer wirtschaftlich ungünstigen Finanzierung
des Anlagevermögens und Liquiditätsproblemen bemerkbar macht.

Eine allgemeine Haftung aus unzureichender Kapitalausstattung
der GmbH besteht nicht. Die Gesellschafter haften aber, wenn sie
durch Übertragung von Verlusten oder vergleichbare Geschäfte eine
Rückgewähr ihrer Einlage bewirken (s. o.), durch Aufnahme des Geschäftsbetriebes vor Eintragung zum Zeitpunkt der Eintragung nicht
das volle Stammkapital abzüglich zulässigem Gründungsaufwand
zur Verfügung steht (**Unterbilanzhaftung**, erlischt rückwirkend mit
Eintragung) oder sie der Gesellschaft planmäßig das Vermögen entziehen, um den Zugriff der Gesellschaftsgläubiger zu verhindern.[105]

Viele Gesellschaften sind in der Lage, das erforderliche Kapital in
den ersten Jahren selbst zu erwirtschaften. Sie benötigen nur für eine Aufbauphase von mehreren Jahren einen erhöhten Mitteleinsatz
der Gesellschafter. In diesem Fall genügt ein niedriges Stammkapital
in Verbindung mit einem eigenkapitalersetzenden Gesellschafterdarlehen, das in Verbindung mit einer qualifizierten Rangrücktrittserklärung gewährt wird. Gemeinnützigkeitsrechtlich ist ein solches
Vorgehen entgegen der auf einer Fehlinterpretation der Rechtsprechung beruhenden Auffassung der Finanzverwaltung[106] nur in bestimmten Ausnahmefällen unzulässig.

7. Gesellschafter

Als Gesellschafter kommen juristische Personen öffentlichen und
privaten Rechts sowie natürliche Personen in Frage. Dabei können
auch Gesellschafter unterschiedlicher Art gemeinsam eine gGmbH

gründen, z. B. Kommunen mit gemeinnützigen Trägern oder Verbände mit Privatpersonen.

Beispiel: Die „Oberschwaben Klinik gGmbH" betreibt seit dem 1. Januar 1997 die ehemaligen Kreiskrankenhäuser des Landkreises Ravensburg, das Krankenhaus St. Elisabeth und das Heilig-Geist-Spital aus Ravensburg. Gesellschafter sind die bisherigen Eigentümer der Krankenhäuser St.-Elisabeth-Stiftung, Landkreis Ravensburg und Stadt Ravensburg. Die Stiftung und die beiden Gebietskörperschaften zusammen halten jeweils die Hälfte des Stammkapitals. Durch den Zusammenschluss soll eine wirtschaftliche Betriebsgröße erzielt und eine qualitativ hochwertige Gebietsversorgung sichergestellt werden.

Die Gesellschafter müssen nicht steuerbegünstigt sein, um eine gemeinnützige GmbH zu gründen. In Grenzfällen aber ist die Steuerbegünstigung wegen der Verfolgung eigenwirtschaftlicher Zwecke gefährdet.[107]

Beispiel: Ein Betriebswirt, ein Heimleiter und ein Bauunternehmer gründen zusammen eine gGmbH, die als Pächter und Betreiber von Altenheimen auftritt. Da die Gesellschafter nicht steuerbegünstigt sind, können keine Gewinne ausgeschüttet werden. Die Stammeinlage der Gesellschafter in Höhe von 25.000 € wird nicht verzinst (§ 55 Abs. 1 Nr. 1 AO). Der Betriebswirt und der Heimleiter werden zu Geschäftsführern bestellt und erhalten ein vertretbares Gehalt. Der Bauunternehmer errichtet die Altenheime und verpachtet sie zu ebenfalls marktüblichen Konditionen an die gGmbH. Es muss damit gerechnet werden, dass die Gründung und alle Geschäfte zwischen der Gesellschaft und den Gesellschaftern vom Finanzamt sehr genau auf verdeckte Gewinnausschüttungen und eine vorrangige Verfolgung eigennütziger Interessen überprüft werden.

Die Gesellschafter können mit Abschluss des Gesellschaftsvertrages außer der Zahlung der Stammeinlage weitere Pflichten übernehmen. Wenn eine Mitwirkung aller oder einzelner Gesellschafter für den Erfolg des Unternehmens erforderlich ist, sollten hierzu klare Vereinbarungen getroffen werden. Die Gesellschafter können auch unterschiedliche Rechte erhalten, z. B. die Berufung von Geschäftsführern und Aufsichtsratsmitgliedern, Vetorechte oder Vorkaufsrechte bei der Übertragung von Gesellschaftsanteilen.

Als Gesellschafter können auch Ausländer auftreten.[108] Die gGmbH bietet international tätigen gemeinnützigen Organisationen die Möglichkeit, in Deutschland Niederlassungen zu gründen und die deutsche Steuerbegünstigung in Anspruch zu nehmen.

8. Geschäftsführer

Die Gesellschaft handelt nach außen durch die von der Gesellschafterversammlung oder den Aufsichtsrat bestellten[109] und im Handelsregister eingetragenen Geschäftsführer. Eine Bestellung durch den Aufsichtsrat kann sinnvoll sein, z. B. wenn sachkundige Nichtgesellschafter in die Entscheidung einbezogen werden sollen oder die Zahl der Gesellschafter sehr groß ist.

Außer ggf. bei sehr kleinen Gesellschaften oder reinen Besitzgesellschaften sollten unter dem Aspekt der **Corporate/Nonprofit Governance** in der Regel mindestens zwei Geschäftsführer bestellt werden, damit

– die Gesellschaft auch dann handlungsfähig bleibt, wenn ein Geschäftsführer verhindert ist,

– in der Führung das Vier-Augen-Prinzip realisiert wird und eine ausreichende gegenseitige Kontrolle gewährleistet ist und

– auch in einem Verbund von mehreren Körperschaften Insichgeschäfte vermieden werden können.

Bei einer größeren Zahl von Geschäftsführern nimmt der Koordinationsaufwand deutlich zu.

Die Geschäftsführer können gemeinsam, jeweils mit einem Geschäftsführer oder Prokuristen zusammen oder alleine vertretungsberechtigt sein. Aus praktischen Erwägungen wird die Alleinvertretung in den meisten Fällen vorzuziehen sein. Eine **Befreiung vom § 181 BGB**, also die Gestattung von Insichgeschäften, sollte dagegen aus Risikoüberlegungen und wegen der zweifelhaften Außenwirkung vermieden werden. Zudem können Zuwendungsgeber und öffentliche Hand die Befreiung vom § 181 BGB zum Anlass nehmen, die Bewilligung von Zuschüssen und anderen Vergünstigungen zu versagen. Gerade bei Geschäften zwischen der Gesellschaft und dem Geschäftsführer oder von ihm vertretenen Körperschaften sollte zwingend eine zweite Person mit einem prüfenden Blick gegenzeichnen müssen.

Die Geschäftsführer haben gegenüber der Gesellschaft, nicht den Gesellschaftern, eine besondere **Treuepflicht**. Sie müssen die Geschäfte mit der Sorgfalt eines ordentlichen Kaufmanns führen und die Interessen der Gesellschaft, auch gegenüber den Gesellschaftern, wahrnehmen. Zu ihren **Pflichten** gehören u. a.

– Anmeldung beim und Abgabe der erforderlichen Erklärungen gegenüber dem Handelsregister,

– die Einforderung von ausstehenden Anteilen, soweit dies die Interessen der Gesellschaft erfordern,
– die Führung der Geschäfte und Dokumentation derselben, z.B. durch Aufbewahrung aller Geschäftsbriefe,[110]
– die Sicherstellung einer ordnungsgemäßen Rechnungslegung,
– die Einberufung von Gesellschafterversammlungen und ggf. weiterer Organe,
– die Information der Gesellschafter, insbesondere wenn die Hälfte des Stammkapitals durch Verluste aufgezehrt ist,
– Aufbau eines angemessenen Internen Kontrollsystems oder, wenn nach der Beschlusslage eine entsprechende Verpflichtung besteht, eines weitergehenden Chancen- und Risikomanagementsystems mit strategischer Planung, operativer Planung und Frühwarnsystem[111] sowie
– rechtzeitige Stellung des Insolvenzantrages[112]

unter Einhaltung gesetzlicher Vorschriften (Steuerrecht, Sozialversicherungsrecht, Arbeitsrecht, gesetzliche Regelungen zu einzelnen Geschäftsfeldern und Betriebseinrichtungen und vieles mehr), des Gesellschaftsvertrages, des Anstellungsvertrages und der Beschlüsse der Gesellschafterversammlung. Die Gesellschafterversammlung, nicht jedoch der einzelne Gesellschafter, kann dem Geschäftsführer jederzeit Einzelweisungen erteilen.[113] Die Grenzen der **Weisungsbefugnis** ergeben sich aus dem Gläubigerschutzinteresse sowie den allgemeinen Vorschriften, wie dem Insolvenz- und Strafrecht.[114]

Zur Vertretung in den laufenden Geschäften der Gesellschaft sind **Prokuristen** befugt, die im Handelsregister eingetragen sind und in der Regel ebenfalls von der Gesellschafterversammlung bestellt werden.[115]

9. Aufsichtsrat

Bei der **Aktiengesellschaft** ist die Funktion und Arbeitsweise des Aufsichtsrates weitgehend gesetzlich kodifiziert.[116] § 52 GmbHG sieht die analoge Anwendung zahlreicher Vorschriften des Aktiengesetzes auf die GmbH vor. Dies kann durch eine abweichende Regelung im Gesellschaftsvertrag verhindert werden,[117] so dass erheblicher Gestaltungsspielraum[118] besteht.

Der Aufsichtsrat dient der **Kontrolle und Beratung der Geschäftsführung**.[119] Er entlastet die Gesellschafterversammlung von diesen Aufgaben, da diese bei der gGmbH in Regel nicht oder nur sehr eingeschränkt dazu in der Lage ist. Gesellschafter sind überwiegend Verbände, Kommunen und Stiftungen, deren Leitungsorgane personell und fachlich nicht auf das **Beteiligungsmanagement,** sondern

ihre jeweils originären, politischen und sozialen Aufgaben ausgerichtet sind. Von der Möglichkeit, die **Unternehmenskontrolle** in
fachlich berufene Hände zu delegieren, sollte daher nahezu zwingend Gebrauch gemacht werden. Dadurch bleiben dem Gesellschafter mehr Ressourcen für seine ureigensten Aufgaben, in Bezug auf
die gGmbH vor allem eine **strategische Kontrolle,** die auch die Einhaltung ideeller Vorgaben wie kommunales Wohl oder karitative
Ausrichtung sicherstellt.

Die **strategische Planung** wird sinnvollerweise dann auf den Aufsichtsrat in Verbindung mit dem Geschäftsführer delegiert werden,
wenn das Geschäftsfeld der gGmbH weit vom Gesellschafter entfernt ist.

> **Beispiel:** Ein konfessioneller Verband betreibt aus historischen
> Gründen ein Krankenhaus in einer 100%igen Tochter-GmbH.
> Mangels eigener betriebswirtschaftlicher Kompetenz im Gesund-
> heitswesen überlässt der Vorstand des Verbandes die strategische
> Planung dem Aufsichtsrat der GmbH in Zusammenarbeit mit
> dem Geschäftsführer. Der Gesellschafter trägt nur Sorge für die
> konfessionelle Ausrichtung des Krankenhauses und überwacht
> die Erreichung der strategischen Ziele (= strategische Kontrolle).

Der Aufsichtsrat kann außerdem stärker in die strategische Planung und wesentliche Entscheidungen der Geschäftsführung einbezogen werden, wenn die gGmbH eine unmittelbar dienende Funktion für den Gesellschafter hat und dieser mit einschlägiger Kompetenz im Aufsichtsrat vertreten ist.

> **Beispiel:** Ein Sportverein betreibt in seiner Tochter-GmbH ein
> Schwimmbad. Das Schwimmbad dient unmittelbar dem Vereins-
> ziel der Sportförderung und der Nutzung durch Gruppen des
> Vereins. Die vom Verein in den Aufsichtsrat entsandten Mitglie-
> der kennen den Bedarf seitens der Mitglieder, als freiwillige Hel-
> fer im Betrieb der GmbH den Betriebsablauf und die fachlichen
> Anforderungen an die Sportstätte. Wesentliche Entscheidungen
> über den Betrieb, wie z.B. Öffnungszeiten oder Vergabe von
> Übungsterminen, werden mit dem Aufsichtsrat abgestimmt.

Im Aufsichtsrat muss zwingend auch betriebswirtschaftlicher
Sachverstand vertreten sein. Gesellschaftsvertrag und Geschäftsordnungen müssen in diesem Fall sicherstellen, dass die Geschäftsführung auch unbequeme, aber durch den Betrieb erforderliche Maßnahmen durchführen kann. Die Beteiligung des
Aufsichtsrates an betrieblichen Entscheidungen erfordert es, dass

die Gesellschafterversammlung die operative Kontrolle übernimmt und daher keine personellen Überschneidungen mit dem
Aufsichtsrat aufweist.

Der Aufsichtsrat kann durch den Gesellschaftsvertrag ermächtigt
werden, die Gesellschaft gegenüber dem Geschäftsführer gerichtlich
und außergerichtlich zu vertreten.[120] Andernfalls obliegt die Vertretung der Gesellschafterversammlung.

Für die wirksame Aufgabenwahrnehmung sollte der Aufsichtsrat
in der Regel eine Größe von drei bis fünf Personen umfassen, an die
klar definierte Anforderungen bezüglich Sachkenntnisse und Fach-
kompetenzen zu stellen sind. Überschneidungen mit der Gesellschafterversammlung sind fast immer, mit der Geschäftsführung oder einem Anstellungsverhältnis zwingend zu vermeiden. Sinnvoll kann
eine personelle Verbindung mit Aufsichtsgremien des Gesellschafters sein, z. B. mit dem Kuratorium einer Stiftung. Externe Aufsichtsratsmitglieder sollten bei größeren Wirtschaftsbetrieben immer
hinzugezogen werden, um eine sachkundige und kritische Sicht von
außen zu ermöglichen. Bei der Auswahl der Aufsichtsratsmitglieder
sind, jedenfalls hinsichtlich des wesentlichen Kernbereichs des Unternehmens[121], **Interessenkollisionen** zu vermeiden. Bei Repräsentanten erwerbswirtschaftlicher Unternehmen könnte dies zudem die
Steuerbegünstigung gefährden.

Sollte, z. B. bei einem Gemeinschaftsunternehmen zur Einbeziehung aller Gesellschafter, ein größerer Aufsichtsrat unumgänglich
sein, sind für die wesentlichen Aufgaben eigenverantwortliche **Ausschüsse** zu bilden, damit eine effektive Arbeit möglich wird.

Bisher weitgehend unüblich ist die **Vergütung** der Aufsichtsratstätigkeit in steuerbegünstigten Organisationen. Der Gesellschaftsvertrag sollte diese zumindest bei größeren Gesellschaften vorsehen.
Zur Gewinnung externer Sachkompetenz kann eine Vergütung erforderlich und angemessen sein.[122] Die Vergütung muss, auch wegen der Wirkung in der Öffentlichkeit und der Steuerbegünstigung,
in einem angemessenen Verhältnis zur Arbeitsleistung stehen.

10. Beirat

Gesetzlich ist der Beirat nicht geregelt. Er kann im Gesellschaftsvertrag zusätzlich oder anstatt eines Aufsichtsrats vorgesehen werden.
In der Praxis sind auch als „Beirat" bezeichnete Organe mit Auf-
sichtsfunktion anzutreffen. Wenn die notwendige Funktion der
Aufsicht tabuisiert und nur verbrämt benannt wird, steigt das Risiko, dass die Organmitglieder ihre Aufgabe nicht ordnungsgemäß

wahrnehmen. Im hier verwendeten Sinne hat der Beirat im Gegensatz zum Aufsichtsrat keine Kontroll- sondern eine **Beratungsfunktion**. Der Beirat bietet die Möglichkeit, kostengünstig

– Kontakte zu unterschiedlichen Interessengruppen zu pflegen,
– Interessengegensätze auszubalancieren,
– Repräsentanten des öffentlichen Lebens einzubinden,
– Experten für eine eventuell ehrenamtliche Beratung zu gewinnen und
– Funktionären ein nach außen repräsentatives Betätigungsfeld zu bieten.

Dabei werden je nach Aufgabe und Gestaltung nur geringe Einblicke in Betriebsinterna und kaum Einfluss auf die Gesellschaft gewährt.

In der Mustersatzung wird der Beirat fakultativ gestaltet, damit er bei Bedarf eingerichtet, aber auch wieder aufgelöst werden kann. Die Aufgabenzuweisung wird nach der Mustersatzung situationsbezogen bei der Bestellung vorgenommen.

Die praktische Bedeutung des Beirates kann sehr unterschiedlich ausfallen und hängt ausschließlich von der individuellen Situation, z. B. dem Kommunikationsbedarf der Gesellschaft ab.

> **Beispiel:** Eine GmbH betreibt Einrichtungen der Behindertenhilfe. In einen Beirat hat sie Vertreter der Kostenträger und der Eltern berufen. Der Beirat liefert Anregungen für die Weiterentwicklung der Angebotspalette. Er dient als Teil des Frühwarnsystems, da er ein Feedback bei Verschlechterung der wahrgenommenen Qualität der Angebote liefert. Durch die Konfrontation der Ansprüche von Eltern mit den finanziellen Restriktionen der Kostenträger tritt die Gesellschaft aus dem Fokus der Kritik und verweist die Anspruchsgruppen wechselseitig auf ihre widersprüchlichen Vorstellungen. Im Falle einer geschickten Moderation kann sich der Handlungsspielraum der Gesellschaft vergrößern und das Image verbessern.

Ein Beirat bietet dem gewerblichen Gesellschafter einer gGmbH die Möglichkeit, Träger ideeller Werte mit entsprechender Außenwirkung zu integrieren.

V. Strategische Gestaltungsspielräume

1. Erwartungen an die gGmbH

Immer wieder wird die gGmbH mit überzogenen Erwartungen, aber auch Befürchtungen in die Diskussion gebracht. Einmal soll sie wie ein „Deus ex Machina" die wirtschaftlichen Probleme eines Verbandes lösen, ein andermal werden rein machtpolitische Intrigen unterstellt. Zur Versachlichung der Diskussion können folgende **Thesen** hilfreich sein:

• Die Rechtsformwahl ersetzt keine strategische Planung. Zuerst muss geklärt werden, welche Leistungen für welche Zielgruppe unter welchen Wettbewerbsbedingungen erbracht werden sollen. Alleinstellungsmerkmale oder zumindest Wettbewerbsvorteile („Was machen wir besser als andere?") müssen herausgearbeitet werden. Erst wenn diese strategischen Rahmenbedingungen feststehen, kann nach einer passenden Rechtsform gesucht werden. Diese kann einer strategischen Zielsetzung förderlich, aber nie alleine für den Erfolg entscheidend sein.

• Auf Grund verschiedener Anforderungen eignen sich für einen bestimmten Zweck die Rechtsformen unterschiedlich gut. Bei Ausschöpfung aller Gestaltungsmöglichkeiten ist aber der Unterschied zwischen den Rechtsformen oft gar nicht so groß. So kann z.B. ein Verein an die Struktur der GmbH angenähert oder statt einer gGmbH mit etwas mehr Aufwand eine gemeinnützige AG gegründet werden.

• Entscheidend für den langfristigen Erfolg ist oft nicht nur, ob sondern wie eine gGmbH eingesetzt wird. Gesellschaftsvertragliche Zielvorgaben, Mehrheitsverhältnisse, Abstimmungsquoren, Zusammensetzung und Größe von Gremien oder berufene Mitgliedschaften können sich auch nach Jahren noch wohltuend oder verheerend auswirken.

• Durch einen offensiven und transparenten Umgang mit den Erwartungen und Befürchtungen kann der Start einer gGmbH wesentlich erleichtert werden. Gerade bei der gemeinnützigen GmbH sind für den Erfolg oft weiche Faktoren ausschlaggebend: Unterstützung durch externe Gruppen (Kommune, Gesellschafter, Verbände), Einbindung der Mitarbeiter und Image in der Öffentlichkeit.

Die GmbH eignet sich besonders für
– wirtschaftliche Aktivitäten, wie den Besitz oder Betrieb von Einrichtungen sowie die Erbringung von Dienstleistungen,
– eine kleinere Anzahl von Eigentümern,[123]

– eher selten wechselnde Eigentümer[124] sowie
– eine feste Anbindung an einen Verein, eine Körperschaft öffentlichen Rechts oder eine Stiftung.[125]

Typische **Erwartungen** an eine GmbH-Gründung, insbesondere bei einer Ausgründung, werden nachfolgend bewertet.

• Eine **Haftungsbegrenzung für den oft ehrenamtlich tätigen Vereins- oder Stiftungsvorstand** wird nur durch eine rechtliche Auslagerung von größeren oder besonders riskanten Wirtschaftsbetrieben erreicht. Für die Aufnahme der Betriebe und die ausreichende, dauerhafte Anbindung an eine Mutterorganisation ist die gGmbH prädestiniert. Alternativ müssten die ehrenamtlichen Leitungskräfte in ein nicht geschäftsführendes Aufsichtsgremium wechseln, was insbesondere dann kaum in Frage kommt, wenn der bisherige Träger auch ideelle Aufgaben wahrnimmt oder über ein eigenständiges reges Vereinsleben verfügt.

• Eine **Risikobeschränkung für das Vereins- oder Stiftungsvermögen,** aber auch für die Belastung eines **öffentlichen Haushalts** kann ebenfalls nur durch eine rechtliche Trennung erreicht werden.[126] Hier bietet sich wie oben die gGmbH als aufnehmende Körperschaft für Wirtschaftsbetriebe an. Für eine wirksame Haftungsbegrenzung ist eine ausreichende Kapitalausstattung zu gewährleisten, so dass die neue gGmbH nicht offensichtlich schon bei der Gründung in die unabwendbare Insolvenz getrieben wird. Dies könnte über den Institutsmissbrauch zu einer Durchgriffshaftung auf die Gesellschafter führen.

• Die gGmbH bietet in der Regel **einfachere Entscheidungsstrukturen für Wirtschaftsbetriebe** als z. B. eine Kommune oder ein Verband. Bei marktnahen Aktivitäten kann eine schnelle und konsequente Ausrichtung aller Aktivitäten an den Interessen der Nutzer und Kostenträger überlebenswichtig sein. Dies gewährleisten kaum Gremien, die eine Vielzahl von Interessen integrieren müssen und nur monatlich oder seltener tagen.[127]

• Je nach Finanzierung kann es sinnvoll sein, **Selbstkosten durch marktübliche Verrechnungspreise zu ersetzen** und dadurch Motivation für Einsparungen zu schaffen oder nicht abrechnungsfähige Kosten, wie häufig Abschreibungen und Eigenkapitalverzinsung, zu ersetzen. Da die Umstrukturierung mit erheblichem Aufwand verbunden ist und in der Regel langfristig erfolgt, sollten die Refinanzierungsbedingungen in jedem Fall sorgfältig vorher geprüft und zu erwartende Veränderungen bedacht werden.

• Viele Kommunen und gemeinnützige Anbieter von Leistungen haben sich in Zeiten guter Finanzierungsbedingungen am BAT und vergleichbaren Tarifen orientiert. Diese sind weder marktgerecht noch leistungsorientiert oder -motivierend. Je nach Ausge-

staltung und Geschäftsfeld liegen zudem die Mehrkosten gegenüber gewerblichen Anbietern bei 5 bis 15%.[128] Daher ist der **Ausstieg aus einer tariflichen Bindung** einer der häufigsten Ausgrün-
dungsmotive. Gleiches gilt für den **Wechsel der betrieblichen
Altersversorgung,** sofern die bisherige Lösung nicht deckungso-
rientert oder aus anderen Gründen für neue Mitarbeiter und den
Arbeitgeber nicht attraktiv ist. Die arbeits- und sozialversiche-
rungsrechtlich zu beachtenden Aspekte sind vielfältig und komplex. Auch auf Grund der erheblichen Risiken bei falscher Gestaltung bedarf die Entscheidung dringend fachlicher Begleitung. Da
mit einer rechtlichen Trennung die Komplexität der Umfeldbe-
dingungen deutlich reduziert wird, kommt der Auslagerung mittelfristig auf jeden Fall die Bedeutung zu, der Belegschaft die wirtschaftlichen Spielräume zu verdeutlichen und damit die Kompromissbereitschaft, zu marktüblichen Bedingungen zu arbeiten,
zu fördern.

- Gelegentlich wird durch eine Aufteilung in mehrere Gesellschaften versucht, **die Freistellung von Betriebsratsmitgliedern zu verhindern.** Solange nach der Auslagerung weiterhin eine einheitliche
Weisungsstruktur in personellen Angelegenheiten besteht, kann
arbeitsrechtlich auch nach einer Betriebsaufspaltung noch *ein* Betrieb im arbeitsrechtlichen Sinne vorliegen und dieses Ziel verfehlt
werden.

- Durch eine rechtliche Aufteilung können **für unterschiedliche Geschäftsfelder angepasste Strukturen und Unternehmenskulturen**
entwickelt werden. Diese weichen Faktoren spielen in Verbindung mit den oben angesprochenen verbesserten Entscheidungsstrukturen eine große Rolle, vor allem beim Wandel von einer
„Verbands- und Behördenmentalität" zur einer „Dienstleistungs-
orientierung".

- Die rechtliche Differenzierung erleichtert die **gezielte Öffnung
nach außen,** z.B. durch Einbindung von Fachpersonen in einen
Aufsichts- oder Beirat und weitergehende Kooperationen bis hin
zur Beteiligung. Neben rechtlichen Aspekten spielt auch die Motivation Außenstehender eine Rolle, die häufig eher für einen
überschaubaren Träger zu gewinnen sind.

Beispiel: Der Förderverein Stadtteilbücherei gewinnt leichter
ehrenamtliche MitarbeiterInnen und Sponsoren als die Stadt.
Auf einem Büchereifest treten lokale Künstler ohne Gage auf,
Eltern spenden Kuchen und Jugendliche bedienen im Litera-
turcafé. Keiner der Beteiligten hätte dieses Engagement für eine Kommune mit einem Milliardenhaushalt aufgebracht.

- Für die **Kapitalbeschaffung** ist die gGmbH grundsätzlich schlecht geeignet, da sie keine Ausschüttungen an nicht steuerbegünstigte Gesellschafter vornehmen kann und nicht primär gewinnorientiert arbeiten darf. Denkbar wäre eine ideell motivierte Beteiligung, die jedoch weder direkt noch über einen angenommenen Zinsverzicht steuerlich absetzbar wäre. Im Gegensatz zu einer Spende könnte der Geldgeber jedoch als Mitgesellschafter in die laufende strategische Planung und Kontrolle der Gesellschaft eingebunden werden. Seine Funktion wäre mit einem Stifter im Stifterparlament einer Bürgerstiftung vergleichbar. Ein Investor mit wirtschaftlichen Interessen könnte durch die Beteiligung vertragliche Beziehungen zu seinem Unternehmen absichern. Sofern der unmittelbare Einfluss auf die Geschäftsführung nicht gewollt wird, kommt eher eine stille Beteiligung bzw. ein Darlehensvertrag in Frage. Bei einer größeren Zahl von Kreditgebern ist im Gegensatz zu einer Beteiligung das Gesetz über das Kreditwesen KWG zu beachten.

Diesen überwiegend gerechtfertigten, positiven Erwartungen stehen einige Befürchtungen gegenüber, die kurz behandelt werden sollen:

- Die **Gründungskosten und dauerhaft höhere Verwaltungskosten** spielen je nach Größe der GmbH nur eine untergeordnete Rolle. Wesentliche höher als die eigentlichen Gründungskosten von in der Regel bis zu 2.000 € sind bei einer Auslagerung die Kosten für Beratung und Abwicklung des Betriebsübergangs.
- Gewarnt wird oft vor einem **Verlust der Haftungs- und Risikobegrenzung** bei unsachgemäßer Umsetzung. Eine solche Durchgriffshaftung tritt in der Praxis selten auf und lässt sich in der Regel weitgehend vermeiden. Meist beruht die Inanspruchnahme von Gesellschaftern auf Bürgschaften, Patronatserklärungen, vertraglicher Einbindung etc. und nicht auf einem gesellschaftsrechtlich begründeten Haftungsdurchgriff.
- Ernst zu nehmen sind die Bedenken, dass es zu einer **Verselbständigung der gGmbH und Ablösung von den Zielen des Trägers** kommen kann. Durch die ideelle Ausrichtung des Gesellschaftsvertrages und die Einrichtung eines kompetenten und handlungsfähigen Aufsichtsrates kann dem wirkungsvoll vorgebeugt werden.
- Sicherlich **verlieren ehrenamtliche bzw. kommunale Funktionsträger an unmittelbarem Einfluss auf die Details** der Geschäftsführung. Dies ist aber gerade zum Wohle der Betriebe und meist auch der Aufsichtsgremien intendiert. Anstatt sich mit Details zeitlich zu überfordern, beschränken sich Gremien der gGmbH, sofern sie im Gesellschaftsvertrag einen klaren Auftrag erhalten, leichter auf die wesentlichen Entscheidungen und Kontrollhandlungen, so dass der Einfluss auf die Unternehmensstrategie oft wirkungsvoller ausfällt als vor der Auslagerung.

• Im Falle einer Auslagerung ist der **resultierende Unternehmens-verbund komplexer** als ein einzelner Rechtsträger. Die komplexe-re Struktur erfordert eine höhere **Steuerungskompetenz** und ein **Beteiligungsmanagement**. Sie wird dafür den Anforderungen un-terschiedlicher Umwelten, z. B. Verband, Kommune, Markt, eher gerecht.

• Obwohl die gGmbH hinsichtlich der Steuerbegünstigung keine Unterschiede zu Verein und Stiftung aufweist, ist sie **für das Fundraising weniger geeignet**. Ihr Image erschwert die Akquisiti-on von Spenden und ehrenamtlicher Mitarbeit, da mit einer GmbH eher gewinnorientierte Wirtschaftsunternehmen verbun-den werden. Häufig wird für Fundraisingaktivitäten eine geson-derte Körperschaft, wie Förderverein oder Stiftung, eingerichtet, falls nicht der Gesellschafter selber das Fundraising betreibt.

2. Stellung im Verbund mit anderen Körperschaften

Typisch für die gGmbH ist, dass sie meist keine natürlichen Perso-nen sondern Körperschaften als Gesellschafter hat. Daraus ergibt sich fast immer ein Verbund von Organisationen mit gemeinsamer ideeller und ggf. auch wirtschaftlicher Zielsetzung sowie einer Auf-gabendifferenzierung. Bei der Gestaltung des Gesellschaftsvertrages muss die gGmbH konsequent als Teil dieses übergeordneten Ver-bundes angesehen werden.

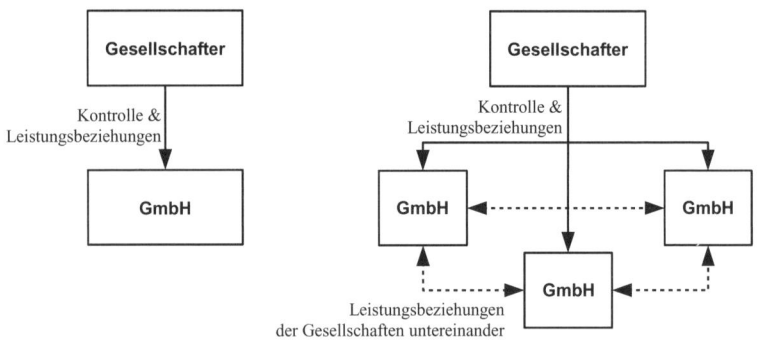

Abb. 5: Zunehmende Komplexität bei mehreren Gesellschaften

Im einfachsten Fall gründet ein einzelner Gesellschafter eine **ein-zelne Tochtergesellschaft**. Es gibt nur eine Leistungs- und Kontroll-beziehung. Der Gesellschaftsvertrag beschränkt sich auf die ideelle Anbindung an den Gesellschafter. Weitere organisatorische Ab-stimmungen können über Gesellschafterbeschlüsse jederzeit leicht hergestellt werden.

Bei **mehreren Tochtergesellschaften** wird schnell ein komplexeres **Beteiligungsmanagement** erforderlich, vor allem wenn die Gesellschaftsverträge aus sachlichen Gründen differenziert gestaltet wurden. Während die Zahl der Beziehungen zwischen Gesellschafter und Tochter-GmbHs linear steigt, nimmt die Zahl der Beziehungen unter den Gesellschaften mit jeder neuen GmbH überproportional zu. Um eine einheitliche Verbundleitung sicherzustellen, ist eine **Unternehmensverbundrichtlinie** dringend zu empfehlen. Siehe dazu die Checkliste D. X.

Bei **zwei Gesellschaftern** spricht man von einem **Gemeinschaftsunternehmen** oder joint venture. Von zentraler Bedeutung sind neben den Kontroll- und Leistungsbeziehungen der Interessenausgleich zwischen den Gesellschaftern und die Vermeidung von Pattsituationen, damit jederzeitige Handlungsfähigkeit der Gesellschaft und der Kontrollinstanzen gegeben ist.

Bei **mehr als zwei Gesellschaftern** spielen Mehrheiten und Sperrminoritäten eine große Rolle: Wer entscheidet im Konfliktfall über die operative und strategische Steuerung der Gesellschaft und wer kann eine Neuausrichtung der Gesellschaft blockieren? Bei der Gründung wird oft der späteren Änderung des Gesellschaftsvertrages keine große Bedeutung zugemessen. Dabei kann in einer turbulenten Umwelt schon nach kurzer Zeit die Aufnahme neuer Gesellschafter oder die Ausweitung der Geschäftsfelder sinnvoll sein. Beides kann eine grundlegende Änderung der (gesellschafts-)vertraglich festgelegten Strukturen erforderlich machen.

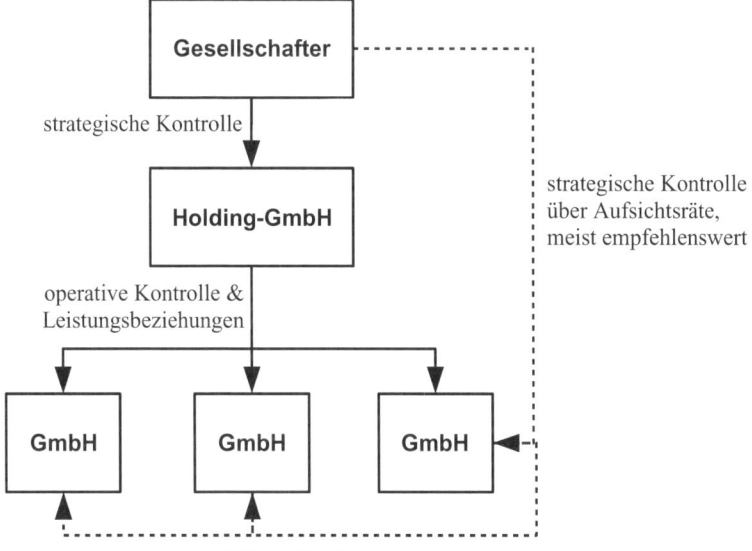

Abb. 6: Holding mit Kontrollstruktur

Bei einer **Holdingstruktur** wird der Gesellschafter der Holdinggesellschaft von der Komplexität durch mehrere Tochtergesellschaften
entlastet.[129] Er hat es nur mit einer Gesellschaft zu tun, die für ihn
das Beteiligungsmanagement leistet. In der Holding werden typischerweise die strategische Steuerung und, sofern nicht in eine gesonderte Service-Gesellschaft ausgelagert, zentrale Dienstleistungen
wie Controlling und Rechnungswesen erbracht. Damit die Holding
steuerbegünstigt sein kann, muss sie auch unmittelbar ideelle Zwecke in eigenen Einrichtungen oder Projekten verfolgen. Häufig werden hier für die Verbundsteuerung wichtige Aufgaben angesiedelt,
wie z. B. Forschung, Modellprojekte und Bildungsarbeit. Der Gesellschafter der Holding muss in besonderem Maße darauf achten, dass
er nicht nur die Holdinggesellschaft, sondern den ganzen Verbund
kontrolliert und steuert. Dazu kann eine Beteiligung an den Aufsichtsräten der Tochtergesellschaften erforderlich sein. Die Chance
der Holding liegt in einer differenzierten Marktbearbeitung unterschiedlicher Geschäftsfelder, Risikostreuung und hohen Flexibilität
kleinerer Einheiten in Verbindung mit den Größenvorteilen des
Verbundes.

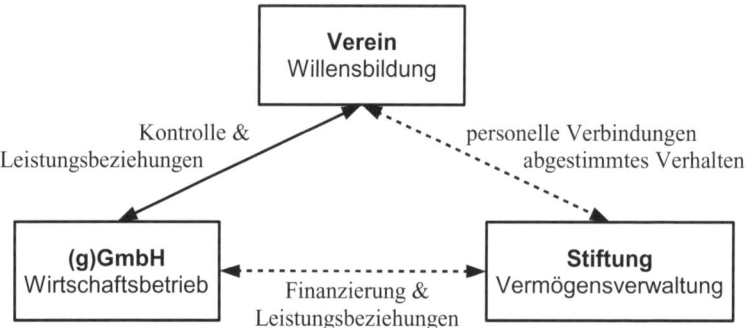

Abb. 7: Zusammenspiel unterschiedlicher Rechtsformen im Verbund

In der Praxis sind zunehmend **komplexe Verbundstrukturen mit
unterschiedlichen Rechtsformen** anzutreffen. Dabei kommen vor
allem Vereine oder Kommunen als Träger der Politik und Willensbildung, GmbHs als Träger vorn Wirtschaftsbetrieben und Stiftungen zur Mittelbeschaffung und Vermögensverwaltung zum Einsatz.
Die Abbildung zeigt die unterschiedlichen Aufgaben, Arten der Integration in den Verbund und Beziehungen untereinander. Durch
die formale Autonomie der Stiftung und die sehr unterschiedlichen
Binnenstrukturen der Verbundmitglieder erfordert eine optimale
Verbundgestaltung und -steuerung erheblich mehr Know-how als
bei den anderen, oben dargestellten Strukturen.

3. Corporate Identity

Schon bei der Erstellung des Gesellschaftsvertrages ist zu entscheiden, wie eng die gGmbH an den oder die Gesellschafter von der inneren Ausrichtung und der äußeren Erscheinung angebunden werden soll.

Möglichkeiten zur Förderung einer **engen Ankopplung** sind vor allem
- ideelle Ausrichtung des Gesellschaftszwecks an gemeinsamen Werten,
- Verwendung von Namensbestandteilen des Gesellschafters in der Firma, z. b. StadtKultur gGmbH oder Caritas Trägergesellschaft mbH,
- Mitgliedschaft bei dem Gesellschafter oder einem gemeinsamen (Spitzen-)Verband,
- Nutzung eines gemeinsamen Logos und abgestimmten Erscheinungsbildes, z. b. des Roten Kreuzes bei einer Tochtergesellschaft einer Rotkreuz-Gliederung,
- personelle Beteiligung von Vertretern des Gesellschafters im Aufsichtsrat,
- Verpflichtung zu einer abgestimmten strategischen Planung[130] sowie
- Bindung der gGmbH an die Standards einer Unternehmensverbundrichtlinie, z. b. mit Zentralisierung der Pressearbeit beim Gesellschafter oder Verpflichtung zu einer bestimmten Zertifizierung.

Dabei sollte nicht übersehen werden, dass je nach Situation auch eine deutliche **Abgrenzung zum Gesellschafter** erstrebenswert sein kann, weil
- eine andere Unternehmenskultur entwickelt werden soll, z. b. kundenorientierter Dienstleister statt hoheitliche Behörde,
- eine deutlich andere Zielgruppe adressiert wird, z. b. Integrationsbetrieb mit gewerblichen Kunden als Tochtergesellschaft einer Organisation der Behindertenhilfe oder
- eine „unabhängige" Instanz geschaffen werden soll, z. b. für Lobbyarbeit, Forschung oder Fundraising, die nicht als Zulieferer der (Gründungs-)Gesellschafter angesehen werden soll.

4. Interne Anspruchsgruppen und Mitbestimmung

Bei einer gewerblichen GmbH beschränken sich die Gesellschafter häufig auf die Rolle eines Kapitalgebers. Im Gegenzug für die Finanzierung erwarten sie Informationen zur Risikoeinschätzung und eine angemessene Verzinsung. Bei einer gGmbH ist die Interessenlage vielfältiger. Darauf müssen der Gesellschaftsvertrag und die Geschäftsführung Rücksicht nehmen. Die **Gesellschafter** verfolgen überwiegend ideelle Zielsetzungen mit der GmbH-Gründung. Wenn sie selber gemeinnützig sind, können auch Ausschüttungen angestrebt werden. Die finanziellen Ziele äußern sich jedoch weit häufiger indirekt in dem Wunsch, bisher defizitäre Leistungen kostendeckend erbracht zu bekommen oder mit gegebenen Ressourcen eine Verbesserung der Leistung zu erzielen. Die ideelle Orientierung bezieht sich in vielen Fällen auf übergeordnete Verbandsstatuten oder bei Gebietskörperschaften die Entwicklung einer Region. Die gGmbH sollte Bezüge zu diesen ideellen Werten der Gesellschafter im Gesellschaftsvertrag aufweisen. Eine personelle Vertretung der ideellen Ausrichtung durch einen Repräsentanten im Aufsichtsrat ist zu empfehlen. Auf die Wertorientierung sollte ferner im Geschäftsführeranstellungsvertrag, der Geschäftsplanung und im Berichtswesen Bezug genommen werden.

Die Einbeziehung **Ehrenamtlicher, insbesondere von Funktionsträgern des Gesellschafters,** kann die Arbeit der gGmbH erleichtern oder sogar erst ermöglichen, wenn die Leistungen der Gesellschaft sich z. B. an Verbandsmitglieder richten oder der Gesellschafter in besonderem Maße den Zugang zu Ressourcen der Gesellschaft kontrolliert.

Beispiel: Mehrere benachbarte Gliederungen eines Wohlfahrtsverbandes gründen eine gemeinsame Gesellschaft, die in der Jugendhilfe tätig wird. Die Vergabe von Aufträgen bzw. die Zuweisung von Jugendlichen erfolgt durch die einzelnen Jugendämter der Gemeinden im Verbandsgebiet. Für die Auslastung der Gesellschaft kann es von großer Bedeutung sein, in allen Gemeinden präsent zu sein und ausreichenden politischen Einfluss zu haben. Daher ist eine Zusammenarbeit zwischen der gGmbH und den lokalen Verbänden durch geeignete Maßnahmen strukturell abzusichern: Beteiligung an der Gesellschaft, Einbeziehung in einen Beirat oder Aufsichtsrat, Verpflichtung der gGmbH zur regelmäßigen Kommunikation und Beziehungspflege und direkte oder indirekte Partizipation am wirtschaftlichen Erfolg.

Bei den **Mitarbeitern** als zweifellos besonders wichtiger interner Anspruchsgruppe gibt es keine Gründe, ihnen in der gGmbH einen größeren Einfluss als bei gewerblichen GmbHs üblich einzuräumen. Je nach Art des Gesellschafters können Mitarbeiter unabhängig von der gesetzlichen Mitbestimmung indirekt einen erhöhten Einfluss auf die Gesellschaft haben. Bei einem kommunalen Gesellschafter können Mitarbeiter parteipolitisch aktiv sein und in entsprechenden Ausschüssen und Arbeitskreisen die Willensbildung des Gesellschafters beeinflussen oder als Wähler auf die Politiker einwirken. Bei einem Verein als Gesellschafter können Mitarbeiter oder ihnen nahe stehende Personen Mitglied werden und Vereinsämter anstreben, um auf diesem Wege Einfluss auf ihren Arbeitgeber auszuüben. Bei einigen Vereinssatzungen und Verbandsstatuten wird für Arbeitnehmer des Vereins oder der Tochtergesellschaft die Ausübung von Vorstandsämtern ausgeschlossen oder ein Ruhen des Stimmrechts geregelt. Zur Vermeidung von Interessenkollisionen sind solche Regelungen dringend zu empfehlen.

Eine besonders **stark ausgeprägte Mitbestimmung** ist bei einer gGmbH in der Regel nicht zweckmäßig, weil
- die Mitarbeiter häufig schon den oben beschriebenen, besonderen Einfluss auf ihren Arbeitgeber über den Gesellschafter ausüben,
- die gGmbH nicht nur wirtschaftlichen, sondern auch ideellen Zielen zu folgen hat, so dass eine Bevorzugung einer weiteren Anspruchsgruppe den meist schon sehr engen Handlungsspielraum zwischen ideellen und wirtschaftlichen Zielen bis zur Handlungsunfähigkeit einengen würde,
- bei einem erhöhten Einfluss der Mitarbeiter Rollenkonflikte auftreten, da Mitarbeiter zugleich ihre eigenen Arbeitgeber werden und
- ein von Mitarbeitern kontrollierter Verein von der Finanzverwaltung als nicht steuerbegünstigt angesehen werden kann, da er nicht ausschließlich ideelle Ziele verfolgt, sondern zu weitgehend den Interessen der Mitarbeiter dient.[131]

Eine GmbH mit mehr als 500 Arbeitnehmern[132] muss nach dem DrittelbG einen Aufsichtsrat bilden, der zu einem Drittel mit Vertretern der Arbeitnehmer besetzt wird.[133] In der Praxis ist die Regelung für die gGmbH kaum relevant, da eine Tendenzklausel die Anwendung in Unternehmen ausschließt, die unmittelbar und überwiegend politischen, koalitionspolitischen, konfessionellen, erzieherischen, wissenschaftlichen oder künstlerischen Bestimmungen dienen.[134] Sollte freiwillig eine solche Vereinbarung getroffen werden, ist darauf zu achten, dass der Aufsichtsrat keine Geschäftsführungsentscheidungen treffen kann,[135] damit eine klare Trennung zwischen Geschäftsführung und Mitarbeiterschaft gewährt bleibt.

Bei der Beteiligung von Personalrat, Betriebsrat oder Mitarbeitervertretung an einer Auslagerung ist damit zu rechnen, dass über das gesetzliche Mindestmaß hinausgehende Forderungen aufgestellt werden.[136] Dazu kann auch eine Beteiligung von Mitarbeitern an einem Aufsichtsrat gehören. Grundsätzlich sollte im Falle einer

Auslagerung darauf geachtet werden, dass Zugeständnisse an die Mitarbeiter nicht die eigentlichen Ziele der Auslagerung, wie z. B. Verbesserung der Wirtschaftlichkeit und Vereinfachung der Entscheidungsfindung, zunichte machen. Neben den oben genannten Argumenten ist gegenüber den Mitarbeitenden aufzuführen, dass

- der Aufsichtsrat dem Wohl des Unternehmens verpflichtet ist und damit Mitarbeiter im Aufsichtsrat in einen unlösbaren Interessenkonflikt geraten können,
- die Mitglieder des Aufsichtsrates zur Verschwiegenheit verpflichtet sind, so dass Arbeitnehmervertreter mit Insiderwissen leicht zu strafbaren und schadensersatzbewehrten Auskünften gegenüber Kollegen verleitet werden können und
- die Arbeitnehmervertreter im Aufsichtsrat eine privilegierte Sonderrolle einnehmen, die erfahrungsgemäß leicht zu belegschaftsinternen Konflikten führt.

Die Ausweitung des Aufsichtsrates um Arbeitnehmervertreter erhöht die Zahl der Gremienmitglieder, so dass zusätzliche Kosten entstehen und Entscheidungsprozesse tendenziell verlangsamt werden. Für beide Seiten hilfreicher sind eine vertrauensvolle Zusammenarbeit mit dem Betriebsrat und eine offene Informationspolitik gegenüber der gesamten Belegschaft.

5. Gewinnverwendung

Zu Unrecht wird die Gewinnverwendung im Zusammenhang mit der gGmbH oft nicht thematisiert. Weit verbreitet ist zudem das Vorurteil, die gGmbH dürfe wegen der Steuerbegünstigung keine Gewinne ausschütten. Die Gesellschafter dürfen in ihrer Eigenschaft als Gesellschafter der gGmbH nur ihre Einlagen bei Auflösung der gGmbH, Austritt oder Ausschluss zurückerhalten.[137] Die Gesellschafter dürfen nach dem Wortlauf der AO keine Gewinnanteile und sonstige Zuwendungen als Gesellschafter erhalten.[138] Sofern die Gesellschafter jedoch steuerbegünstigt sind, darf die gGmbH ihnen einen Teil ihrer Mittel, also auch die Gewinne, als Zuwendungen nach § 58 Nr. 2 AO zur Verwendung für steuerbegünstigte Zwecke zukommen lassen. Erst eine die Gewinnausschüttung explizit ausschließende Satzungsklausel führt dazu, dass eine Gewinnausschüttung die Steuerbegünstigung gefährdet.[139] Die gGmbH darf andererseits bei ihrer Tätigkeit nicht primär auf die Gewinnerzielung ausgerichtet sein.[140] Die Ausschüttung kann dazu dienen, ideelle Zwecke der Gesellschafter zu subventionieren. Dabei ist die Einhaltung aller ggf. vorhandenen Mittelzweckbindungen zu gewährleisten und eine wirtschaftliche Auszehrung der gGmbH zu vermeiden. Sie kann bei einem Gemeinschaftsunternehmen auch als Kooperationsanreiz dienen, indem Gesellschafter entsprechend dem Grad ihrer Unterstützung an den Zuwendungen partizipieren. Die Gestaltung ist jedoch mit Rücksicht auf die Steuerbegünstigung komplex, da eine reine Gewinnorientierung vermieden werden muss.

Um die steuerliche Problematik zu umgehen, können **Gewinnausschüttungen** ggf. durch folgende Gestaltungen ersetzt werden:
– Vereinbarung angemessener Entgelte für alle Leistungen, z. B. auch Nutzungsrecht am Verbandslogo und -namen,
– Aufnahme als Mitglied und Zahlung eines größenabhängigen korporativen Mitgliedsbeitrages sowie
– Übertragung ideeller, defizitärer Aufgaben von den Gesellschaftern auf die gGmbH.

Jeder Leistungs- und Mitteltransfer sowie die Gestaltung der Satzung sollten unter steuerlicher Beratung erfolgen, da die sich ständig ändernde Rechtslage zahlreiche Fallstricke aufweist.

6. Externe Anspruchsgruppen

Die Zielerreichung jeder Organisation hängt von einem erfolgreichen Management der Umweltbeziehungen ab. Gerade die gGmbH ist häufig auf sehr unterschiedliche Formen der Unterstützung und Zusammenarbeit z. B. mit Ländern & Kommunen, Verbänden, Kirchen, Behörden, Klienten & Angehörigen, Banken, anderen Dienstleistern, Presse und Öffentlichkeit angewiesen. Die Bedeutung der Stakeholder oder Anspruchsgruppen ist daher zu Recht in den letzten Jahren mehr in den Mittelpunkt der Diskussion geraten.

Eine **Einbindung externer Interessengruppen** kann über das Kontrollgremium Aufsichtsrat oder abgeschwächt das Beratungsgremium Beirat erfolgen. Den **Vorteilen**
– Gewinnung von Loyalität der externen Gruppe,
– Einsichten in die Erwartungen und Ansprüche der Gruppe und
– Zusätzliche Informationen zum relevanten Geschäftsfeld
stehen regelmäßig die **Nachteile**
– Einbringung von Partikularinteressen,
– Preisgabe von internem Know-how und Planungen und
– erhöhter Kommunikationsaufwand
gegenüber. Die Risiken steigen bei einer institutionellen statt personellen Berufung, besonders wenn diese im Gesellschaftsvertrag verankert ist.

> **Beispiel:** Die Gesellschaft für gemeindenahe Psychiatrie X-Stadt mbH hat als Mitglieder des dreiköpfigen Aufsichtsrats ne-

ben einem gewählten Mitglied als geborene Mitglieder den Oberbürgermeister der Stadt und den ärztlichen Leiter des Y-Krankenhauses. Zehn Jahre nach der Gründung steigt das Krankenhaus auf der Suche nach neuen Betätigungsfeldern in die Betreuung psychisch Kranker ein und wird unmittelbarer Konkurrent der GmbH. Zudem wird ein neuer Oberbürgermeister gewählt, der bisherige, überwiegend freiwillige Leistungen der Stadt kürzen möchte und für die Argumentation auf seine internen Kenntnisse zurückgreift.

Geborene Mitgliedschaften im **Aufsichtsrat** sollten nur gewählt werden, wenn garantiert auf Dauer eine institutionelle Verbindung gewünscht ist und sich die gGmbH eindeutig den Interessen der eingebundenen Organisation unterordnen soll. Dies ist praktisch nur bei Vertretern der Gesellschafter gewährleistet. Weitere Berufungen sollten immer nur für einen festen Zeitraum erfolgen, so dass die Besetzung automatisch nach Fristablauf wieder auf den Prüfstand gestellt wird und die Zusammenarbeit ohne ggf. verletzend wirkende Abwahl auslaufen kann.

Bei einem **Beirat** ist eine breitere Beteiligung interessierter Kreise möglich, sofern die Mitwirkungs- und Informationsrechte eng gefasst sind. Ein solcher Beirat kann sowohl zur Informationsbeschaffung wie zur Pflege der Public Relations genutzt werden. Für eine positive Wirkung ist eine sorgfältige und wertschätzende Betreuung durch den Geschäftsführer oder einen Vertreter des Gesellschafters erforderlich.

7. Strategische Planung, Kontrolle und Geschäftsführung

Nach den Grundsätzen der Nonprofit Governance sollten strategische Planung, Kontrolle und Geschäftsführung ausreichend getrennt sein, damit Fehlentwicklungen rechtzeitig erkannt werden und mit hinreichender Wahrscheinlichkeit Gegenmaßnahmen eingeleitet werden.[141]

Als Ausgangspunkt der Diskussion wird ein in den meisten Fällen für gGmbHs geeignetes **Grundmodell** der Rollenverteilung vorgestellt, dass auch dem Mustervertrag zu Grunde liegt. Mit zwei weiteren Modellen, den Varianten des Mustervertrages und dazugehörigen Erläuterungen wird eine Vielzahl von Variationsmöglichkeiten erschlossen und kritisch bewertet.

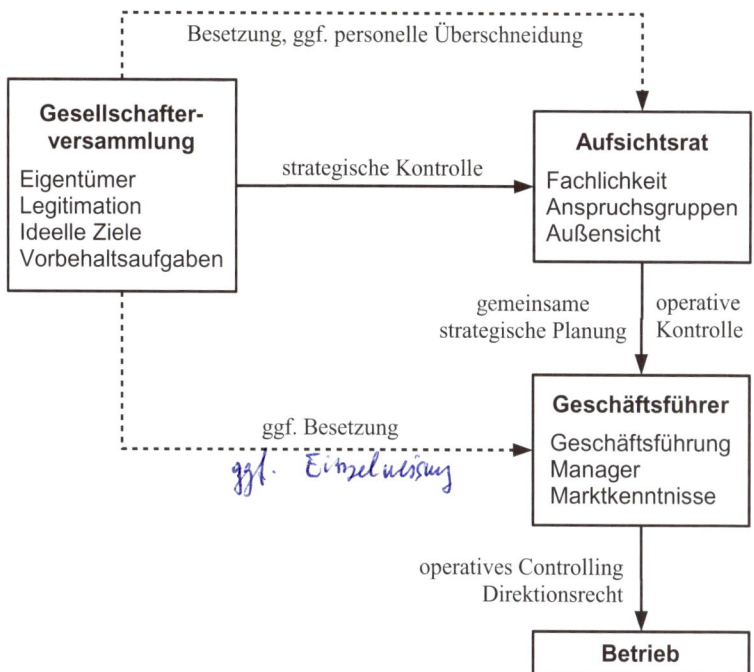

Abb. 8: Organe der gGmbH – Grundmodell der Aufgabenverteilung

Die Gesellschafterversammlung vertritt die Interessen der Eigentümer. Die Mitglieder der Gesellschafterversammlung sind bei der gGmbH in der Regel keine Privateigentümer sondern Vertreter am Gemeinwohl orientierter Körperschaften. Die Gesellschafter geben der gGmbH die eigentliche Legitimation und haben als vornehmste Aufgabe, die konsequente Verfolgung der ideellen Ziele sicherzustellen. Die gesetzlichen Vorbehaltsaufgaben wie Änderung des Gesellschaftsvertrages sind zwar von besonderer Bedeutung, spielen in der Praxis aber meist eine untergeordnete Rolle. Zur Verfolgung ihrer Kernaufgabe muss die Gesellschafterversammlung zwingend die strategische Kontrolle ausüben. Sie hat
– in den meisten Fällen die letzte Entscheidung über die strategische Ausrichtung zu treffen,
– die Prämissen der strategischen Ausrichtung regelmäßig kritisch zu prüfen,
– die Eignung der Strategie zur Erreichung der ideellen Ziele und ggf. wirtschaftlichen Nebenbedingungen zu hinterfragen und
– die langfristige Erreichung der strategischen Ziele zu kontrollieren.
Diese zentralen Aufgaben können auch von einem größeren Personenkreis wie z. B. einem Stadtrat oder mitgliederstarken Vereins-

vorstand, ggf. nach Vorbereitung durch einen Ausschuss, sinnvoll diskutiert werden.

Der sachkundig besetzte Aufsichtsrat entwickelt die **Unterneh-mensstrategie** gemeinsam mit dem Geschäftsführer. Dabei bringt der Aufsichtsrat bei geeigneter Besetzung eine unvoreingenommene Außensicht und ergänzende Fachkompetenz, aber auch eine Orientierung an den ideellen Zielen des Gesellschafters ein. Die Stärken des Geschäftsführers sollten in einer intimen Betriebs- und Marktkenntnis liegen. Er sollte in dem Prozess auch angemessen die Eigeninteressen der gGmbH zum Ausdruck bringen. Der Aufsichtsrat als Beratungs- und Kontrollgremium sollte sich in dieser Konstellation zwingend jeder Geschäftsführungtätigkeit enthalten und auf die **operative Kontrolle** beschränken. Dabei werden die konsequente Umsetzung der strategischen Planung sowie die angemessene Reaktion auf ungeplante Entwicklungen laufend, je nach Größe der Gesellschaft monatlich bis quartalsweise überprüft. Grundlage sind eine Darstellung wesentlicher Entwicklungen durch den Geschäftsführer und verdichtete Zahlen aus dem operativen Controlling.

Die Führung der Belegschaft sowie die Wahrnehmung aller weiteren Managementaufgaben ist ausschließlich Aufgabe des Geschäftsführers, der sich insbesondere eines differenzierten Controllings bedient, das auch ideelle Aspekte der Zielerreichung darstellen sollte.

Je nach Nähe der Gesellschafter zum Geschäft der gGmbH und Eignung der Gesellschafterversammlung hinsichtlich Umfang und Fachlichkeit kann die unmittelbar Einflussnahme auf die gGmbH verstärkt werden, indem
– die Gesellschafterversammlung den Geschäftführer bestimmt,
– sie mit strategischen Vorgaben dem Planungsprozess einen Rahmen setzt und
– einzelne Personen aus dem Vertretungsorgan des Gesellschafters in den Aufsichtsrat entsendet.[142]

Falls die gGmbH unmittelbar Ziele des Gesellschafters verfolgt und dieser eine besondere Kompetenz in den Geschäftsfeldern aufweist, ist eine Verlagerung der strategischen und operativen Kontrolle auf die Gesellschafterversammlung sowie eine Einbeziehung des Aufsichtsrates in die grundlegenden Entscheidungen der Geschäftsführung grundsätzlich denkbar, aber mit erheblichen Risiken verbunden und nur unter Einhaltung mehrerer Rahmenbedingungen zu empfehlen. Sinnvoll kann diese Gestaltung z. B. bei einem Verlag sein, der unmittelbar der Verbreitung ideellen Gedankengutes dient, oder wenn andere mitgliederorientierte Dienstleistungen erbracht werden.

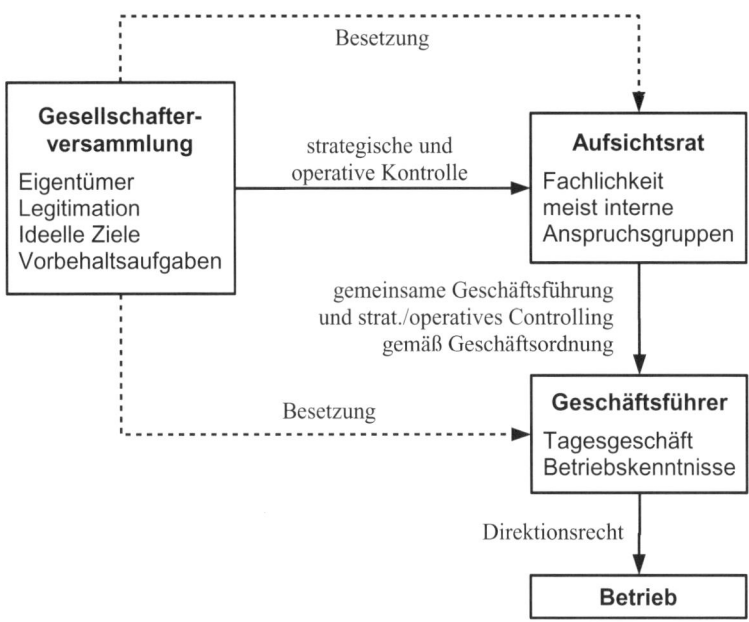

Abb. 9: Modell mit starkem Einfluss des Gesellschafters auf die GmbH

In dieser Modellvariante übernimmt die Gesellschafterversammlung zwingend die operative und strategische Kontrolle, weil der Aufsichtsrat mit Geschäftsführungsaspekten betraut wird. Nur so ist eine unabhängige Kontrolle zu gewährleisten. Aus dem gleichen Grund ist eine personelle Überschneidung zwischen Gesellschafterversammlung und Aufsichtsrat auszuschließen. Der Aufsichtsrat kann hier überwiegend Vertreter des Gesellschafters aufnehmen, sollte aber in der Regel auch wenigstens eine externe, sachkundige Person umfassen. Damit es nicht zu Kompetenzstreitigkeiten zwischen Aufsichtsrat und Geschäftsführung kommt, sollte der Gesellschaftsvertrag einen klaren Aufgabenkatalog aufweisen und eine Geschäftsordnung den praktischen Rahmen für eine produktive Zusammenarbeit setzen. Auf jeden Fall muss das Tagesgeschäft dem Geschäftsführer vorbehalten bleiben, damit dieser mit ausreichender Autorität den Betrieb führen und seinen gesetzlichen Auftrag wahrnehmen kann.

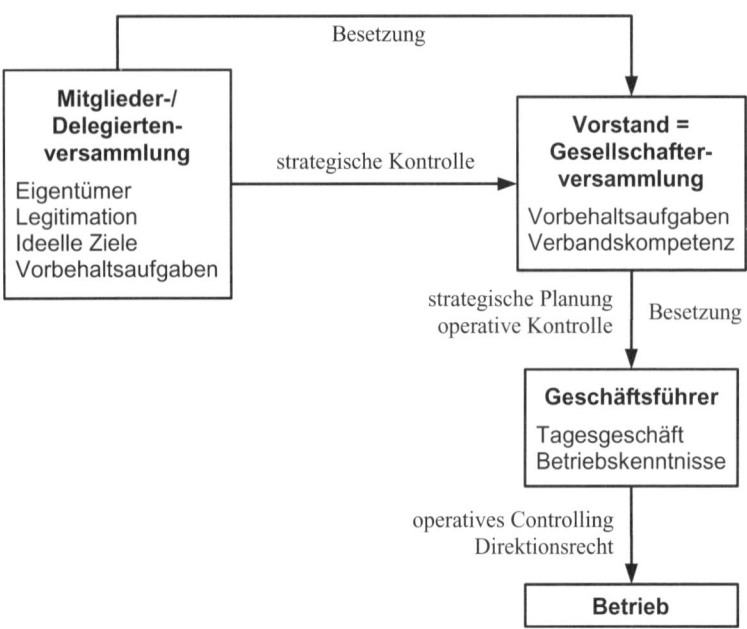

Abb. 10: Modell einer gGmbH ohne Aufsichtsrat

Bei fortschreitender Kompetenzausweitung bleibt für einen Aufsichtsrat kein Spielraum. Das Modell ohne Aufsichtsrat bietet sich nur an, wenn die GmbH einen relativ kleinen Geschäftsbetrieb unterhält und ihre Leistungen unmittelbar für die Gesellschafter erbracht werden. Die **Trennung zwischen Kontrolle und Umsetzung** erfordert die Einbeziehung eines weiteren Gremiums des Gesellschafters, das die strategische Kontrolle gegenüber dem Vertretungsorgan des Gesellschafters übernimmt. Ist der Gesellschafter ein Verein, kann z. B. eine Mitglieder- oder Delegiertenversammlung die strategische Kontrolle übernehmen, damit nicht beim Vorstand strategische Kontrolle und Planung zusammenfallen. Strategische Planung und operative Kontrolle können ohne Bedenken bei einem Organ, hier dem die Gesellschafterversammlung stellenden Vorstand, zusammenfallen. Eine Wahrnehmung von Geschäftsführungsaufgaben durch denselben Vorstand verbietet die gerade beschriebene Funktionstrennung. Ansonsten müsste die Mitgliederversammlung oder ein anderes Vereinsorgan in der Lage sein, auch die operative Kontrolle zu übernehmen. Der Verzicht auf einen Aufsichtsrat führt unter anderem dazu, dass kein externer Sachverstand mehr zur Beratung und Unterstützung der Kontrollfunktion einbezogen wird.

In allen drei Modellen sollte die operative Kontrolle dadurch gestärkt werden, dass das jeweilige Kontrollorgan mit der Auswahl,

Beauftragung und Kommunikation mit dem Wirtschaftsprüfer betraut wird.

Eine weitere Gestaltungsmöglichkeit bietet die Trennung von Vorstand und Gesellschafterversammlung. So könnte beispielsweise die Mitgliederversammlung Vertreter des Vereins für die Gesellschafterversammlung bestimmen, die dort im Auftrag des Vereins die Gesellschafterrechte wahrnehmen.

VI. Nonprofit Governance

1. Aktuelle Diskussion

Durch immer wieder auftretende, spektakuläre Unternehmenspleiten wird seit mehreren Jahren vermehrt über Anforderungen an ein Risikomanagement und eine wirksame Unternehmenskontrolle diskutiert. Der Gesetzgeber hat hierzu verschiedene Initiativen ergriffen, um weiteren Großinsolvenzen vorzubeugen.

Das **KonTraG**[143] bezieht sich zwar in weiten Teilen auf börsennotierte Aktiengesellschaften, hat aber die Bedeutung eines wirksamen **Risikomanagements** auch für Nonprofit-Organisationen mehr in den Mittelpunkt der Aufmerksamkeit rücken lassen[144]. Es verlangt von Prüfungsgesellschaften stärker als zuvor zukunftsorientiert zu prüfen und in ihrem Bericht Risiken erkennen zu lassen, die in der nächsten Rechnungslegungsperiode den Bestand des Unternehmens gefährden können. Die Unternehmensleitung soll ein der Größe des Unternehmens angemessenes Risikomanagementsystem entwickeln, damit bestandsgefährdende Risiken sichtbar werden. Eher am Rande wurde auch auf die Kontrollstruktur eingegangen: Der Aufsichtsrat nach Aktiengesetz soll den Wirtschaftsprüfer unmittelbar beauftragen und seinen Bericht entgegennehmen, so dass er früher Fehlentwicklungen erkennen und gegensteuern kann. Bereits vor dem KonTraG war die Leitung eines Unternehmens nach allgemeinen Vorschriften verpflichtet, ein angemessenes Risikomanagement zu betreiben, so dass durch die explizite Formulierung im KonTraG diese Pflichten nur verdeutlicht und stärker in das Bewusstsein gerufen werden.

Unter dem Namen „**Basel II**" werden international verbindliche Richtlinien für die Kreditwirtschaft diskutiert, die die Kreditkosten unmittelbar an eine Risikobewertung koppeln. Dabei werden teilweise die gleichen Aspekte abgefragt, die schon das KonTraG zum Gegenstand hatte: Strategisches Controlling, operatives Controlling, Kontrollsystem und angemessene Überwachung durch ein Aufsichtsgremium. Daneben werden klassische Kredit- und Wirtschaftlichkeitskennzahlen sowie weiche Faktoren ausgewertet. Die strukturelle Qualität der GmbH-Satzung kann sich damit direkt auf die Kreditkosten auswirken.

Corporate Governance und TransPuG[145] sind weitere Reaktionen auf große Insolvenzen, die zu einer Diskussion über sinnvolle Regelungen für eine gute Unternehmensführung geführt haben. Wiederum folgt die Entwicklung in Deutschland Impulsen aus dem angelsächsischen Raum. Eine Regierungskommission mit Vertretern von Unternehmen, Gewerkschaften und Fachleuten hat den Deutschen Corporate Governance Kodex (DCGK) entwickelt.[146] Durch das TransPuG wurde in das Aktiengesetz eine Regelung aufgenommen, dass börsennotierte Aktiengesellschaften öffentlich bekannt geben müssen, in welchen Punkten sie den DCGK nicht einhalten. Somit ist der DCGK zwar nicht verpflichtend, aber es wird über den Kapitalmarkt erheblicher Druck ausgeübt, die Regelungen anzuwenden bzw. Abweichungen gut zu begründen.

Ähnlich wie bei der Gesetzesbegründung des KonTraG wurde auch beim DCGK durch die Kommission zum Ausdruck gebracht, dass die Regelungen für weitere Organisationen, z.B. kleinere Unternehmen und Nonprofit-Organisationen, wichtige Impulse geben können.[147] Gleiches gilt für kommunale Unternehmen.[148] Diese Anregungen wurden von vielen Verbänden aufgegriffen.[149] In modifizierter Form wurden die Regelungen z.B. von der Deutschen Bischofskonferenz für den Bereich der Caritas verabschiedet.[150]

Die Diskussion über Corporate Governance sollte im Zusammenhang mit der parallel aufgekommenen Diskussion über Corporate Social Responsibility gesehen werden.[151] Letzteres bezeichnet das Konzept eines Unternehmens, auf freiwilliger Basis soziale Belange und Umweltbelange in seine Unternehmenstätigkeit und in die Wechselbeziehungen mit den Interessengruppen zu integrieren. Von gemeinnützigen Organisationen wird in besonderem Maße ein solch verantwortungsvolles Handeln erwartet. Die Sicherstellung der „sozialen Verantwortlichkeit" ist bereits bei der Gremienbildung und -besetzung zu berücksichtigen.

2. Empfehlungen im Überblick

Organisationsziel und Legitimation bedürfen bei der gGmbH besonderer Beachtung, weil ein eindeutiger Erfolgsindikator wie die Eigenkapitalrendite einer gewerblichen GmbH fehlt. Auch der erhöhte Legitimationsdruck auf Grund öffentlicher (Steuer-)Begünstigung ist zu berücksichtigen.

Daher sollten
– eine nachvollziehbare Ausrichtung aller Entscheidungen am ideellen Gesellschaftszweck und
– der Zugang wesentlicher Anspruchsgruppen zu grundlegenden Informationen über die strategische Planung, den Jahresabschluss und den Geschäftsbericht

gewährleistet werden.

Das **Führungssystem** muss die allgemeinen Grundsätze des DCGK und darüber hinaus systemspezifische Schwachstellen bei NPO berücksichtigen, vor allem durch
– vollständige, übersichtliche und stets aktuelle Dokumentation der Unternehmensverfassung,
– Vermeidung von zirkulären Strukturen mit wechselseitiger Aufsicht oder Abhängigkeit von Gremien,
– Verwendung geborener Mitgliedschaften nur als wohlbegründete Ausnahme,
– bei Verbundstrukturen (Holding etc.) Ansiedlung der Verbundsteuerung bei Gremien der obersten Verbundebene,
– Führungssystem mit klarer Trennung von Aufsicht und Geschäftsführung,
– Zusammenwirken von Aufsicht und Geschäftsführung bei der strategischen Planung mit eindeutig geregelter Entscheidungsbefugnis und
– ausbalancierte Einflussnahmemöglichkeiten und klare Aufgabenverteilung, in der Regel durch Geschäftsordnung(en) geregelt.

Die Wirksamkeit der Unternehmenskontrolle hängt unmittelbar von der Arbeitsfähigkeit der beteiligten **Gremien** ab, die durch angepasste Anwendung der Regeln des DCGK sichergestellt werden sollte:
– verantwortungsbewusste Gremienführung durch den Vorsitzenden mittels guter Vorbereitung von Sitzungen, rechtzeitiger Einladung mit allen Unterlagen, zeitnaher Protokollierung und angemessenem Sitzungsturnus,
– verantwortungsvolle Mitarbeit der Gremienmitglieder durch regelmäßige Teilnahme an Sitzungen, sorgfältige Vor- und Nachbereitung und Wahrung der Verschwiegenheit,
– Aufgabenbeschreibungen und Anforderungsprofile für die Mitglieder,
– Sicherstellung ideeller, spezifisch-fachlicher und wirtschaftlicher Kompetenzen insbesondere im Aufsichtsrat, ausgerichtet an Art und Größe der Organisation,
– Ausschluss, sonst Kompensation, von Interessenkollisionen und In-Sich-Geschäften (§ 181 BGB),
– Altersgrenze für Gremienmitglieder und rechtzeitige Nachfolgeplanung,

– Erzwingung einer außerordentlichen Sitzung durch relativ kleine
  Minderheiten sowie
– unmittelbarer, gleichberechtigter Zugang der Gremienmitglieder
  zu aktuellen und archivierten Informationen wie z.B. Protokolle
  und Geschäftsberichten.

Der Ausgleich zwischen verschiedenen Anspruchsgruppen, ggf.
divergierender ideeller Ziele und wirtschaftlicher Anforderungen
macht die **Aufsicht** über eine gGmbH besonders komplex. Daher
hat die Einhaltung vorteilhafter Rahmenbedingungen für die Kri-
senvermeidung besondere Bedeutung:

– möglichst drei bis fünf Personen,[152] bei größerem Gremium Bildung von Ausschüssen,
– Anbindung an ideelle Trägerinteressen,
– Auswahl und Beauftragung des Wirtschaftsprüfers, sowie persönliche Kommunikation auch in Abwesenheit des Geschäftsführers und Entgegennahme des Berichts,[153]
– kein direkter Wechsel aus der Geschäftsführung in die Aufsicht
  und
– Festlegung eines überwiegend schriftlichen Berichtssystems.[154]

Die **Geschäftsführung** muss einerseits selbständig und effektiv die
Gesellschaftsziele verwirklichen können und andererseits einer
wirksamen Kontrolle unterliegen. Neben einem gut ausbalancierten
Handlungsspielraum helfen

– sofern nur ein Geschäftsführer bestellt wurde, Zugang seines
  Stellvertreters, z.B. Prokurist oder Verwaltungsleiter, zum Aufsichtsgremium,
– sofern mehrere Geschäftsführer bestellt wurden, klare Aufgabenverteilung bei gleichzeitiger Gesamtverantwortung,
– Pflicht zur umfassenden Unterrichtung des Aufsichtsgremiums,
– intensive Zusammenarbeit mit dem Vorsitzenden des Aufsichtsgremiums und
– leistungsorientierte, marktübliche Vergütung.

Die Erkenntnisse über eine angemessen Organisationsführung
werden laufend weiterentwickelt und die individuellen Anforderungen an die Gremien ändern sich im Laufe der Zeit. Daher sollte eine
kontinuierliche **Evaluation** der Gremienarbeit z.B. durch Bearbeiten
von Checklisten (siehe Checkliste D.XIX) oder einen externen Re-
view erfolgen:[155]

– Überprüfung der Angemessenheit und Effektivität der Führungs-
  organisation und Gremienarbeit mindestens alle zwei Jahre und
– integriertes Steuerungssystem für ideelle, fachliche und wirtschaftliche Ziele auf strategischer und operativer Ebene, inklusive
  Chancen- und Risikomanagement.[156]

VII. Gründung der gGmbH

1. Übersicht

Die Gründung einer gGmbH ist ein befristetes Vorhaben mit klarer Zielsetzung. Daher gelten die üblichen Regeln für ein Projektmanagement. Dieses wird umso ausgefeilter sein, je größer die gGmbH geplant ist und je mehr Personen involviert sind. Die mit dem Mindestkapital ausgestattete GmbH eines Alleingesellschafters kann bereits nach der **Checkliste** „Ablaufplan zur GmbH-Gründung"[157] erfolgen. Bei größeren Projekten kann die Checkliste zwar als Grundraster dienen, aber die eigentliche Projektplanung wird wesentlich detaillierter sein müssen. Je nach Art der gGmbH können auch noch ganz andere Punkte an Bedeutung gewinnen, z.b. die **Due Diligence**[158] eines zu übertragenden Betriebes bei einem Gemeinschaftsunternehmen.

Eine **gute Projektplanung** lässt eindeutig erkennen, wann ein Projekt beendet ist und wie gut es durchgeführt wurde. Das Projekt „GmbH-Gründung" ist noch nicht mit der Eintragung im Handelsregister, sondern erst mit der Einladung der Gremien zu ihrer ersten konstituierenden Sitzung als Abschluss der Gründung und Übergang in den laufenden Betrieb eindeutig beendet. Die Qualität des Gründungsprozesses kann natürlich nur vordergründig als Einhaltung des Zeit- und Kostenplans beschrieben werden. Tatsächlich zeigt sich die Qualität in Form einer optimalen Satzungsgestaltung erst nach vielen Jahren reibungslosen Arbeitens der gGmbH.

Die wesentlichen Merkmale eines **Projektes „GmbH-Gründung"** sind im Überblick

- **die allgemeine Zielsetzung:**
  Gründung einer gGmbH mit der Zielsetzungalleine oder mit anderen Gesellschaftern zum Aufbau eins neuen oder der Übernahme bestehender Betriebe als Ergebnis eines Strategiefindungsprozesses
- **messbare Zielgrößen:**
  Termin der Eintragung oder des Betriebsübergangs, Gebühren für Beratung, Notar und Eintragung
- **verfügbare Ressourcen:**
  Stammkapital, Kapital für Gründungskosten, zeitlicher Einsatz, ggf. Beziehungen zu weiteren Gesellschaftern und zu übertragende Betriebe
- **beteiligte Parteien:**
  Gesellschafter mit vertretungsberechtigtem Organ und ggf. weiteren beratenden und beschließenden Gremien, ggf. Partner für die

Gründung eines Gemeinschaftsunternehmens, ggf. Berater, Notar, Handelsregister, künftige Gremienmitglieder, bei Betriebsübergang Mitarbeiter und Mitarbeitervertretung
- **ggf. weitere betroffene Parteien:**
  übergeordnete Verbandsgremien, Rechtsaufsicht z. B. Stiftungsaufsicht bei Stiftungen als Gesellschafter, bei Betriebsübergang
  Leistungsempfänger, Kostenträger, Lieferanten, weitere Vertragspartner, Zuwendungsgeber und viele mehr
- **eine Zeitstruktur mit Meilensteinen (= Termine mit definierten
  Zwischenergebnissen):**
  – Beschlussfassung über die Vorbereitung einer GmbH-Grün-
    dung, bei mehreren Gesellschaftern Vorgründungsgesellschaft
  – Klärung der Gründungsmotive
  – Entwicklung der Organisationsstruktur
  – Entwurf Satzung, Erstellung eines Gründungskonzeptes mit
    wesentlichen Eckpunkten
  – Aufstellung eines Geschäftsplans
  – interne Beschlussfassungen
  – Gründungsversammlung, notarielle Beurkundung
  – Eintragung
  – Aufnahme des Geschäftsbetriebes
- **Entscheidungsstrukturen:**
  Wer beschließt über die einzelnen Schritte und wer ist an der
  Vorbereitung zu beteiligen?

2. Vorgründungsgesellschaft

Sofern mehrere Gesellschafter beteiligt sind, entsteht mit der vertraglichen Vereinbarung, eine gemeinsame gGmbH gründen zu wollen,
eine Vorgründungsgesellschaft als Gesellschaft bürgerlichen Rechts.
In den meisten Fällen erfolgt die Gründung der Vorgründungsgesellschaft durch konkludentes Handelns, z. B. die Mitteilung entsprechender Gremienbeschlüsse der Gesellschafter und Aufnahme von
gemeinsamen Vorbereitungsmaßnahmen. Gegenüber den Beteiligten
besteht zwar kein Rechtsanspruch auf Errichtung der gGmbH, aber
es können im Falle eines Scheiterns Forderungen aus Verletzung eines
Vertrauensschutzes entstehen (culpa in contrahendo).[159] Die Vorgründungsgesellschaft erlischt mit Erreichen oder Aufgabe ihres
Zweckes, also spätestens mit der Errichtung der GmbH.
   Auch ohne Vertragsabschluss empfiehlt sich bei mehreren künftigen Gesellschaftern, die gemeinsamen Arbeiten zumindest in einem
Letter of Intent[160] zu dokumentieren und als ersten Schritt eine **gemeinsame Projektplanung** aufzustellen.

Auch wenn es nur einen Gesellschafter gibt, sollte ein formaler Auftrag zur Prüfung der GmbH-Gründung herbeigeführt werden, damit die Gremien sich am Planungsprozess beteiligen und frühzeitig ihre Erwartungen und Befürchtungen einbringen können.

3. Herausarbeitung der konkreten Ziele

Die strategischen Ziele der Gründung und die konkreten operativen Erwartungen an die GmbH sollten möglichst präzise, letztere in messbarer Form, niedergelegt werden. Dabei müssen sich die Beteiligten vor Augen führen, dass die GmbH nie Selbstzweck sein sollte, sondern als Mittel zur Zweckerreichung zu dienen hat.

Erst wenn die Erwartungen an die Gesellschaftsgründung offen auf dem Tisch liegen, kann auch ein externer Berater Hinweise zur Eignung verschiedener Lösungen machen oder neue Alternativen ins Spiel bringen.

4. Chancen und Risiken der Zielerreichung abwägen

Die GmbH ist als Mittel zur Zielerreichung zu prüfen. Dabei ist zu klären, ob das Ziel überhaupt erreichbar ist und welche **Rahmenbedingungen** herrschen. Soll z.B. eine GmbH zur wirtschaftlicheren Leistungserbringung gegründet werden, wären u.a. folgende Fragen zu klären:

* Findet ein Betriebsübergang statt? Welche Einflussnahmemöglichkeiten hat die Mitarbeitervertretung darauf? Inwieweit erkennt sie die Notwendigkeit eines Strukturwechsels zur dauerhaften Sicherung der Arbeitsplätze?
* Welche Restriktionen bezüglich Vergütungssystem und betrieblicher Altersversorgung bestehen?
* Innerhalb welchen Zeitrahmens und in welchem Umfang können durch die Auslagerung Personalkosten reduziert werden und wer kommt für wirtschaftliche Altlasten, z.B. Versorgungsansprüche, auf?
* Wie werden sich Angebot, Nachfrage und Finanzierung in den nächsten fünf Jahren voraussichtlich entwickeln?
* Gibt es Rationalisierungspotentiale bei Entscheidungsprozessen, Betriebsabläufen, Einkauf oder anderen Bereichen?
* Liegen strukturelle Nachteile, z.B. ungünstiger Standort oder unzweckmäßiger Gebäudegrundriss vor, die auch für die GmbH gelten?

• Auf welche Zusagen und Genehmigungen ist die neue GmbH angewiesen und wie stehen die Chancen, diese zu erhalten?[161]
Die Chancen-Risiko-Analyse ist sehr individuell auf den jeweiligen Zweck und das konkrete Umfeld der GmbH auszurichten.

5. Zusammenstellung der Beteiligten und Interessenten

Die Gesellschaftsgründung findet in einem konkreten gesellschaftlichen und politischen Umfeld statt. Hier sollte eine Umfeldanalyse klären,

• welche Personen (und Institutionen) betroffen sind (Gremien der Gesellschafter, Fremdkapitalgeber, Zuwendungsgeber, Geschäftspartner, bisherige oder künftige Leistungsempfänger und Kostenträger, ...),
• welche Interessen tangiert werden (Einfluss auf die Art der Leistungserstellung, Preisgestaltung und Angebotspalette, persönliche Nutzung materieller und immaterieller Ressourcen, ...),
• wie die Personen reagieren könnten (Abbau von Zuschüssen, Wechsel des Anbieters, Widerspruch gegen den Betriebsübergang, ...),
• wo und wie Unterstützung gewonnen werden muss (Mitarbeitervertretung, Öffentlichkeit, Spitzenverband, ...) und
• ob ggf. mit Widerständen gerechnet werden muss und wie diesen vorzubeugen ist (nicht in Gremien berücksichtigte Multiplikatoren, ...).
Die Umfeldanalyse prüft nicht nur die für die unmittelbare Zielerreichung notwendigen Aspekte, sondern versucht auch Widerstände im Prozess frühzeitig zu sondieren und unerwünschte **Nebeneffekte** vorherzusehen. Diese Analyse kann zum Beispiel zu einer Korrektur der bisherigen Bewertung einer Gesellschaftsgründung, auch als Alternative zu einer Betriebsschließung, oder zu einer Änderung der geplanten Organisationsstruktur führen.

6. Rechtsformwahl

Im Abschnitt IV. 3 „Rechtsformenvergleich" und dem Kapitel V „Strategische Gestaltungsspielräume" wurden die Alternativen ausführlich vorgestellt. Ferner sollten die Hinweise aus dem Kapitel III „Typische Anwendungsbereiche der gGmbH" und dem Abschnitt V. 1 „Erwartungen an die gGmbH" geprüft werden, die jeweils auch Alternativen und Risiken aufzeigen.

7. Formulierung des Gesellschaftszwecks

Da der Gesellschaftszweck einen dauerhaften Rahmen für die Ausrichtung der Geschäftstätigkeit liefert und steuerliche Auswirkungen
hat, sollte hier die größte Sorgfalt verwendet werden. Dem Zweck
wurde ein eigener Abschnitt IV. 5 „Gesellschaftszweck" gewidmet.

8. Erarbeitung der Organisationsstruktur

Je nach Art und Anzahl der Gesellschafter sowie dem Zweck der
Gesellschaft ist eine andere Organisationsstruktur erforderlich. Die
gewählte Struktur kann bei einem Gemeinschaftsunternehmen später oft nur einstimmig geändert werden, so dass besondere Sorgfalt
bei der Gestaltung erforderlich ist.

Die wesentlichen Entscheidungen betreffen
– Beteiligung von mehreren Gesellschaftern und die Höhe ihrer Beteiligung sowie Festlegung erforderlicher Mehrheiten für alle Arten von Beschlussfassungen,
– Einrichtung eines Aufsichtsrates sowie
– Abgrenzung der Aufgaben und Rechte von Gesellschafterversammlung, Aufsichtsrat und Geschäftsführer.

Entsprechend der Bedeutung für einen langfristigen Erfolg der
gGmbH wurden Strukturfragen ausführlich in den Kapiteln V
„Strategische Gestaltungsspielräume" und VI „Nonprofit Governance für die gGmbH" diskutiert. Die Strukturen sollten nicht nur
in Bezug auf die aktuelle personelle Situation, sondern möglichst
personenunabhängig gesehen werden. Die Strukturen müssen sich
gerade dann bewähren, wenn zwischen mehreren Gesellschaftern
oder zwischen Aufsichtsrat und Geschäftsführer Konflikte austre-
ten.

9. Entwurf der Satzung, Erstellung eines Gründungskonzeptes

Der Satzungsentwurf ist eine eher rechtstechnische Angelegenheit,
wenn die bisher genannten Punkte inhaltlich geklärt sind. Dazu
sollen die Mustersatzungen mit Alternativen und Erläuterungen eine
Hilfestellung geben.

Der Satzungsentwurf sollte in der Regel von einem Rechtsanwalt
mit dem Tätigkeitsschwerpunkten Gesellschaftsrecht und Steuerbegünstigung erstellt werden. Auf jeden Fall ist es hilfreich, wenn die
Erstellung nicht durch die Gesellschafter, sondern eine unbefangene

Person erfolgt. Häufig sehen die mit der Gründung unmittelbar be-
fassten Personen einzelne Probleme und Risiken nicht, da sie „be-
triebsblind" oder zu sehr auf eine bestimmte Vorstellung fixiert sind.
Die bisherigen Planungen sollten zu einem **Kommentar der Satzung** und/oder einem **Gründungskonzept** zusammengefasst werden.
Bei einer Gesellschaftsgründung durch mehrere Gesellschafter oder
einem geplanten Betriebsübergang wird diese Verschriftlichung
dringend empfohlen. Sie unterstützt institutionelle Entscheidungsprozesse, erleichtert neu hinzukommenden Personen den Einstieg in
die Diskussion und hilft bei der Aufdeckung von Missverständnis-
sen. Auch erleichtert sie eine spätere Erfolgskontrolle und den
Nachweis eines sorgfältigen Vorgehens.

Bei einer gGmbH mit umfangreichem geplantem Geschäftsbetrieb
sollte ein Geschäftsplan (s. unter D. XVII.) für die ersten Ge-
schäftsjahre erstellt werden. Bei einer geplanten Fremdkapitalauf-
nahme ist dies ohnehin erforderlich.

Der Satzungsentwurf und das Konzept können dann im Kreise
der Gründungsgesellschafter oder Entscheidungsgremien der grün-
denden Organisation diskutiert und ggf. weiterentwickelt werden.

10. Abstimmung der Satzung mit der Finanzverwaltung

Auch bei einer umsichtigen Vorbereitung und sachkundigen Beratung ist das Verhalten des Finanzamtes nicht mit Sicherheit vorher-
sagbar. Ermessensspielräume und unterschiedliche Auffassungen
einzelner Behörden oder sogar Sachbearbeiter können der Gründung unvorhersehbare Schwierigkeiten bereiten.

Um den Ablauf möglichst zügig und kostengünstig zu gestalten
und die Steuerbegünstigung sicherzustellen,[162] sollte der Entwurf
der Satzung vor der Gründung mit dem zuständigen Finanzamt abgestimmt werden. Dabei können oft kleine, für die Gesellschaft
nicht wesentliche, oft auch nur klarstellende Änderungen Bedenken
ausräumen und anschließend eine reibungslose Anerkennung der
Gemeinnützigkeit sicherstellen.

11. Einbeziehung wichtiger Vertragspartner

Wenn bestehende Betriebe auf einen neuen Rechtsträger übertragen
werden sollen, sind davon regelmäßig eine Vielzahl bestehender
Rechtsbeziehungen berührt, die nicht durch einseitige Erklärung auf
einen neuen Rechtsträger übertragen werden können. In der Praxis
wird als Ausweg häufig ein Vorgehen nach dem Umwandlungsge-

setz vorgeschlagen, da auf diesem Wege der so genannten partiellen Gesamtrechtsnachfolge die notwendigen Zustimmungserklärungen der Vertragspartner ersetzt würden. Dabei wird übersehen, dass sich die Übertragung vieler Rechtsbeziehungen gleichzeitig auf deren Inhalt auswirkt und dies von den Vorschriften des Umwandlungsgesetzes nicht abgedeckt wird.[163]

> **Beispiel:** Ein Zuschussempfänger erhält zum Umbau des in seinem Eigentum stehenden Gebäudes einen Zuschuss, weil er in diesen Räumen einen Hilfsdienst betreibt. Nach dem Übergang des Hilfsdienstes auf eine gGmbH ist der Zuschussempfänger nicht mehr Träger des Hilfsdienstes, so dass eine wichtige Zuschussvoraussetzung entfallen ist. Die Bedingungen der Zuschussgeber sehen in diesem Fall regelmäßig eine Rückzahlungspflicht wegen Zweckentfremdung vor (Wechsel vom Trägerstatus zum Vermögensverwalter).

> **Beispiel:** Ein Zuschussempfänger erhält Gehaltszuschüsse, weil er Arbeitsplätze für eine förderfähige Personengruppe geschaffen hat. Die geförderten Arbeitsplätze gehen im Rahmen des Trägerwechsels nach § 613 BGB auf eine gGmbH über. Der Zuschussempfänger leitet die danach erhaltenen Mittel an die gGmbH weiter, ist aber nach den Zuschussbedingungen gar nicht mehr bezuschussungsfähig. Die nach dem Rechtsträgerwechsel erhaltenen Zuschussmittel muss er daher an den Zuschussgeber zurückzahlen. Die gGmbH kann keine rückwirkenden Zuschussanträge stellen.

> **Beispiel:** Durch den Rechtsträgerwechsel ändern sich die wirtschaftlichen Verhältnisse eines Darlehensnehmers erheblich. Die üblichen Kreditbedingungen gewähren hier ein Sonderkündigungsrecht.
> Das Umwandlungsgesetz bietet in diesen Fällen keine Hilfestellung.

Daher müssen viele wichtige Vertragspartner vor einem Rechtsträgerwechsel in die Diskussion zum Strukturwechsel auch dann einbezogen werden, wenn der Rechtsformwechsel nach dem Umwandlungsgesetz vorgenommen werden soll. Daneben birgt ein Vorgehen nach dem Umwandlungsgesetz vielfältige Risiken[164], so dass ist es im steuerbegünstigten Umfeld in der Regel sinnvoller ist, den Rechtsträgerwechsel auf der Grundlage von Einzelrechtsübertragungen durchzuführen.

Gelegentlich knüpfen Vertragspartner ihre Zustimmung zum Rechtsträgerwechsel an Bedingungen, zum Beispiel kann der Abschluss eines besonderen Vertrages erforderlich werden.

Beispiel: Vertrag zwischen
1. Förderbehörde ....
2. bisheriger Zuschussempfänger ....
3. .... gGmbH
Die Parteien vereinbaren hiermit Folgendes:
I. Schuldübernahme
Die Vertragsschließende zu 3. übernimmt mit wirtschaftlicher Wirkung zum .... alle vergangenen und künftigen Verbindlichkeiten im Zusammenhang mit der Förderung des .... nach dem Zuwendungsrecht (vor Erlass des KHG), dem KHG und dem LandesKHG gegenüber der Förderbehörde. Die Vertragsschließende zu 2. wird damit von diesen Verbindlichkeiten – mit Ausnahme der Beibringung einer Bürgschaft nach Nr. III. – befreit.

II. Unterwerfungserklärung

Die Vertragsschließende zu 3. unterwirft sich hiermit allen bisherigen Förder-/Zuwendungsbescheiden, die nach dem Zuwendungsrecht (vor Erlass des KHG), dem KHG und dem LandesKHG gegenüber dem bisherigen Träger durch die Förderbehörde erlassen wurden, unter Anerkennung aller mit der Förderung verbundenen Verpflichtungen, Bedingungen und Auflagen.

III. Bürgschaft

Die Vertragsschließende zu 2. wird bis zum .... gegenüber der Vertragsschließenden zu 1. aufgrund der Haftungsbegrenzung der gGmbH eine selbstschuldnerische Bürgschaft zur Sicherung für mögliche Rückforderungsansprüche aus den bisherigen Bescheiden in Höhe der Restbuchwerte der geförderten Gebäudeteile und damit verbundener Technik abgeben.

IV. Ausschluss neuer Fördertatbestände

Die Parteien sind sich einig, dass durch den Trägerwechsel und insbesondere durch die damit verbundene Nutzungsüberlassung von Gebäuden keine neuen Fördertatbestände, insbesondere nicht nach § 23 LandesKHG, entstehen.

V. Übertragung der Fördermittel

Die Vertragsschließende zu 2. überträgt hiermit sämtliche Förderleistungen mit Ausnahme der geförderten Gebäudeteile und damit verbundener Technik (siehe III.), die aufgrund des Zuwendungsrechts (vor Erlass des KHG), des KHG und des LandesKHG im Zusammenhang mit der Förderung des bisherigen Zuschussempfängers erbracht wurden, auf die Vertragsschließende zu 3.

Stattdessen prüfen manche Zuschussgeber die Sicherstellung ihrer Rechte anhand des zwischen den Rechtsträgern geplanten Betriebsüberlassungs- und Pachtvertrages.

Beispiel: Die Bundesagentur für Arbeit stimmt einem Rechtsträgerwechsel in der Regel nur zu, wenn
– die Verpflichtung zur zweckentsprechenden Verwendung der Zuwendungen durch die neue Gesellschaft übernommen wird,
– die Gefahr eines Untergangs der Rechte der Bundesagentur, z.B. im Falle der Insolvenz, ausgeschlossen wird und
– sichergestellt ist, dass die Umwandlung keine finanziellen Folgewirkungen für den jeweiligen Tageskostensatz der geförderten Maßnahme haben.

Es ist bereits vorgekommen, dass sich ein als Körperschaft des öffentlichen Rechts verfasstes Mitglied der Arbeitsgemeinschaft der Landesverbände der Krankenkassen und der Verbände der Ersatzkassen mit Hilfe von in die Länge gezogenen Verhandlungen über den Abschluss eines Versorgungsvertrages beim Trägerwechsel aus der Finanzierungsverantwortung zurückziehen wollte. Hieraus kann ein Schadensersatzanspruch aus Amtspflichtverletzung und c.i.c. (Verschulden bei Vertragsverhandlungen) resultieren.[165]

12. Errichtung der Gesellschaft

Mit dem notariell beurkundeten Abschluss des Gesellschaftsvertrages, der von allen Gesellschaftern persönlich zu unterzeichnen ist, ist die gGmbH errichtet.[166] Die Gesellschafter führen im direkten Anschluss eine erste Gesellschafterversammlung durch, in der sie mindestens einen Geschäftsführer bestimmen, damit die Gesellschaft nach außen auftreten kann. Sofern ein obligatorischer Aufsichtsrat vorgesehen ist, wählen sie die erste Besetzung dieses Gremiums.

Mit der Errichtung endet die Vorgründungsgesellschaft, sofern es sich um mehrere Gesellschafter handelt. Es entsteht mit der Errichtung die **Vorgesellschaft** oder „Gesellschaft in Gründung". Im Rechtsverkehr ist der Zusatz „in Gründung" oder „iG" zu führen. Die errichtete Gesellschaft ist beim Handelsregister anzumelden.

13. Anmeldung beim Handelsregister

Mit der Errichtung besteht die Pflicht zur Anmeldung beim Handelsregister am Sitz der Gesellschaft.[167] Zur Anmeldung sind sämtliche Geschäftsführer verpflichtet, die bei der Errichtung bestellt wurden.[168] Die Anmeldung darf erst erfolgen, wenn die gesetzlich vorgeschriebenen Mindestleistungen auf die Stammeinlagen erfolgt sind[169] und den Geschäftsführern endgültig zur freien Verfügung steht (keine Hin- und Herüberweisung[170]).[171]

Mit der Anmeldung sind folgende Unterlagen und Auskünfte einzureichen:[172]

– Gesellschaftsvertrag,
– Vollmachten (oder beglaubigte Abschriften) der Vertreter der Gesellschafter,
– Legitimation der Geschäftsführer, sofern diese nicht im Gesellschaftsvertrag bestellt sind,
– eine von den Anmeldenden unterschriebene Liste der Gesellschafter, aus welcher Name, Vorname, Geburtsdatum und Wohnort der letzteren sowie der Betrag der von einem jeden derselben übernommenen Stammeinlage ersichtlich ist,
– bei einer Sachgründung entsprechende Verträge, Sachgründungsbericht und Unterlagen darüber, dass der Wert der Sacheinlagen den Betrag der dafür übernommenen Stammeinlagen erreicht,
– wenn der Unternehmensgegenstand eine staatliche Genehmigung erfordert, die Genehmigungsurkunde,
– Versicherung aller Geschäftsführer, dass die gesetzlich erforderlichen Anteile auf die Stammeinlage geleistet wurden und sich endgültig in ihrer freien Verfügung befinden,
– Versicherung aller Geschäftsführer, dass keine Umstände in ihrer Person vorliegen, die eine Geschäftsführertätigkeit ausschließen und sie über ihre diesbezügliche Auskunftspflicht belehrt worden sind,
– Art der Vertretungsbefugnis der Geschäftsführer sowie
– Unterschrift der Geschäftsführer zur Aufbewahrung beim Gericht.

Erst mit der Eintragung entsteht die gGmbH aus der Vorgesellschaft. Nur durch die Eintragung kann die Gesellschaft ihre Rechtsfähigkeit erhalten.[173]

14. Die gGmbH iG

Die Vorgesellschaft oder GmbH in Gründung ist eine Personengesellschaft, die auf eine künftige juristische Person ausgerichtet ist und dem Wesen nach mit der künftigen GmbH identisch ist.

Da die Vorgesellschaft noch keine juristische Person ist, haften die für die Vorgesellschaft Handelnden persönlich und gesamtschuldnerisch.[174] Daher empfiehlt es sich, in dieser Phase noch keine Geschäftstätigkeit aufzunehmen, insbesondere wenn diese mit Risiken verbunden ist oder Eintragungshindernisse auftreten könnten. Ohne besondere Beschlussfassung der Gesellschafter sind die Geschäftsführer nur zu den für die Registereintragung erforderlichen Geschäften berechtigt und verpflichtet.

Während der Gründungsphase gilt eine gesamtschuldnerische Verlustdeckungshaftung der Gesellschafter, die mit der Eintragung auf die Gesellschaft übergeht.

Daher haben sowohl die Geschäftsführer wie auch die Gesellschafter ein Interesse an einer zügigen Eintragung.

15. Aufbau der Organisation und strategische Planung

Der Geschäftsführer muss jetzt den Geschäftsbetrieb aufbauen und ggf. erste Gremiensitzungen einberufen, damit die Gesellschaft aktiv werden kann. Sofern noch kein ausreichend detaillierter Geschäftsplan vorliegt, sollte eine strategische Planung für die weitere Entwicklung erstellt werden. Ein bereits bestehender Plan wird ggf. zu aktualisieren sein, da zwischen der Gründungsplanung und der Eintragung einige Monate verstrichen sein können.

VIII. Vor- und Nachteile der Steuerbegünstigung

Häufig wird bei steuerbegünstigten Gesellschaftern nicht hinterfragt, ob die Steuerbegünstigung für eine Tochtergesellschaft vorteilhaft ist. Je stärker die Gesellschaft wirtschaftlich orientiert ist, um so eher könnte ein Verzicht auf die Steuerbegünstigung die Führung der Gesellschaft vereinfachen ohne ideelles Engagement auszuschließen.

Als **Vorteile der Steuerbegünstigung** lassen sich aufführen
- Befreiung[175] von der Körperschafts-, Gewerbe-, Grund-, Erbschafts- und Schenkungssteuer,[176]
- Ermäßigung oder Befreiung von der Umsatzsteuer,[177]
- weitere Gebühren- und Steuerbefreiungen,[178]
- Zugang zu öffentlichen und privaten[179] Zuwendungen, die an die Steuerbegünstigung anknüpfen,
- Fundraising – d. h. Beschaffung von Spenden, Erbschaften, etc. – auf Basis der Spendenabzugsfähigkeit,
- positives Image nutzbar für bevorzugte Behandlung durch öffentliche Einrichtungen, verbesserten Kundenzugang und Anwerbung ehrenamtlicher Mitarbeit[180] sowie
- Zugang zu Spitzenverbänden mit Branchenwissen und Lobbyfunktion.

Der Preis der Steuerbegünstigung ist jedoch eine deutlich gestiegene Komplexität der Unternehmensführung, da zahlreiche **Restriktionen** zu beachten sind:
- Beschränkung auf abschließend durch den Gesetzgeber festgelegte Tätigkeitsfelder,
- nur eingeschränkte Möglichkeiten zur Bildung von Kapitalrücklagen[181] und erheblich erschwerter Zugang zum Kapitalmarkt,[182]
- kein Zugang zur Wirtschaftsförderung,
- Bindung des erwirtschafteten Vermögens für steuerbegünstigte Zwecke, so dass Marktchancen in steuerpflichtigen Geschäftsfeldern nur begrenzt wahrgenommen werden können,
- starke Abhängigkeit von staatlichen Zuwendungen bzw. der staatlichen Gestaltung wirtschaftlicher und rechtlicher Rahmenbedingungen,
- teilweise existenzgefährdende Risiken auf Grund von Unklarheiten über den Umfang der Steuerbegünstigung[183] und
- je nach Tätigkeitsfeld Image mangelnder Professionalität.

Auch in Zukunft werden sich die Rahmenbedingungen steuerbegünstigter Organisationen weiter verändern. Einerseits sieht der Gesetzgeber die Notwendigkeit, bürgerschaftliches Engagement auch als Ausgleich rückläufiger staatlicher Aufgabenerfüllung stärken zu müssen.[184] Andererseits steht dabei gerade die gGmbH weniger im Vordergrund. Durch die Wettbewerbspolitik der EU und die Aktivitäten der GATT-Mitglieder könnten zudem mittelfristig Steuervorteile und Zuwendungen für soziale Dienstleistungen, die auch von gewerblichen Dienstleistern erbracht werden, entfallen.

Solange in der gGmbH keine größeren Vermögenswerte, insbesondere nur unter Anfall von Grunderwerbsteuer übertragbare Immobilien, angesammelt werden, stellt eine Wechsel in die Steuerpflicht keine unüberwindbare Hürde dar. Unter diesen Voraussetzungen sollten die Vor- und Nachteile für einen Planungshorizont von etwa fünf bis zehn Jahren gegeneinander abgewogen werden.

IX. Gemeinnützigkeitsrechtliche Grundlagen

1. Risikofaktor Steuerrecht

Die Entscheidungen zur Gründung einer steuerbegünstigten Gesellschaft, zur Organisationsstruktur und zur konkreten Ausgestaltung der Geschäftsprozesse sind wesentlich von steuerlichen Überlegungen beeinflusst. Als Planungsgrundlage ist das deutsche Steuerrecht allerdings wenig geeignet. Gravierend wirkt sich hierbei zunächst die handwerklich weitgehend **misslungene Gestaltung** des Steuerrechts aus.[185] Dies hat inzwischen eine Dimension erreicht, dass sogar regelmäßig Checklisten zum Beispiel über potenziell EG-rechtswidrige Normen des deutschen Steuerrechts veröffentlicht werden.[186] Die damit verbundenen Schwierigkeiten der praktischen Anwendung haben zu der für einen Rechtsstaat unhaltbaren Situation geführt, dass die Finanzverwaltung nur im Rahmen eines streng formalisierten Verfahrens zu eng abgegrenzten Einzelfragen und exakt vorgegebenen Sachverhalten **verbindliche Auskünfte** meint erteilen zu müssen.[187] Eine angemessene Kompensation für die gravierenden Rechtsnormdefizite ist dies nicht.

Weiterhin ist das Steuerrecht einem stetigen, zum Teil inhaltlich schwer nachvollziehbaren und viel zu häufig nicht verfassungskonformen[188] **Wandel** unterworfen. Zur Umsetzung politisch nicht gewollter Einschränkungen schreckt die Finanzverwaltung auch nicht vor einer Irreführung des Parlaments zurück.[189] Die künftige Entwicklung der einschlägigen Vorschriften ist daher nicht vorhersehbar, wie z. B. auch das dilettantische mehrfache Hin[190] und Her[191] zu den gemeinnützigkeitsrechtlichen Vorraussetzungen einer Holding und ihrer Tochtergesellschaft deutlich zeigt. Bundesweit mussten seitdem eine Vielzahl von gemeinnützigen Konzernen mit erheblichem Kostenaufwand umstrukturiert werden.

Zu dem bestehen erhebliche **Vollzugsdefizite.** Einerseits sieht sich die Finanzverwaltung zu einem rechtsformkonformen Vollzug kaum noch in der Lage[192] und bestehen zwischen den Kompetenzen der einzelnen Finanzämter gravierende Unterschiede[193]. Andererseits wird die korrekte Rechtsanwendung durch den auf zwei Instanzen verkürzten Rechtsweg und eine nicht immer sachgerechte Rechtsprechung[194] sehr erschwert. Hinzu kommt die auch nach richterlicher Auffassung[195] rechtsstaatwidrige Praxis der sog.

„Nichtanwendungserlasse"[196] – in der Regel zu Lasten der Steuerpflichtigen.[197] Es ist daher nicht verwunderlich, dass die Bundesrepublik Deutschland bei der weltweiten Studie des Weltwirtschaftsforums 2004/2005 zum Standortvergleich von 104 Staaten bei dem Standortfaktor **Struktureffizienz des Steuerrechts** den 104. – also letzten – Platz belegt.[198]

Aufgrund der dargestellten gravierenden rechtsstaatlichen[199] Defizite des Steuerrechts handelt es sich um eine **unsichere Planungsgrundlage.** Steuerrechtliche Aussagen zur gewählten Gestaltung sind daher in regelmäßigen Abständen auf zwischenzeitlichen Anpassungsbedarf zu überprüfen.

2. Europäische Auswirkungen auf das Gemeinnützigkeitsrecht

Die immer wieder aufkeimende Diskussion zur „Europatauglichkeit" des Gemeinnützigkeitsrechts führt bei anstehenden Strukturentscheidungen gelegentlich zu der Frage, ob die Gründung einer gemeinnützigen Gesellschaft überhaupt noch sinnvoll ist. Zunächst ist hierzu festzuhalten, dass gemeinnützigkeitsrechtliche Vergünstigungen nicht nur in Deutschland bestehen. So gelten z. B. in Frankreich,[200] Großbritannien,[201] Italien,[202] Niederlande,[203] Österreich,[204] Schweden[205] und Spanien[206] ebenfalls erhebliche Vergünstigungen bei den Gewinnsteuern.

Das europäische Umsatzsteuerrecht knüpft ohnehin bei bestimmten umsatzsteuerlichen Vergünstigungen an die einzelstaatlichen Gemeinnützigkeitsvorschriften an. So können bestimmte Umsatzsteuerbefreiungen von einer im Wesentlichen ehrenamtlichen Leitung und Verwaltung sowie fehlenden Gewinnerzielungsabsicht abhängig gemacht werden.[207] Auch können die Leistungen der nach nationalem Recht gemeinnützigen Organisationen mit dem ermäßigten Steuersatz (7%) besteuert werden.[208]

Zusammengefasst besteht folgende Situation: Da sich die gemeinnützigkeitsrechtlichen Regelungen der Einzelstaaten zum Teil deutlich unterscheiden,[209] gibt es in besonders wettbewerbsintensiven Marktsegmenten Anpassungsbedarf. Dadurch werden sich Änderungen im deutschen Gemeinnützigkeitsrecht ergeben.[210] Soweit damit ein (partieller) Verlust der Gemeinnützigkeit verbunden ist, wird der Transfer in den gewerblichen Sektor wie bei den ehemals gemeinnützigen Wohnungsbaugesellschaften durch Übergangsvorschriften[211] aufgefangen. Dagegen ist eine „Abschaffung" des Gemeinnützigkeitsrechts insgesamt nicht absehbar.

3. Voraussetzungen der Steuerbegünstigung

In Anspruch genommen werden kann die in der Abgabenordnung geregelte Steuerbegünstigung für gemeinnützige, mildtätige und/ oder kirchliche Zwecke nur von **Körperschaften** im Sinne des Steuerrechts.[212] Hierzu zählen die rechtsfähigen wie die nicht rechtsfähigen Vereine und Stiftungen,[213] die GmbHs, Aktiengesellschaften[214] und Betriebe gewerblicher Art von Körperschaften des öffentlichen Rechts[215] gleichermaßen.

Der **Gesellschaftszweck/Satzungszweck** muss auf die Verfolgung steuerbegünstigter Zwecke gerichtet sein. Hierzu wird auf die in der Abgabenordnung[216] und den einschlägigen Verwaltungsvorschriften[217] angeführten Zwecke sowie die einschlägige Literatur[218] verwiesen.

Zentrale Voraussetzung der Steuerbegünstigung ist die **Selbstlosigkeit**[219], d. h. eine vorrangig **altruistische Ausrichtung** der Körperschaft. Zwar dürfen Gewinne erwirtschaftet werden.[220] Dadurch entstandene wirtschaftliche Reserven bleiben aber für die steuerbegünstigten Zwecke gebunden. Freie wirtschaftliche Reserven müssen zeitnah – bis zum Ablauf des folgenden Jahres[221] – wieder für steuerbegünstigte Zwecke eingesetzt werden.[222] Hierbei ist zu beachten:

- In den Jahresabschlüssen ausgewiesene **Gewinne** sind für die Ermittlung der zeitnah einzusetzenden freien wirtschaftlichen Reserven unbeachtlich. Zwischen dem Ausweis von Gewinnen und freien wirtschaftlichen Reserven besteht kein direkter Zusammenhang.[223] Die Gewinne können zum Beispiel aus Buchwertveränderungen resultieren,[224] auch können die damit verbundenen wirtschaftlichen Reserven unter den Forderungen ausgewiesen, für die satzungsmäßige Anschaffung von Anlagevermögen[225] oder für Darlehenstilgung eingesetzt worden sein, etc.[226]
- Aus den vorgenannten Gründen besteht zwischen dem **Rücklagenbegriff** im bilanziellem Sinne (z. B. „Gewinnrücklagen")[227] und dem kameralistischen Rücklagenbegriff der Aufgabenordnung[228] (dazu nachfolgend) kein für die Praxis relevanter Zusammenhang.
- Freie wirtschaftliche Reserven (z. B. Finanzmittel) müssen dann nicht bis zum Ablauf des Folgejahres für steuerbegünstigte Zwecke verwendet werden, wenn sie
  - bis zum Jahr 1977 erwirtschaftet wurden (**Altrücklagen**),
  - zur Vermeidung wirtschaftlicher Risiken benötigt werden (**Betriebsmittelrücklagen**),[229] hierbei kann der finanzielle Bedarf von bis zu einem Jahr zu berücksichtigen sein,[230]

- aus noch nicht reinvestierten Abschreibungen resultieren (**Abschreibungsrücklagen**),[231]
- nach einem konkreten Finanzierungsplan für Projekte oder Investitionen vorgesehen sind (**Projekt-, Bau- oder Investitionsrücklagen**)[232] in Höhe der kalkulierten Kosten zuzüglich eines Sicherheitszuschlags,[233]
- der nachhaltigen Sicherung der Leistungsfähigkeit dienen (**Vermögensverwaltungsrücklage** in Höhe von einem Drittel der Überschüsse aus der Vermögensverwaltung und 10% der übrigen Überschüsse),[234]
- zulässigerweise langfristig gewidmet („dem Kapital zugeführt") wurden. Hierunter fallen die **Kapitalausstattung**, z. B. die Gründereinlagen und vermögensorientierte Zuwendungen (Miethäuser, Wertpapiere, etc),[235]
- im Jahr der Stiftungserrichtung und den beiden folgenden Kalenderjahren aus den Überschüssen der **Ansparrücklage** einer Stiftung zugeführt werden[236] – dies ist bei der Rechtsformwahl zu beachten,[237]
- zur Aufrechterhaltung der **Beteiligungsquote** an einer Gesellschaft benötigt werden.[238]
• Die Entwicklung der freien wirtschaftlichen Reserven muss sich aus den Aufzeichnungen der steuerbegünstigten Organisation, also dem Rechnungswesen oder einer Nebenrechnung,[239] ergeben.[240]

Das **Ausgabeverhalten** einer steuerbegünstigten Organisation wird durch das Gebot der Selbstlosigkeit wie folgt reglementiert:
- Es dürfen keine unverhältnismäßig hohen **Vergütungen** gezahlt werden.[241]
- Die **Verwaltungskosten** dürfen einen wirtschaftlich angemessenen Umfang nicht übersteigen.[242] In der Literatur wird diskutiert, dass die Angemessenheit bei Kosten in Höhe eines zweistelligen Prozentsatzes der Gesamteinnahmen überschritten sei.[243]
- **Zuwendungen** sind nur im Rahmen der Satzungszwecke zulässig.[244] Zum Beispiel werden Zahlungen an Organmitglieder als gemeinnützigkeitsschädliche Zuwendungen angesehen, wenn ihnen keine im Voraus schriftlich abgeschlossene Vereinbarung im Rahmen einer satzungsmäßigen Ermächtigung zu Grunde liegt.[245]
- Ausnahmsweise darf eine steuerbegünstigte **Familienstiftung** den Stifter und seine nächsten Angehörigen in angemessener Weise mit bis zu einem Drittel ihres Einkommens unterstützen.[246] Dies ist ggf. bei der Rechtsformwahl zu beachten.

Ergänzt wird das Gebot der Selbstlosigkeit durch das der **Vermögensbindung** für steuerbegünstigte Zwecke.[247] Die Satzung muss eine Regelung enthalten, dass die Vermögenswerte der steuerbegünstigten Organisation im Falle einer Auflösung, Aufhebung oder Liquidation sowie des Wegfalls der steuerbegünstigten Zwecke an einen anderen, konkret benannten[248] steuerbegünstigten Rechtsträger mit der **Auflage** übertragen werden, ausschließlich und unmittelbar für steuerbegünstigte Zwecke verwendet zu werden.[249]

Voraussetzung für die Steuerbegünstigung ist weiterhin, dass die Organisation ausschließlich steuerbegünstigte satzungsmäßige Zwecke anstrebt/fördert (**Ausschließlichkeitsgrundsatz**).[250] Die eigentliche Zielsetzung der Organisation muss im Ergebnis hierauf ausgerichtet sein. Vermögensverwaltung und gewerbliche Betätigungen dürfen nicht Selbstzweck sein, sondern sind dem eigentlichen Ziel unterzuordnen.[251] Verstoßen wird gegen diesen Grundsatz insbesondere im Falle einer dauerhaften Unterstützung gewerblicher Aktivitäten[252] (z. B. längerfristige Verlustübernahmen)[253] oder der Ausstattung eines Nichtzweckbetriebs mit der zeitnahen Verwendungspflicht unterliegenden Mitteln.[254]

Die Körperschaft muss selbst steuerbegünstigt tätig werden (**Unmittelbarkeitsgrundsatz**).[255] Hierzu bestehen folgende Ausnahmen:

- Die Körperschaft kann **Hilfspersonen** einschalten, wenn deren Handeln aufgrund der vertraglichen und tatsächlichen Umstände der Körperschaft wie eigenes Handeln zugerechnet werden kann.[256] Eine solche Hilfspersonentätigkeit kann auch durch eine gemeinnützige oder gewerbliche Tochtergesellschaft der Körperschaft erbracht werden.

Allerdings kann die Tochtergesellschaft mit der Hilfspersonentätigkeit nach Auffassung der Finanzverwaltung – nach vorübergehendem Hin[257] und Her[258] – nicht gleichzeitig eigene steuerbegünstigte Zwecke verfolgen.[259]

- Wenn die Satzung dies ausdrücklich vorsieht, kann eine Körperschaft **Mittel** für andere steuerbegünstigten Organisationen **sammeln** und zur Verwendung für steuerbegünstigte Zwecke weiterleiten (Förderkörperschaft).[260]

Die vorstehend aufgeführten Voraussetzungen der Steuerbegünstigung müssen bei der **tatsächlichen Geschäftsführung** beachtet werden.[261] Dies muss sich aus den Aufzeichnungen der Körperschaft ergeben.[262] Der erforderliche Dokumentationsumfang überschreitet mithin den eines üblichen Rechnungswesens in der Regel erheblich.

4. Auswirkungen der Steuerbegünstigung

Die mit einem „Körperschaftsteuerfreistellungsbescheid" anerkannte Steuerbegünstigung führt zur **Körperschaft- sowie Gewerbesteu-**

erbefreiung des ideellen Bereichs, der Vermögensverwaltung und der Zweckbetriebe einer Körperschaft.[263] Diese Sparten unterliegen also keiner Besteuerung des Gewinns (der bei gemeinnützigen Organisationen häufig auch als Überdeckung oder Überschuss bezeichnet wird). Dazu gehören z. B.:[264]

- **Ideelle Sphäre:**
  Öffentlichkeits- und Lobbyarbeit, Spendenaufrufe
- **Vermögensverwaltung:**[265]
  Erträge aus Finanzanlagen, Unternehmensbeteiligungen, Vermietung, Verpachtung von Werberechten, Halten von Unternehmensbeteiligungen ohne Einflussnahme auf die Geschäftsführung
- **Zweckbetriebe:**[266]
  Zweckverwirklichungsbetriebe, z. B. Altenpflegeeinrichtungen, Forschungseinrichtungen, Bildungsstätten, Kindergärten, Kinder-, Jugend- und Studentenheimen, Schullandheimen, Schulen, Jugendherbergen, arbeitstherapeutischen Beschäftigungsinitiativen, Krankenhäusern, Werkstätten für behinderte Menschen, Einrichtungen für Beschäftigungs- und Arbeitstherapie zur Integration behinderter Menschen, Museen, Theater, Kunstausstellungen.
  Die Anerkennung als Zweckbetrieb ist an spezifische Voraussetzungen geknüpft.[267]

Dagegen bleiben steuerbegünstigte Organisationen mit ihren **wirtschaftlichen Geschäftsbetrieben,** die nicht die speziellen Voraussetzungen eines Zweckbetriebs erfüllen (Nichtzweckbetriebe), weiterhin **partiell steuerpflichtig.**[268] Als Beispielsfälle seien hier genannt:

- aktive Werbung für Wirtschaftsunternehmen (häufig als „Sponsoring" bezeichnet),[269]
- Erledigung von Verwaltungsaufgaben für andere steuerbegünstigte Organisationen (z. B. für gemeinnützige Tochtergesellschaften oder andere Organisationen),[270]
- Sommer-/Gründungsfest,[271] Basare, Galaveranstaltungen, ggf. Tombolas[272] usw., sowie
- gewerbliche Mittelbeschaffungsbetriebe (Wirtschaftsunternehmen).

Von der Besteuerung wird abgesehen, wenn die Einnahmen (nicht: Gewinn) aller steuerpflichtigen wirtschaftlichen Geschäftsbetriebe einer steuerbegünstigten Organisation einschließlich etwaiger Umsatzsteuer im Jahr weniger als z. Zt. 30.678 € betragen (**Bagatellgrenze**).[273]

Mit der Gemeinnützigkeit ist nicht zwingend der Wegfall der **Mehrwertbesteuerung** verbunden. Dies richtet sich vielmehr nach den einschlägigen Vorschriften des Umsatzsteuergesetzes. Dieses enthält unterschiedlichste **Umsatzsteuerbefreiungs- und Ermäßigungstatbestände.** Je nach Umsatzart und Situation sind diese un-

abhängig von der Gemeinnützigkeit (z.B. langfristige Wohnraumvermietung)[274] oder nur auf die Umsätze gemeinnütziger Organisationen anzuwenden. Folgende bei gemeinnützigen Organisationen
typischen Umsätze unterliegen z.b. keiner Umsatzbesteuerung:
- Zuschüsse der öffentlichen Hand, solange diese nicht auf eine
  konkrete, in ihrem Umfang bestimmbare Tätigkeit gerichtet
  sind,[275]
- langfristige Wohnraumvermietung,[276]
- wohlfahrtspflegerische Unterstützungsleistungen (Kranken-, Er-
  ziehungs- und Wirtschaftsfürsorge) von Wohlfahrtsverbänden
  und ihren Mitgliedsorganisationen, die den Bedürftigen unmittelbar zugute kommen,[277]
- Krankenhaus-, Diagnose- und pflegerische Leistungen nach Maßgabe weiterer Voraussetzungen,[278]
- Kinder- und Jugendbetreuung,[279]
- Fort- und Weiterbildungseinrichtungen[280] und
- kulturelle und sportliche Veranstaltungen.[281]

Wenn Umsätze jedoch der Umsatzsteuer unterliegen, kann der
ermäßigte Steuersatz von 7% anzuwenden sein. Dies gilt für die
nicht gänzlich befreiten Umsätze im Rahmen der Vermögensverwaltung und der Zweckbetriebe (z.b. Leistungen an nicht Bedürftige
oder die Verpachtung von Werberechten),[282] aber z.b. auch für
Nahrungsmittellieferungen (ohne gleichzeitige Bewirtungsleistun-
gen)[283] sowie für Kunst und Kultur.[284]

Alle anderen Umsätze unterliegen einem Steuersatz von 16%.[285]
Darunter fallen vor allem die oben beispielhaft angeführten gewerblichen Mittelbeschaffungs- und die **steuerpflichtigen wirtschaftlichen Geschäftsbetriebe,** wie z.b. die Werbung für Wirtschaftsunternehmen, die Erledigung von Verwaltungsaufgaben für
andere Organisationen, Festveranstaltungen.

Wenn Umsätze der Umsatzsteuer unterliegen, kann die von anderen Unternehmern der steuerbegünstigten Organisation im Zusammenhang mit diesen Tätigkeiten berechnete Umsatzsteuer als **Vor-
steuer** abgesetzt werden.[286] Unter bestimmten Umständen können
sich hieraus politisch gewollte, aber von der Finanzverwaltung zunehmend beargwöhnte Vorsteuerüberhänge ergeben.

Bis zu einer **Bagatellgrenze** von z.Zt. 17.500 € im Vorjahr und
50.000 € im laufenden Jahr (einschließlich Umsatzsteuer) kann auf
die Umsatzbesteuerung verzichtet werden (**Kleinunternehmer-
regelung.**[287] Eine im wirtschaftlichen Ergebnis gleichwertige **Vor-
steuerpauschalierung** können steuerbegünstigte Vereine und Stiftungen, also nicht Kapitalgesellschaften, bis zu einer Bagatellgrenze
von z.Zt. 30.678 € im Jahr (ohne Mehrwertsteuer) auf vorherigen
Antrag in Anspruch nehmen.[288]

Keine Auswirkungen hat die Steuerbegünstigung dagegen auf entgeltliche Grundstücks- und Erbbaurechtsübertragungen. Hier wird in der Praxis gerne auf eine die **Grunderwerbsteuer** vermeidende Gestaltung zurückgegriffen; dabei ist die langfristige Vermietung als einfachste Möglichkeiten zu nennen; risikobehaftet kann eine (belastungsfreie) Schenkung sein.

Von der **Grundsteuer** befreit ist der Grundbesitz steuerbegünstigter Organisationen, wenn er zu steuerbegünstigten Zwecken – außer üblichen Wohnzwecken[289] – genutzt wird.[290] Nicht immer ist also der gesamte Grundbesitz einer steuerbegünstigten Organisation von der Grundsteuer befreit. Von einem Investor zur Verfügung gestellte Immobilien unterliegen in vollem Umfang der Grundsteuer.[291] Sie kann sich während der üblichen Nutzungsdauer evtl. bis in Höhe der seinerzeitigen Baukosten aufsummieren und ist wirtschaftlich regelmäßig vom (steuerbegünstigten) Mieter zu tragen.

Befreiungen von der **Kraftfahrzeugsteuer** gibt es nur in wenigen Ausnahmefällen, z.B. bei ausschließlich für Unglücksfälle, im Rettungsdienst oder zur Krankenbeförderung eingesetzten Fahrzeugen.[292]

Die **Kapitalertrag- und Zinsabschlagsteuer** auf Dividendenausschüttungen und auf Zinserträge wird steuerbegünstigten Organisationen bei der Auszahlung der Erträge entweder nicht einbehalten oder auf Antrag erstattet.

Erbschaften und Schenkungen an steuerbegünstigte Organisationen sind von der **Erbschaft- und Schenkungsteuer** befreit.[293]

Die Steuerbegünstigung berechtigt im Rahmen des durch einen Körperschaftsteuer(freistellungs-)bescheid eingeräumten Spielraums zur Ausstellung von **Zuwendungsbestätigungen** (früher Spendenbescheinigungen) für Spenden und Mitgliedsbeiträge.

Zusammenfassung:
– Gewinne aus dem ideellen Bereich, der Vermögensverwaltung und den Zweckbetrieben der steuerbegünstigten Organisation unterliegen keiner Gewinnbesteuerung.
– Dagegen ist stets gesondert zu prüfen, ob die getätigten Umsätze von der Umsatzsteuer befreit sind, dem ermäßigten Steuersatz oder einem Steuersatz von 16% unterliegen.
– Weitere Vergünstigungen sehen z.B. das Grundsteuer-, Kraftfahrzeugsteuer- sowie das Erbschaft- und Schenkungsteuergesetz vor, nicht aber das Grunderwerbsteuergesetz.
– Die Berechtigung zur Ausstellung von Zuwendungsbestätigungen richtet sich nach dem Inhalt des Körperschaftsteuerfreistellungsbescheides.

5. Das Spendenrecht

Zur Förderung der Spendenbereitschaft sieht das Einkommensteuerrecht in § 10b EStG kompliziert gestaltete Vergünstigungen für Stifter/Spender vor. Diese gelten nach Maßgabe weiterer Voraussetzungen auch für stiftende/spendende Unternehmen.[294]

Der **Spendenanreiz** besteht darin, steuerlich korrekt behandelte Spendenvorgänge beim Spender als „negatives Einkommen" zu behandeln. Dies ist unter folgenden Voraussetzungen möglich:

- **Körperschaftsteuerfreistellungsbescheid**/vorläufige Anerkennung der Steuerbegünstigung:
  Auf Antrag erkennt das zuständige Finanzamt vorläufig die Steuerbegünstigung an.[295] Hierbei legt es gleichzeitig seine Auffassung über die Berechtigung der steuerbegünstigten Organisation zur Ausstellung von **Zuwendungsbestätigungen** (Spendenbescheinigungen) dar.

- **Freiwilligkeit** der Spende:
  Freiwilligkeit ist im Falle einer zu Grunde liegenden rechtlichen Verpflichtung, zum Beispiel einer gesetzlich festgesetzten Bußgeldzahlung, zu verneinen.[296] Eine Spende verliert nicht dadurch den Charakter der Freiwilligkeit, dass sich der Spender vertraglich zur Spende verpflichtet.[297] Auch moralischer Druck schließt die rechtliche Freiwilligkeit nicht aus.[298]

- Fehlen einer **Gegenleistung**:
  Selbst ein nur indirekter oder mittelbarer wirtschaftlicher Zusammenhang mit einer Gegenleistung schließt die steuerliche Abzugsfähigkeit der Spende aus.[299] Dies soll zum Beispiel auch für Zuschläge auf Eintrittpreise oder Briefmarken (Wohlfahrtsbriefmarken) gelten.[300] Durch eine (gegebenenfalls umsatzsteuerpflichtige) Gegenleistung unterscheidet sich der Sponsorvertrag von einer Spende.

- **Vermögensopfer** des Spenders:
  Dem in der Zuwendungsbestätigung bescheinigten Spendenbetrag muss ein Vermögensabfluss auf Seiten des Spenders in mindestens gleicher Höhe gegenüber stehen. Ein Vermögensabfluss ist zum Beispiel bei Zeit-[301] und nach Auffassung der Finanzverwaltung auch bei Blutspenden zu verneinen. Kostenlose Dienstleistungen führen nur dann zu einem Vermögensabfluss, wenn auf die Bezahlung der Dienstleistung ein rechtlich durchsetzbarer Anspruch besteht, auf den verzichtet wird.[302]
  Sachspenden sind mit dem Verkehrswert anzusetzen;[303] bei der Spende seitens eines Unternehmens kann der Entnahmewert angesetzt werden.[304]

Diese Bewertungsgrundsätze gelten ebenso für Gebrauchtwaren
(z. B. Altkleider), die daher häufig nur mit dem Altmaterialwert
angesetzt werden dürfen.[305]

- **Zuwendungsbestätigung** nach amtlichem Muster:
  Der Stifter/Spender benötigt eine nach amtlichem Muster ausge-
  stellte Zuwendungsbestätigung, um die Spende bei seiner Steuer-
  veranlagung geltend machen zu können.[306]
  Gezielte Verstöße gegen die spendenrechtlichen Vorschriften gefährden die Steuerbegünstigung.[307] Die selbst keinesfalls fehlerfrei
  arbeitende Finanzverwaltung tendiert dazu, bei mehrfachen Verstö-
  ßen ein missbräuchliches Vorgehen zu unterstellen und die Steuerbegünstigung aberkennen zu wollen.

Bei steuerbegünstigten Organisationen unterliegen die Spenden-
einnahmen weder der Körperschaft- oder Gewerbe- noch der
Schenkungssteuer.

B. Textabdruck der Satzungstexte

I. Satzungstext Variante 1 (mehrere Gesellschafter)

Vorbemerkung: Dieser Variante 1 liegt ein Gesellschaftsvertrag mit einem Aufsichtsart und mehreren Gesellschaftern zu Grunde. Ein Beispiel zu einem Gesellschaftsvertrag ohne Aufsichtsrat ist unter D. III „Gesellschaftsvertragsmuster" abgedruckt.

*Die **ausführliche Gestaltung der Vertragstexte** ist der Rechtssicherheit und einer hochwertigen Organisationsstruktur geschuldet; gleichzeitig dient dies der Verfahrenssicherheit für die im Nonprofit-Sektor häufig kaufmännisch nicht geschulten Gremienmitglieder. Die Gestaltung von Gesellschaftsverträgen hängt von einer Vielzahl von Faktoren und der zu Grunde liegenden Gewichtung dieser Faktoren ab. Die an sich wünschenswerte Verschlankung des Gesellschaftsvertrages ist nur eines unter einer größeren Zahl von Formalzielen. Ein häufiges Argument gegen GmbH-Gründungen ist die mangelnde Kenntnis der ehrenamtlichen Gremien von den Regularien des Gesellschaftsrechts. Aus Gründen der „Waffengleichheit" ist daher grundsätzlich ein Vertragstext vorzuziehen, der die Regularien der Gesellschaftsgremien differenziert beschreibt. Es macht wenig Sinn, einzelne Vorschriften in eine **Geschäftsordnung** zu verlagern mit dem Ergebnis einer lediglich formalen Verschlankung. Auch geraten Geschäftsordnungen durch im ehrenamtlichen Umfeld häufigere Personenwechsel gelegentlich in Vergessenheit oder bergen wegen möglicher Widersprüche zu den Regelungen im Gesellschaftsvertrag Konfliktpotential.*

*Allgemein besteht inzwischen eine Tendenz, Vertragstexte ausführlicher zu gestalten, um die Konfliktpotentiale besser begrenzen zu können. Diese Tendenz wird bei Gesellschaftsverträgen bedingt durch die Corporate- bzw. Nonprofit-Governance-Diskussion noch deutlich zunehmen. Denn erst durch die **Festlegung der Kompetenz- und Verantwortungsstruktur** im Gesellschaftsvertrag werden die Führungs- und Kontrollstrukturen und damit die Einhaltung der Grundsätze guter Unternehmensführung (**Nonprofit Governance**) garantiert. Dies hat Auswirkungen auf die Bestandssicherung, die Missbrauchsresistenz und das **Rating nach Basel II** im Falle einer Kreditinanspruchnahme. Die Überführung solcher Strukturvorgaben in jederzeit unauffällig änderbare Geschäftsordnungen bietet keine vergleichbare statuarische Absicherung.*

Im Nonprofit-Sektor steht die Gewinnausschüttung als Maß-stab/Alarmsignal/Messlatte der Leistungserbringung nur sehr einge-schränkt zur Verfügung. Misserfolg belastet die Gremienmitglieder nur ideell. Aus diesen Gründen bedarf die Führungs- und Kontroll-struktur einer sorgfältigen Ausgestaltung im Gesellschaftsvertrag einer gemeinnützigen Gesellschaft.

Die Musterverträge und Alternativformulierungen können je-weils nur typische Gestaltungsmöglichkeiten darstellen und nie-mals abschließend den individuellen Anpassungsbedarf ersetzen. Weitere wesentliche Gestaltungsparameter werden in der Übersicht D.II dargestellt.

§§ 1–5a
Konstitutive Bestimmungen und Gesellschafter

§ 1
Firma, Sitz

1. Die Firma der Gesellschaft lautet
.... gemeinnützige GmbH.
2. Die Gesellschaft hat ihren Sitz in ....

§ 2
Zweck und Gegenstand des Unternehmens

1. Zweck der Gesellschaft ist Förderung von
   a) ....
   b) ....
2. Gegenstand des Unternehmens ist die Trägerschaft von Zweckbe-trieben im Sinne des Abschnitts „Steuerbegünstigte Zwecke" der Abgabenordnung, insbesondere von
   a) ....
   b) ....
   c) ....

• Absatz 3 (nur bei kommunaler Gesellschaft):
3. Mit dem Gegenstand des Unternehmens wird ein öffentlicher Zweck im Sinne der Gemeindeordnung erfüllt.

§ 3
Ideelle und organisatorische Ausrichtung der Gesellschaft

1. Grundlage allen Handelns der Gesellschaft ist . . . . . .
2. *(Entfällt in der Regel bei kommunalen Gesellschaften.)* Die Gesellschaft strebt die Mitgliedschaft im . . . . . .-Verband an und trägt Sorge für die Erfüllung der Voraussetzungen einer Mitgliedschaft. Sie wird nicht zugleich Mitglied in einem anderen Spitzenverband.
   Sie unterwirft sich den Regularien dieses Verbandes, insbesondere . . . . . .
   Sie kommuniziert die Verbandszugehörigkeit durch . . . . . .
3. Die Gesellschaft versteht sich als Teil der . . . . . . und strebt eine enge Zusammenarbeit mit allen Mitgliedern dieses Verbundes an. Sie wird ihre Angebote und sonstigen Aktivitäten mit anderen Verbundmitgliedern abstimmen und einen direkten Wettbewerb vermeiden.
   (Entfällt in der Regel bei kommunalen Gesellschaften.) Die Verbundenheit drückt sich neben der Spitzenverbandszugehörigkeit durch . . . . . . aus.
4. Rechte aus diesem Paragraphen können nur die Gesellschaft und Gesellschafter geltend machen, eine anderweitige Rechtswirkung besteht nicht.

§ 4
Gemeinnützigkeit

1. Die Gesellschaft verfolgt ausschließlich und unmittelbar gemeinnützige bzw. mildtätige Zwecke im Sinne des Abschnitts „Steuerbegünstigte Zwecke" der Abgabenordnung.
2. Die Gesellschaft ist selbstlos tätig; sie verfolgt nicht in erster Linie eigenwirtschaftliche Zwecke.

- Abs. 3 Alternative 1:
3. Die Mittel der Gesellschaft dürfen nur für satzungsgemäße Zwecke verwendet werden. Gesellschafter dürfen keine Gewinnanteile und in ihrer Eigenschaft als Gesellschafter auch keine sonstigen Zuwendungen aus Mitteln der Gesellschaft erhalten. Gesellschafter erhalten bei ihrem Ausscheiden oder bei Auflösung der Gesellschaft oder bei Wegfall der steuerbegünstigten Zwecke nicht mehr als ihre eingezahlten Kapitalanteile und den gemeinen Wert ihrer geleisteten Sacheinlagen zurück.

- Abs. 3 Alternative 2:
3. Die Mittel der Gesellschaft dürfen nur für satzungsgemäße Zwecke verwendet werden. Gesellschafter dürfen keine Gewinnanteile und in ihrer Eigenschaft als Gesellschafter auch keine sonstigen Zuwendungen aus Mitteln der Gesellschaft erhalten. Gesellschafter erhalten bei ihrem Ausscheiden oder bei Auflösung der Gesellschaft oder bei Wegfall der steuerbegünstigten Zwecke nicht mehr als ihre eingezahlten Kapitalanteile und den gemeinen Wert ihrer geleisteten Sacheinlagen zurück. Diese Beschränkungen gelten nicht für Ausschüttungen im Rahmen der Vorschrift des § 58 Nr. 2 der Abgabenordnung an Gesellschafter, die im Zeitpunkt der Beschlussfassung und der Vornahme der Gewinnausschüttung als steuerbegünstigte Körperschaft im Sinne des Abschnitts „Steuerbegünstigte Zwecke" der Abgabenordnung anerkannt sind. Auch andere nach den Vorschriften der Abgabenordnung über steuerbegünstigte Zwecke geregelte Zuwendungen und Mittelüberlassungen sind an Gesellschafter nur zulässig, wenn diese selbst als steuerbegünstigte Körperschaften anerkannt sind.
4. Die Gesellschaft darf keine Person durch Ausgaben, die dem Zweck der Gesellschaft fremd sind, oder durch unverhältnismäßig hohe Vergütungen begünstigen.

§ 5
Stammkapital, Stammeinlagen

1. Das Stammkapital der Gesellschaft beträgt ...... EUR (in Worten: .... Euro).
2. Gesellschafter sind
   .... mit einer Stammeinlage von .... EUR,
   .... mit einer Stammeinlage von .... EUR,
   .... mit einer Stammeinlage von .... EUR.
3. Die Stammeinlagen sind in voller Höhe sofort zur Einzahlung fällig.
4. Eventuelle zusätzliche Sacheinlagen werden in die Kapitalrücklage eingestellt und im Auseinandersetzungsfalle zu den Einlagebuchwerten, höchstens aber zum Wert nach § 4 Abs. 3 abgerechnet.

§ 5a
Pflichten der Gesellschafter

1. Die Gesellschafter setzen sich für die Erreichung des Gesellschaftszwecks ein. Dazu werden Sie insbesondere ....
   ....

- Abs. 2 Alternative 1:
2. Die Gesellschafter unterliegen keinem Wettbewerbsverbot. Sie werden jedoch bei ihrer Planung die Interessen der Gesellschaft angemessen berücksichtigen und aufeinander abgestimmte Angebote entwickeln.

- Abs. 2 Alternative 2:
2. Die Gesellschafter werden nur mit Zustimmung der Gesellschafterversammlung in Geschäftsfeldern der Gesellschaft, wie sie in § 2 beschrieben sind, tätig oder sich an anderen Gesellschaften mit diesen Geschäftsfeldern beteiligen.

- Abs. 3 Alternative 1:
3. Die Gesellschafter sind zu keinem Nachschuss verpflichtet.

- Abs. 3 Alternative 2:
3. Die Gesellschafter sind auf Beschluss der Gesellschafterversammlung zu einem Nachschuss in Höhe von .... EUR verpflichtet.

- Abs. 3 Alternative 3:
3. Zusätzlich zur Stammeinlage zahlen die Gesellschafter mit Aufnahme der Geschäftstätigkeit einen Betrag von zusammen .... EUR im Verhältnis ihrer Stammeinlagen als Kapitalrücklage ein.

- Abs. 3 Alternative 4:
3. Die Gesellschafter gewähren der Gesellschaft bei Aufnahme der Geschäftstätigkeit einen Betriebsmittelkredit in Höhe von .... EUR über eine Laufzeit von 5 Jahren zu einem Zins von ......% pa. in Verbindung mit einer qualifizierten Rangrücktrittserklärung.

§§ 6–14
Organe

§ 6
Organe der Gesellschaft

Die Organe der Gesellschaft sind
a) die Gesellschafterversammlung
b) die Geschäftsführung
c) der Aufsichtsrat
d) der Beirat (fakultativ).

§ 7
Gesellschafterversammlung – Funktion und Aufgaben

1. Die Gesellschafterversammlung vertritt die Interessen der Gesellschafter. Sie übt die strategische Kontrolle aus, trifft Grundsatzentscheidungen, beruft die Geschäftsführung und bestellt Mitglieder des Aufsichtsrates. Dabei achtet sie insbesondere auf die Einhaltung der ideellen Zielsetzungen, wie sie in den §§ 2–3 beschrieben sind, sowie die langfristige Substanzerhaltung der Gesellschaft.

2. Die Gesellschafterversammlung beschließt über alle Angelegenheiten von grundsätzlicher Bedeutung, die zum Beispiel die Struktur der Gesellschaft, die Anbindung an die Gesellschafter, besondere Risiken und ihre grundlegende strategische sowie ideelle Ausrichtung betreffen. Sie beschließt auch über folgende Angelegenheiten:
   a) Einforderung von Einzahlungen auf die Stammeinlage, die Teilung sowie die Einziehung von Geschäftsanteilen,
   b) Bestellung und Abberufung der Geschäftsführer sowie der Aufsichtsratsmitglieder nach § 12 Abs. 2, Abschluss und Kündigung der Geschäftsführeranstellungsverträge,
   c) Feststellung des Jahresabschlusses, Verwendung des Bilanzgewinns oder Behandlung eines Bilanzverlustes im Rahmen der gemeinnützigkeitsrechtlichen Vorschriften,
   d) Auswahl und Bestellung des Abschlussprüfers der Gesellschaft; sie kann den Gegenstand und den Umfang der Prüfung generell oder im Einzelfall über den in § 317 des Handelsgesetzbuches geregelten gesetzlichen Gegenstand und Umfang der Prüfung hinaus erweitern,
   e) Entlastung der Geschäftsführung und des Aufsichtsrats,
   f) Sitzverlegung und Veräußerung des Unternehmens im Ganzen oder von wesentlichen Teilen desselben,
   g) Ausschluss von Gesellschaftern,
   h) Beschlüsse über Unternehmensverträge,
   i) Strukturmaßnahmen, die Gegenstands- oder Zweckänderungen gleichkommen,
   j) Auflösung der Gesellschaft und die Wahl der Liquidatoren,
   k) Änderung des Gesellschaftsvertrages,
   l) Weisungen an die Geschäftsführung mit satzungsändernder Mehrheit.

3. Die Geschäftsführung und der Aufsichtsrat haben die Gesellschafterversammlung zeitnah zu informieren, wenn wesentliche Prämissen der strategischen Planung sich ändern oder ein deutliches Ver-

fehlen der operativen Ziele absehbar ist. Sofern existenzgefährdende Risiken drohen, muss in Abstimmung mit dem Vorsitzenden
der Gesellschafterversammlung unverzüglich eine Gesellschafterversammlung einberufen werden. In beiden Fällen sind konkrete
Vorschläge für die Anpassung der Planung zu unterbreiten.

§ 8
Gesellschafterversammlung – Innere Ordnung

- Abs. 1 Alternative 1:
1. Die Mitglieder der Gesellschafterversammlung wählen aus ihrer
Mitte einen Vorsitzenden der Gesellschafterversammlung.
- Abs. 1 Alternative 2:
1. Die Mitglieder der Gesellschafterversammlung wählen den Vorsitzenden aus den Vertretern des Mehrheitsgesellschafters.
- Abs. 1 Alternative 3:
1. Die Mitglieder der Gesellschafterversammlung wählen den Vorsitzenden aus den Vertretern eines Minderheitsgesellschafters.
- Abs. 1 Alternative 4:
1. Die Mitglieder der Gesellschafterversammlung wählen aus ihrer
Mitte den Vorsitzenden mit ¾ Mehrheit.
2. Der Vorsitzende vertritt die Gesellschaft gegenüber der Geschäftsführung. Insbesondere gibt er die Erklärungen zur Berufung und
Abberufung sowie zur Anstellung, Abmahnung und Kündigung
ab.
3. Die Stimmanteile der Gesellschafter richten sich nach den jeweiligen Geschäftsanteilen, wobei jeweils 50 EUR eines Geschäftsanteils eine Stimme gewährt.
4. Die Sitzungsteilnehmer sind zur Verschwiegenheit über Angelegenheiten der Gesellschaft verpflichtet. Dies gilt nicht gegenüber
Organen der Gesellschafter, soweit diese sich mit der Beteiligung
zu befassen haben, und nicht für allgemein bekannte Tatsachen.
5. Die Gesellschafterversammlung kann sich eine Geschäftsordnung
geben. Sie soll sich eine Geschäftsordnung geben, wenn mehr als
zwei Gesellschafter beteiligt sind oder eine Ressortverteilung zwischen den Mitgliedern der Gesellschafterversammlung beschlossen wurde.
6. Die Gesellschafterversammlung soll die Wirksamkeit ihrer Arbeit
und die der anderen Organe regelmäßig, mindestens alle drei
Jahre, systematisch überprüfen und die aktuellen Grundsätze der
Nonprofit-Governance berücksichtigen.

§ 9
Gesellschafterversammlung – Sitzungen

1. Nach Vorlage des Jahresabschlusses ist eine ordentliche Gesellschafterversammlung der Gesellschaft einzuberufen.

2. Außerordentliche Gesellschafterversammlungen sind einzuberufen, wenn es das Interesse der Gesellschaft erfordert, der Aufsichtsrat dies beschließt oder Gesellschafter, die zusammen mit 10% oder mehr an der Gesellschaft beteiligt sind, dies beantragen. Die Einberufung einer außerordentlichen Gesellschafterversammlung durch den Aufsichtsrat oder einer Gesellschafterminderheit ist schriftlich zu begründen. Die Begründung ist der Einladung beizufügen.

3. Die Gesellschaftsversammlungen werden durch die Geschäftsführung in Abstimmung mit dem Vorsitzenden der Gesellschafterversammlung vorbereitet und einberufen. Wird dem zulässigen Einberufungsbegehren des Aufsichtsrats oder einer ausreichenden Minderheit von Gesellschaftern nicht unverzüglich entsprochen, so können die Antragsteller die Gesellschafterversammlung unter Mitteilung des Sachverhalts selbst einberufen.

4. Bei der Einberufung sind Ort und Zeit sowie Tagesordnung bekannt zu geben. Die Einberufung ist wirksam, wenn sie schriftlich oder per Fax mit einer Frist von zwei Wochen ab Absendung an die letztbekannte Anschrift der Gesellschafter oder die der Gesellschaft benannten und damit als zur Vertretung in der Gesellschafterversammlung umfassend bevollmächtigt geltenden Personen erfolgt. Der Einberufung sollen die zu den einzelnen Tagesordnungspunkten erforderlichen Unterlagen beigefügt werden. Wenn alle Gesellschafter in der Versammlung vertreten sind, gelten die Bestimmungen zu Form und Verfahren insoweit als eingehalten wie die Tagesordnung in der Versammlung einstimmig beschlossen wird.

5. Die Aufsichtsratsmitglieder können bei besonderem Anlass ohne Stimmrecht an den Gesellschafterversammlungen teilnehmen und zu jedem Tagesordnungspunkt das Wort ergreifen, es sei denn, dass die Gesellschafterversammlung im Einzelfall anders entscheidet. Der Vorsitzende des Aufsichtsrats und die Geschäftsführung sollten in der Regel an den Sitzungen teilnehmen.

6. Die Leitung der Sitzung obliegt dem Vorsitzenden der Gesellschafterversammlung, sofern die Versammlung nichts anderes beschließt.

7. Die Gesellschafterversammlung ist beschlussfähig, wenn mindestens 51% des Gesellschaftskapitals in der Gesellschafterver-

sammlung vertreten sind. Kommt eine beschlussfähige Versammlung nicht zustande, können die anwesenden Gesellschafter eine Beschlussfassung im Umlaufverfahren beschließen. Andernfalls ist die Geschäftsführung dafür verantwortlich, dass innerhalb von vier Wochen eine neue Versammlung stattfindet. Diese Versammlung ist dann hinsichtlich der gleichen Tagesordnungspunkte ohne Rücksicht auf die Höhe des vertretenen Stammkapitals beschlussfähig, wenn in der Einladung zu der neuen Versammlung auf diese Rechtsfolge hingewiesen wurde.

8. Gesellschafterbeschlüsse können auch auf dem Wege schriftlicher oder elektronischer Stimmabgabe, z. B. Fax oder E-Mail, herbeigeführt werden, wenn alle Mitglieder der Gesellschafterversammlung bei der Abstimmung mitwirken und kein Mitglied dem Verfahren widerspricht.

9. Die Beschlüsse der Gesellschafterversammlung werden, sofern das Gesetz oder dieser Vertrag keine andere Mehrheit vorschreibt, mit einfacher Mehrheit gefasst.

10. Soweit Beschlüsse der Gesellschafterversammlung nicht notariell beurkundet werden, sind sie in einer Niederschrift festzuhalten, die vom Vorsitzenden und vom Protokollführer zu unterzeichnen ist. Die Protokolle sind innerhalb von vier Wochen nach der Sitzung, im Falle des Absatz 8 unverzüglich nach der Abstimmung, den Mitgliedern der Gesellschafterversammlung, der Geschäftsführung und dem Vorsitzenden des Aufsichtsrates zu übermitteln; Zeitverzögerungen oder formale Protokollmängel haben auf die Wirksamkeit der Beschlüsse keine Auswirkungen. Wird der Niederschrift nicht binnen vier Wochen nach dem Zugang der Niederschrift schriftlich oder per Fax widersprochen, so gilt die Niederschrift als genehmigt, es sei denn, mit der Niederschrift wird bewusst von den Beschlüssen der Gesellschafterversammlung abgewichen. Eine gerichtliche Beschlussanfechtung ist innerhalb von vier Wochen nach dem jeweiligen Protokollzugang zulässig.

§ 10
Geschäftsführung und Vertretung

1. Die Geschäftsführung ist für die Führung der laufenden Geschäfte verantwortlich und wirkt an der strategischen Planung mit. Sie hat dabei der ideellen Ausrichtung der Gesellschaft und ihrer organisatorischen Einbindung in einen Verbund nach §§ 2–3 in besonderem Maße Rechnung zu tragen.

2. Die Gesellschaft hat einen oder mehrere Geschäftsführer. Ist nur ein Geschäftsführer zur Vertretung berechtigt, so ist er stets al-

leinvertretungsberechtigt; sind mehrere Geschäftsführer zur Vertretung berechtigt, so wird die Gesellschaft jeweils von zwei Geschäftsführern gemeinsam oder von einem Geschäftsführer und einem Prokuristen vertreten. In diesem Fall kann die Gesellschafterversammlung durch Beschluss Geschäftsführern die Befugnis zur Einzelvertretung erteilen.

3. Sind mehrere Geschäftsführer bestellt, müssen sich diese eine Geschäftsordnung geben, die der Zustimmung der Gesellschafterversammlung bedarf. Die Geschäftsordnung soll mindestens die Ressortaufteilung, Form und Verfahren der Beschlussfassung, gegenseitige Informationspflichten, interne Regelungen zur Wahrnehmung der Außenvertretung und die Vorgehensweise bei Patt-Situationen regeln.

4. Sind mehrere Geschäftsführer bestellt, sollen diese die Wirksamkeit ihrer Arbeit und die der anderen Organe regelmäßig, mindestens alle zwei Jahre, systematisch überprüfen und die aktuellen Grundsätze der Corporate/Nonprofit-Governance berücksichtigen.

§ 11
Aufsichtsrat – Funktion und Aufgaben

1. Der Aufsichtsrat überwacht und berät die Geschäftsführung der Gesellschaft. Er wirkt maßgeblich an der strategischen Planung mit, die von der Geschäftsführung vorbereitet und im Detail ausgearbeitet wird.

2. Der Aufsichtsrat ist von der Geschäftführung laufend über die wirtschaftliche Entwicklung und wesentliche Vorkommnisses zu unterrichten. Er kann durch Beschluss jederzeit von der Geschäftsführung Auskünfte und Berichte in allen Angelegenheiten verlangen, Einsicht in die Bücher und Schriften der Gesellschaft nehmen, Betriebsbegehungen und alle sonst erforderlichen Maßnahmen durchführen. Mit diesen Aufgaben der Überwachung und Prüfung kann der Aufsichtsrat auch sachverständige Dritte beauftragen.

3. Dem Aufsichtsrat obliegt insbesondere die
   a) Stellungnahme zum Geschäftsplan der Gesellschaft,
   b) regelmäßige Beurteilung der Umsetzung des Geschäftsplans und Information der Gesellschafterversammlung über wesentliche Abweichungen,
   c) Prüfung des Jahresabschlusses, des Lageberichts und des Vorschlags für die Verwendung des Bilanzgewinns oder die Behandlung des Bilanzverlustes,

d) Entgegennahme des Prüfungsberichts und Führen eines Abschlussgesprächs mit dem Wirtschaftsprüfer

4. Die Geschäftsführung legt dem Aufsichtsrat einen Geschäftsplan, der die strategischen Grundsatzentscheidungen enthält sowie einen kurz-, mittel- und langfristigen operativen Rahmen einschließlich Budgetansätze beschreibt, spätestens im vierten Vorjahresquartal des Geschäftsjahres zur Beratung und Beschlussfassung vor. Wenn der Aufsichtsrat den Geschäftsplan ablehnt, legt die Geschäftsführung unverzüglich einen geänderten Geschäftsplan vor, der die zur Ablehnung führenden Bcdenken des Aufsichtsrats möglichst berücksichtigt und an dem sie ihre Geschäftsführung bis zur weiteren Beschlussfassung des Aufsichtsrats oder der Gesellschafterversammlung zu orientieren hat. In der nächsten nach der Aufsichtsratssitzung stattfindenden Sitzung der Gesellschafterversammlung berichtet die Geschäftsführung über die Beschlusslage des Aufsichtsrats unter Vorlage des Geschäftsplans.

5. Über folgende Rechtshandlungen ist der Aufsichtsrat vor deren Umsetzung durch die Geschäftsführung konkret schriftlich zu unterrichten, soweit sie nicht bereits detailliert im Geschäftsplan ausgewiesen sind, und kann diesen widersprechen:

a) Errichtung und Aufgabe von Zweigniederlassungen,

b) Investitions- und Betriebserhaltungsmaßnahmen über mehr als insgesamt 25.000 EUR,

c) Abschluss von Leasing-, Pacht- und Mietverträgen mit einem Gesamtbetrag von mehr als 25.000 EUR bis zum jeweiligen, nächstmöglichen Kündigungstermin,

d) Gewährung von Sicherheiten (z. B. Verpfändung, Sicherungsübereignung) und die Bewilligung von Krediten außerhalb des üblichen Geschäftsverkehrs sowie die Übernahme fremder Verbindlichkeiten, auch wenn dies im Geschäftsplan ausgewiesen ist; davon ausgenommen sind Kredite an Arbeitnehmer, wenn der Aufsichtsrat für die Gewährung eine allgemeine Regelung beschlossen hat,

e) Abschluss, Aufhebung oder Änderung von Verträgen mit in gerader Linie Verwandten oder Verschwägerten oder mit in der Seitenlinie bis zum zweiten Grade Verwandten oder bis zum zweiten Grade Verschwägerten der Vertreter eines Gesellschafters, der Mitglieder des Aufsichtsrats oder der Geschäftsführer,

f) Vereinbarung von Krediten oder Kreditlinien, die im Einzelfall den Betrag von 25.000 EUR übersteigen oder die einen bisher bewilligten Umfang insgesamt um einen Betrag von mehr als 25.000 EUR erhöhen,

g) Erlass von Forderungen gegen Organmitglieder oder Arbeitnehmer, auch wenn dies im Geschäftsplan ausgewiesen ist, und sonstiger Forderungen, wenn diese 10.000 EUR im Jahr übersteigen,

h) Aufnahme und Aufgabe eines Geschäftszweiges,

i) Veräußerung und Belastung von Grundstücken und grundstücksgleichen Rechten sowie die damit zusammenhängenden Verpflichtungsgeschäfte mit einem Gesamtbetrag von mehr als 25.000 EUR,

j) Gründung, Erwerb und Veräußerung anderer Unternehmen oder Erwerb und Veräußerung einer Beteiligung an anderen Unternehmen, ausgenommen Genossenschaftsanteile bis zu 25.000 EUR,

k) Übernahme von Bürgschaften, Eingehen von Wechselverbindlichkeiten und Bestellung von Sicherheiten für fremde Verbindlichkeiten, auch wenn sie in dem Geschäftsplan ausgewiesen sind,

l) Erteilung und Widerruf von Prokura.

Die vorgenannten Beträge von 25.000 EUR gelten außer c) per anno; sie gelten vorbehaltlich einer abweichenden Regelung in der Geschäftsordnung der Geschäftsführung.

§ 12
Aufsichtsrat – Innere Ordnung

1. Der Aufsichtsrat besteht aus bis zu fünf Mitgliedern. Die Aufsichtsratstätigkeit ist mit einem Anstellungsverhältnis bei einem Gesellschafter oder einer seiner Gesellschaften unvereinbar. Dem Aufsichtsrat müssen Personen mit fachlich-inhaltlichen und ausgeprägten wirtschaftlichen Kenntnissen angehören. Der Aufsichtsrat soll sich zusammensetzen aus:

a) bis zu drei Personen zur Sicherung der ideellen Interessen der Gesellschafter,

b) einer Person mit nachweislich fachlich-inhaltlichem Knowhow aus dem Geschäftsfeld der Gesellschaft und

c) mindestens einer Person mit nachweislich ausgeprägten wirtschaftlichen Kenntnissen.

Falls ein Gesellschafter an weiteren Gesellschaften im gleichen Marktumfeld oder mit Leistungsbeziehungen zu dieser Gesellschaft mehrheitlich beteiligt ist, sollen die Aufsichtsräte der Gesellschaften teilweise personenidentisch besetzt sein.

• Abs. 2 Alternative 1:

2. Jeder Gesellschafter ist berechtigt, jederzeit ein Mitglied in den Aufsichtsrat zu entsenden und abzuberufen; weitere Aufsichtsratsmitglieder können von der Gesellschafterversammlung mit

$^4/_5$-Mehrheit berufen werden. Die reguläre Amtsperiode der Aufsichtsratsmitglieder beträgt vier Jahre; mehrere Amtsperioden sind zulässig. Die Aufsichtsratsmitglieder können ihr Amt jederzeit niederlegen. Die Niederlegung erfolgt durch schriftliche Mitteilung an den Aufsichtsratsvorsitzenden und in dessen Fall an den Vorsitzenden der Gesellschafterversammlung und tritt mit dem Zugang der Mitteilung ein.

- Abs. 2 Alternative 2:
2. Die Mitglieder des Aufsichtsrates werden von der Gesellschafterversammlung für eine Amtszeit von vier Jahren gewählt; Wiederwahl ist zulässig. Sie können ihr Amt jederzeit niederlegen. Die Niederlegung erfolgt durch schriftliche Mitteilung an den Aufsichtsratsvorsitzenden und in dessen Fall an den Vorsitzenden der Gesellschafterversammlung und tritt mit dem Zugang der Mitteilung ein.

3. Mitglieder des Aufsichtsrates können durch $^4/_5$-Beschluss des Aufsichtsrats oder der Gesellschafterversammlung jederzeit, entsandte Mitglieder nur aus wichtigem Grunde, mit unverzüglicher Wirkung abberufen werden.

4. Sofern der Aufsichtsrat nicht mehr vollzählig ist, wird seine Beschlussfähigkeit hierdurch nicht berührt.

5. Der Aufsichtsrat wählt aus seiner Mitte einen Vorsitzenden und einen stellvertretenden Vorsitzenden, sofern die Gesellschafterversammlung hierzu keinen Beschluss fasst. Die Funktion nach § 8 Absatz 1 ist mit dem Vorsitz oder stellvertretenden Vorsitz im Aufsichtsrat unvereinbar. Alle Erklärungen des Aufsichtsrates werden namens des Aufsichtsrates von seinem Vorsitzenden oder dem stellvertretenden Vorsitzenden abgegeben.

6. Die Mitglieder des Aufsichtsrates erhalten neben oder statt dem Ersatz ihrer nachgewiesenen baren Auslagen nur dann eine Vergütung, wenn die Gesellschafterversammlung dies beschließt.

7. Auf den Aufsichtsrat findet § 52 Abs. 1 GmbHG nur Anwendung, solange und soweit die Gesellschafter dies mit satzungsändernder Mehrheit beschließen.

8. Die Mitglieder des Aufsichtsrats sind über alle internen Angelegenheiten der Gesellschaft, die ihnen bei Wahrnehmung ihrer Aufgaben zur Kenntnis gelangen, zur Verschwiegenheit verpflichtet. Dies gilt nicht gegenüber Organen der Gesellschafter, soweit diese sich mit der Beteiligung zu befassen haben, und nicht für allgemein bekannte Tatsachen.

9. Der Aufsichtsrat kann sich eine Geschäftsordnung geben, die bis zu ihrer Aufhebung oder Änderung gültig bleibt.

10. Der Aufsichtsrat soll die Wirksamkeit seiner Arbeit regelmäßig, mindestens alle zwei Jahre, systematisch überprüfen und die

aktuellen Grundsätze der Nonprofit-Governance berücksichtigen.

§ 13
Aufsichtsrat – Sitzungen

1. Der Aufsichtsrat soll mindestens alle drei Monate jeweils nach
   Vorlage der Quartalsberichte durch die Geschäftsführung, darüber hinaus nach Bedarf tagen.
2. Aufsichtsratssitzungen sind ferner einzuberufen, wenn zwei
   Aufsichtsratsmitglieder oder ein Gesellschafter dies verlangen.
   Deren schriftliche Begründung ist der Einladung beizufügen.
3. Die Aufsichtsratssitzungen werden durch die Geschäftsführung
   in Abstimmung mit dem Vorsitzenden des Aufsichtsrats vorbereitet und einberufen. Wird einem nach dem vorstehenden Absatz zulässigen Einberufungsbegehren nicht unverzüglich entsprochen, so können die Antragsteller die Aufsichtsratssitzung
   unter Mitteilung des Sachverhalts selbst einberufen.
4. Die Einberufung erfolgt nach dem für Gesellschafterversammlungen geltenden Verfahren laut § 9 Abs. 4.
5. Die Geschäftsführung nimmt an den Sitzungen des Aufsichtsrats
   ohne Stimmrecht teil, wenn und soweit dieser nichts Abweichendes beschließt.
6. Die Leitung der Sitzungen obliegt dem Vorsitzenden des Aufsichtsrates, sofern die Versammlung nichts anderes beschließt.
7. Der ordnungsgemäß einberufene Aufsichtsrat ist beschlussfähig,
   wenn mindestens die Hälfte der Mitglieder anwesend ist. Die
   Bestimmungen zu Form und Verfahren gelten als eingehalten,
   wenn alle Aufsichtsratsmitglieder in der Versammlung anwesend sind und soweit die Tagesordnung in der Versammlung
   einstimmig beschlossen wird.
8. Schriftlich, elektronisch oder fernmündlich übermittelte Ab-
   stimmungen sind zulässig, wenn alle Aufsichtsratsmitglieder bei
   der Abstimmung mitwirken und kein Mitglied diesem Verfahren bei der Abstimmung widerspricht.
9. Soweit dieser Vertrag nichts Abweichendes bestimmt, wird mit
   einfacher Mehrheit abgestimmt; bei Stimmengleichheit gibt die
   Stimme des Versammlungsleiters den Ausschlag.
10. Das Ergebnis der Beratungen und die Beschlüsse des Aufsichts-
    rates sind zu protokollieren. Das Protokoll ist von dem Ver-
    sammlungsleiter und dem Protokollführer zu unterzeichnen. Die
    Protokolle sind innerhalb von vier Wochen, im Falle des Ab-
    satz 8 unverzüglich nach der Abstimmung, den Mitgliedern des

Aufsichtsrates und dem Vorsitzenden der Gesellschafterversammlung zu übermitteln.

§ 14
Beirat (fakultativ)

1. Die Gesellschafterversammlung kann einen Beirat berufen und
   abberufen sowie Beiratsmitglieder benennen oder anderen Gremien die Benennung von Beiratsmitgliedern übertragen. Der Beirat berät die Gremien der Gesellschaft bei der Verfolgung der in
   den §§ 2–3 genannten Ziele. Die Gesellschafterversammlung
   wird die Aufgaben des Beirats im Falle der Berufung genauer
   festlegen.
2. Der Beirat ist durch die Geschäftsführung zu unterstützen und
   mit den für die Wahrnehmung seiner Aufgaben erforderlichen
   Informationen zu versorgen. Der Beirat kann Tagesordnungspunkte für die Gesellschafterversammlungen oder Aufsichtsratssitzungen benennen und dort durch ein Mitglied des Beirats begründen. Davon abgesehen werden die Kompetenzen durch die
   Gesellschafterversammlung festgelegt.
3. Die Beiratsmitglieder gehören dem Beirat in der Regel auf vier
   Jahre an; die Ernennung kann jederzeit von dem zur Ernennung
   berechtigten Organ oder Gremium widerrufen werden. Eine erneute Ernennung ist zulässig.
4. Der Beirat wählt aus seiner Mitte einen Vorsitzenden und einen
   stellvertretenden Vorsitzenden. Alle Erklärungen des Beirats
   werden namens des Beirats von seinem Vorsitzenden oder dem
   stellvertretenden Vorsitzenden abgegeben.
5. Die Mitglieder des Beirats erhalten neben oder statt dem Ersatz
   ihrer nachgewiesenen baren Auslagen nur dann eine Vergütung,
   wenn die Gesellschafterversammlung dies beschließt.
6. Die Mitglieder des Beirats sind über alle internen Angelegenheiten der Gesellschaft, die ihnen bei Wahrnehmung ihrer Aufgaben zur Kenntnis gelangen, zur Verschwiegenheit verpflichtet.
7. Der Beirat kann sich eine Geschäftsordnung geben, die die Vorgaben der Gesellschafterversammlung ergänzt.
8. Der Beirat wird von der Geschäftsführung oder dem für die Berufung der Mitglieder zuständigen Gremium in Abstimmung
   mit dem Vorsitzenden des Beirats nach dem für die Einberufung
   von Gesellschafterversammlungen geltenden Verfahren laut § 9
   Abs. 4 mindestens jährlich einberufen. Die Gesellschafterver-

sammlung kann ein abweichendes Einberufungsrecht und die Teilnahme von Organmitgliedern regeln.

9. Die Leitung der Sitzungen obliegt dem Vorsitzenden des Beirats, sofern die Versammlung nichts anderes beschließt.

10. Beschlussfassung und Protokollierung richten sich nach den für den Aufsichtsrat geltenden Vorschriften. Das Protokoll der Sitzung soll innerhalb von vier Wochen dem Vorsitzenden des Aufsichtsrates, dem Vorsitzenden der Gesellschafterversammlung und der Geschäftsführung zugehen.

§§ 15–16
Laufende Geschäftstätigkeit

§ 15
Geschäftsjahr, Rechnungslegung und Prüfung

1. Das Geschäftsjahr der Gesellschaft ist das Kalenderjahr. Das erste Geschäftsjahr ist ein Rumpfgeschäftsjahr.

- Abs. 2 Alternative 1:

2. Im Falle wesentlicher Feststellungen bei der Jahresabschlusserstellung oder der Abschlussprüfung wird die Geschäftsführung unverzüglich Aufsichtsrat und Gesellschafter über den Sachverhalt informieren.

- Abs. 2 Alternative 2 (nur bei kommunaler Gesellschaft):

2. Jahresabschluss und Lagebericht sind nach den handelsrechtlichen Vorschriften für große Kapitalgesellschaften zu erstellen und zu prüfen. Im Lagebericht wird auch zur Einhaltung der öffentlichen Zwecksetzung und zur Zweckerreichung Stellung genommen. Das zuständige Rechnungsprüfungsamt und die Kommunalaufsicht sind zur Rechnungsprüfung berechtigt.

§ 16
Bekanntmachungen

Die Bekanntmachungen der Gesellschaft erfolgen, soweit rechtlich zulässig, nur im elektronischen Bundesanzeiger, andernfalls im Bundesanzeiger oder dem an dessen Stelle tretenden amtlichen Veröffentlichungsblatt.

§§ 17–18
Änderung der Gesellschaft bzw. Gesellschafterstruktur

§ 17
Verfügungen über Geschäftsanteile

- Alternative 1:

Verfügungen über Geschäftsanteile oder Teile von Geschäftsanteilen, insbesondere die Abtretung, Verpfändung und Nießbrauchsbestellung an andere Personen sowie der Eintritt neuer Gesellschafter, bedürfen der Zustimmung der Gesellschafterversammlung, die darüber mit einer Mehrheit von drei Viertel der abgegebenen Stimmen zu beschließen hat. Im Übrigen bleiben die Vorschriften des § 17 des GmbH-Gesetzes unberührt.

- Alternative 2:

Verfügungen über Geschäftsanteile oder Teile von Geschäftsanteilen, insbesondere die Abtretung, Verpfändung und Nießbrauchsbestellung an andere Personen sowie der Eintritt neuer Gesellschafter, bedürfen der Zustimmung der Gesellschafterversammlung, die darüber einstimmig zu beschließen hat. Im Übrigen bleiben die Vorschriften des § 17 des GmbH-Gesetzes unberührt.

§ 17a
Ausscheiden aus der Gesellschaft

- Abs. 1 Alternative 1:
1. Jeder Gesellschafter kann mit einer Frist von sechs Monaten zum Ende des Geschäftsjahres seinen Austritt aus der Gesellschaft erklären. Im Falle des Austritts oder der Ausschließung eines Gesellschafters wird diese nicht aufgelöst, sondern – nach Ausscheiden des betroffenen Gesellschafters – von den übrigen Gesellschaftern fortgesetzt.

- Abs. 1 Alternative 2:
1. Im Falle eines nur aus wichtigem Grund möglichen Austritts oder einer Ausschließung aus der Gesellschaft wird diese nicht aufgelöst, sondern – nach Ausscheiden des betroffenen Gesellschafters – von den übrigen Gesellschaftern fortgesetzt.
2. Der Ausschluss eines Gesellschafters und die Zwangseinziehung von Geschäftsanteilen sind bei Vorliegen eines wichtigen Grundes, die Einziehung auch mit Zustimmung des betroffenen Gesellschafters, zulässig. Als wichtiger Grund sind insbesondere anzusehen:
   a) gravierende Verletzung der Gesellschafterpflichten durch einen Gesellschafter,

b) Umstände aus der Sphäre des Gesellschafters, die sich auf den Ruf der übrigen Gesellschafter oder der Gesellschaft gravierend nachteilig auswirken können,

c) Pfändung eines Geschäftsanteils, wenn diese nicht innerhalb von zwei Monaten, spätestens bis zur Verwertung des Geschäftsanteils, wieder aufgehoben wird,

d) wenn über das Vermögen des Gesellschafters ein Insolvenzverfahren wegen Zahlungsunfähigkeit oder Überschuldung eröffnet oder mangels Masse abgelehnt wird,

e) wenn über das Vermögen des Gesellschafters ein Insolvenzverfahren wegen drohender Zahlungsunfähigkeit eröffnet wird und der Gesellschafter sich nicht jeglicher Einflussnahme auf die Gesellschaft enthält,

f) für die Zwangseinziehung auch der Austritt eines Gesellschafters aus der Gesellschaft.

Ab dem vorgenannten fristauslösenden Ereignis, im Falle der Pflichtverletzung ab dem Zeitpunkt der einstimmigen Rüge durch die übrigen Gesellschafter, hat der betroffene Gesellschafter in der Gesellschafterversammlung kein Stimmrecht. Die Beschlüsse in Vollzug dieser Vorschrift bedürfen einer Mehrheit von ¾ der übrigen Gesellschafter.

- Abs. 3 Alternative 1:
3. Der Abfindungsanspruch des ausscheidenden Gesellschafters ist gemäß § 4 Abs. 3 beschränkt auf seine Einlagen in Höhe des Buchwertes zum Einbringungszeitpunkt, soweit diese nicht durch Verlust aufgezehrt sind.

- Abs. 3 Alternative 2:
3. Der Geschäftsanteil kann mit Zustimmung des ausscheidenden Gesellschafters auf einen ihm ideell nahe stehenden Rechtsnachfolger übertragen werden. Andernfalls erhält der ausscheidende Gesellschafter einen Abfindungsanspruch gemäß § 4 Abs. 3 beschränkt auf seine Einlagen in Höhe des Buchwertes zum Einbringungszeitpunkt, soweit diese nicht durch Verlust aufgezehrt sind.

§ 18
Änderung des Gesellschaftsvertrages, Auflösung der Gesellschaft

1. Zur Änderung des Gesellschaftsvertrages, zur Beschlussfassung über die Auflösung der Gesellschaft, zur Bestellung des oder der Liquidatoren bedarf es des Beschlusses der Gesellschafterversammlung mit Drei-Viertel-Mehrheit der abgegebenen Stimmen.

2. Bei Auflösung der Gesellschaft oder bei Wegfall steuerbegünstigter Zwecke fällt das Vermögen der aufgelösten Gesellschaft, soweit es die nach § 4 Abs. 3 des Gesellschaftsvertrages zurück zu gewährenden Kapitalanteile und Sacheinlagen übersteigt, an den ..., oder, falls diese Körperschaft nicht mehr besteht, an die in seiner Satzung in der zuletzt gültigen Fassung genannten steuerbegünstigten Anfallsberechtigten mit der Maßgabe, diese Mittel ausschließlich und unmittelbar für steuerbegünstigte Zwecke im Sinne des § 2 dieses Gesellschaftsvertrages zu verwenden.

§ 19
Schlussbestimmungen

1. Bei einer Änderung der Rechtslage mit erheblichen Auswirkungen für die Gesellschaft oder Anteilseigner sind die Gesellschafter zur Anpassung des Gesellschaftsvertrages – ggf. auch der Beteiligungsverhältnisse – an diese Gegebenheiten verpflichtet.
2. Die Ungültigkeit einzelner Bestimmungen des Vertrages berührt nicht seine Wirksamkeit. Anstelle der unwirksamen Bestimmung oder zur Ausfüllung einer Lücke ist eine angemessene Regelung zu vereinbaren, die dem am nächsten kommt, was die Vertragschließenden unter Berücksichtigung von der Tendenzausrichtung der Gesellschaft gewollt haben oder nach dem Sinn und Zweck des Vertrages gewollt hätten, sofern sie den Punkt bedacht hätten. Beruht die Ungültigkeit auf einer Leistungs- oder Zeitbestimmung, so tritt an ihre Stelle das gesetzlich zulässige Maß.
3. Die Gesellschaft trägt die mit der Errichtung/Änderung der Gesellschaft anfallenden Kosten bis zur Höhe von insgesamt 2.500 EUR (Notar- und Registergerichtsgebühren, einschließlich Veröffentlichungskosten).

II. Satzungstext Variante 2 (ein Gesellschafter)

Vorbemerkung: Dieser Variante 2 liegt ein Gesellschaftsvertrag mit einem Aufsichtsart und nur einem Gesellschafter zu Grunde. Falls die künftige Aufnahme weiterer Gesellschafter in Betracht kommt, empfiehlt es sich, bereits jetzt auf die Variante I. zurückzugreifen, da die spätere Aufnahme von den in Variante I. vorgesehenen Konfliktlösungsvorschriften verhandlungstechnisch erfahrungsgemäß schwierig ist. Ein Beispiel zu einem Gesellschaftsvertrag ohne Aufsichtsrat ist unter D. III „Gesellschaftsvertragsmuster" abgedruckt. Die ausführliche Gestaltung der Vertragstexte ist der Rechtssicherheit und einer hochwertigen Organisationsstruktur geschuldet; gleichzeitig dient dies der Verfahrenssicherheit für die im Nonprofit-Sektor häufig kaufmännisch nicht geschulten Gremienmitglieder.

§ 1 (Firma, Sitz), § 2 (Zweck und Gegenstand des Unternehmens), § 3 (Ideelle und organisatorische Ausrichtung der Gesellschaft), § 4 (Gemeinnützigkeit) wie Variante 1

§ 5
Stammkapital, Stammeinlagen

1. wie Variante 1
2. Gesellschafter   ist
.... mit einer Stammeinlage von .... EUR.
3. Die Stammeinlage ist in voller Höhe sofort zur Einzahlung fällig.
4. wie Variante 1

§ 6 (Organe der Gesellschaft), § 7 (Gesellschafterversammlung – Funktion und Aufgaben) wie Variante 1

§ 8
Gesellschafterversammlung – Innere Ordnung

1. wie Variante 1 Alternative 1
2. wie Variante 1
3. entfällt
4. Die Sitzungsteilnehmer sind zur Verschwiegenheit über Angelegenheiten der Gesellschaft verpflichtet. Dies gilt nicht gegenüber

Organen des Gesellschafters, soweit diese sich mit der Beteiligung zu befassen haben, und nicht für allgemein bekannte Tatsachen.

5. Die Gesellschafterversammlung kann sich eine Geschäftsordnung geben.
6. wie Variante 1

§ 9
Gesellschafterversammlung – Sitzungen

1. wie Variante 1
2. Außerordentliche Gesellschafterversammlungen sind einzuberufen, wenn es das Interesse der Gesellschaft erfordert, der Aufsichtsrat dies beschließt oder der Gesellschafter dies verlangt. Die Einberufung einer außerordentlichen Gesellschafterversammlung durch den Aufsichtsrat ist schriftlich zu begründen. Die Begründung ist der Einladung beizufügen.
3. Die Gesellschaftsversammlungen werden durch die Geschäftsführung in Abstimmung mit dem Vorsitzenden der Gesellschafterversammlung vorbereitet und einberufen. Wird dem zulässigen Einberufungsbegehren des Aufsichtsrats oder Gesellschafters nicht unverzüglich entsprochen, so können die Antragsteller die Gesellschafterversammlung unter Mitteilung des Sachverhalts selbst einberufen.
4. Bei der Einberufung sind Ort und Zeit sowie Tagesordnung bekannt zu geben. Die Einberufung ist wirksam, wenn sie schriftlich oder per Fax mit einer Frist von zwei Wochen ab Absendung an die letztbekannte Anschrift des Gesellschafters oder die der Gesellschaft benannten und damit als zur Vertretung in der Gesellschafterversammlung umfassend bevollmächtigt geltenden Personen erfolgt. Der Einberufung sollen die zu den einzelnen Tagesordnungspunkten erforderlichen Unterlagen beigefügt werden.
5. wie Variante 1
6. wie Variante 1
7. entfällt
8. wie Variante 1
9. entfällt
10. wie Variante 1

§ 10 (Geschäftsführung und Vertretung),
§ 11 (Aufsichtsrat – Funktion und Aufgaben) wie Variante 1

§ 12
Aufsichtsrat – Innere Ordnung

1. Der Aufsichtsrat besteht aus bis zu fünf Mitgliedern. Die Aufsichtsratstätigkeit ist mit einem Anstellungsverhältnis bei dem Gesellschafter oder einer seiner Gesellschaften unvereinbar. Dem Aufsichtsrat müssen Personen mit fachlich-inhaltlichen und ausgeprägten wirtschaftlichen Kenntnissen angehören. Der Aufsichtsrat soll sich zusammensetzen aus:
   a) bis zu drei Personen zur Sicherung der ideellen Interessen der Gesellschafter,
   b) einer Person mit nachweislich fachlich-inhaltlichem Knowhow aus dem Geschäftsfeld der Gesellschaft und
   c) mindestens einer Person mit nachweislich ausgeprägten wirtschaftlichen Kenntnissen.
2. Die Mitglieder des Aufsichtsrates werden von ....
   .... für eine Amtszeit von vier Jahren berufen; eine erneute Berufung ist zulässig. Sie können ihr Amt jederzeit niederlegen. Die Niederlegung erfolgt durch schriftliche Mitteilung an den Aufsichtsratsvorsitzenden und in dessen Fall an den Vorsitzenden der Gesellschafterversammlung und tritt mit dem Zugang der Mitteilung ein.
3. wie Variante 1
4. wie Variante 1
5. wie Variante 1
6. wie Variante 1
7. wie Variante 1
8. Die Mitglieder des Aufsichtsrats sind über alle internen Angelegenheiten der Gesellschaft, die ihnen bei Wahrnehmung ihrer Aufgaben zur Kenntnis gelangen, zur Verschwiegenheit verpflichtet. Dies gilt nicht gegenüber Organen des Gesellschafters, soweit diese sich mit der Beteiligung zu befassen haben, und nicht für allgemein bekannte Tatsachen.
9. wie Variante 1
10. wie Variante 1

§ 13 (Aufsichtsrat – Sitzungen), § 14 (Beirat),
§ 15 (Geschäftsjahr, Rechnungslegung und Prüfung),
§ 16 (Bekanntmachungen),
§ 17 (Verfügung über Geschäftsanteile),
§ 18 (Änderung des Gesellschaftsvertrages, Auflösung der Gesellschaft), § 19 (Schlussbestimmungen) wie Variante 1

C. Satzungstexte mit Erläuterungen

Um den Nutzern die Orientierung zu erleichtern, können die Zwischenüberschriften auch im Gesellschaftsvertrag aufgeführt werden. Inhaltlich sind die Zwischenüberschriften ohne Bedeutung.

§§ 1–6
Konstitutive Bestimmungen und Gesellschafter

§ 1
Firma, Sitz

Variante 1, 2

1. Die Firma der Gesellschaft lautet
.... gemeinnützige GmbH.
2. Die Gesellschaft hat ihren Sitz in ....

Inhalt der Erläuterungen zu § 1

1. Namensbildung (Firma)   2. Sitz der Gesellschaft

1. Namensbildung

Der Name („Firma") gehört zu dem gesetzlichen Mindestinhalt des Gesellschaftsvertrages.[308] Als einem wesentlichen Kommunikationsaspekt sollte auf die Auswahl des Namens besondere Sorgfalt verwandt werden. Auch internetspezifische Aspekte sind hierbei von Bedeutung – z.B. die Verfügbarkeit geeigneter Domains.

In geeigneten Fällen kann der Name auf den Zweck der Gesellschaft oder die Nähe z.B. zu einem Verband oder Unternehmen hinweisen. Verbandsangehörige Gesellschaften können besonderen namensrechtlichen Verpflichtungen unterliegen; z.B. müssen Gesellschaften von DRK-Gliederungen grundsätzlich einen auf die Verbandszugehörigkeit hinweisenden Zusatz im Namen enthalten, wenn sie das DRK-Logo verwenden wollen.

Der auf die Gesellschaftsform hinweisende Zusatz „Gesellschaft mit beschränkter Haftung", zulässig auch in der Kurzform

„GmbH"[309], ist in allen Fällen zwingend in den Namen aufzunehmen[310].
Auf die Gemeinnützigkeit einer Gesellschaft darf im Namen hingewiesen werden; eine Verpflichtung dazu besteht aber nicht. Die Verbindung der daraus abgeleiteten Abkürzung „g" mit dem Rechtsformzusatz „GmbH" zu der beliebten und im Rechtsverkehr inzwischen geläufigen Kurzform „gGmbH" wird von einigen Handelsregistern nicht als eintragungsfähiger Firmenbestandteil akzeptiert.

Davon abgesehen muss der Name zur Kennzeichnung geeignet sein sowie Unterscheidungskraft besitzen[311] und darf keine irreführenden Angaben enthalten (Grundsatz der Namenswahrheit)[312]. Der Name muss sich von allen an demselben Ort oder in derselben Gemeinde bereits bestehenden und in das Handels- oder Genossenschaftsregister – nicht Vereinsregister[313] – eingetragenen Namen deutlich unterscheiden[314]; dies gilt auch für Schwestergesellschaften[315]. Der Name der Gesellschaft ist handels- und wettbewerbsrechtlich sowie durch § 12 BGB geschützt.[316]

2. Sitz der Gesellschaft

Die Festlegung des Sitzes gehört zu den gesetzlichen Minimalanforderungen an die Satzung.[317] Als Sitz ist im Gesellschaftsvertrag in der Regel der Ort zu bestimmen, an dem die Gesellschaft einen Betrieb hat oder der Ort, an dem sich die Geschäftsleitung befindet oder die Verwaltung geführt wird.[318] Lediglich postalische Erreichbarkeit genügt dagegen nicht.[319]

§ 2
Zweck und Gegenstand des Unternehmens

Variante 1, 2

4. Zweck der Gesellschaft ist Förderung von
   a) ....
   b) ....
5. Gegenstand des Unternehmens ist die Trägerschaft von Zweckbetrieben im Sinne des Abschnitts „Steuerbegünstigte Zwecke" der Abgabenordnung, insbesondere von
   b) ....
   c) ....
   d) ....

- Absatz 3 *(nur bei kommunaler Gesellschaft):*
6. Mit dem Gegenstand des Unternehmens wird ein öffentlicher Zweck im Sinne der Gemeindeordnung erfüllt.

Inhalt der Erläuterungen zu § 2

1. Steuerbegünstigung

Der Status der Steuerbegünstigung (umgangssprachlich: Gemeinnützigkeit) ist an eine Vielzahl von Voraussetzungen geknüpft.[320] Bei der Auswahl und Ausformulierung der Satzungszwecke ist darauf zu achten, dass ausschließlich gemeinnützige, mildtätige und/oder kirchliche Zwecke[321] in die Satzung aufgenommen werden. Die Benennung von eventuellen gewerblich ausgerichteten **Mittelbeschaffungsaktivitäten** zur Finanzierung der Satzungszwecke ist zulässig,[322] kann aber zu langwierigen Diskussionen mit der Finanzverwaltung führen.

Nicht nur bei der Formulierung der Satzungszwecke sind die gemeinnützigkeitsrechtlichen Vorgaben zu beachten. Auch die Art und Weise der Verwirklichung der Satzungszwecke muss in der Satzung so konkret ausgeführt werden, dass die Finanzverwaltung die Erfüllung der gemeinnützigkeitsrechtlichen Voraussetzungen bereits aufgrund dieser Beschreibung feststellen kann[323] (sog. **Buchnachweis**).[324] Da nur im Gesellschaftsvertrag benannte Zwecke steuerbegünstigt sein können,[325] ist eine zu ausdifferenzierte Darstellung im Gesellschaftsvertrag aus Sicht der Gesellschaft, anders als bei einer gewerblich tätigen Gesellschaft, risikobehaftet. Auch muss der Vertrag bei weitergehenden späteren Produktänderungen unverzüglich angepasst werden.

2. Gesellschaftszweck

Der Gesellschaftszweck[326] bezeichnet die finale Ausrichtung der Gesellschaft.[327] Die Angabe des konkreten Gesellschaftszwecks ist in dem Gesellschaftsvertrag einer steuerbegünstigten Gesellschaft unverzichtbar (Funktion des Buchnachweises[328]).[329] Steuerbegünstigte Zwecke sind nach den einschlägigen Vorschriften der Abgabenordnung[330] z.B. die Förderung von Wissenschaft und Forschung, Bil-

dung und Erziehung, Kunst und Kultur, der Religion, der Völker-
verständigung, der Entwicklungshilfe, des Umwelt-, Landschafts-
und Denkmalschutzes, des Heimatgedankens, der Jugend- und Altenhilfe, des öffentlichen Gesundheitswesens, des Wohlfahrtswe-
sens, des Sports, des allgemeinen demokratischen Staatswesens, der
Tierzucht, der Pflanzenzucht, des traditionellen Brauchtums, die
Unterstützung hilfsbedürftiger Personen sowie die Förderung einer
Religionsgemeinschaft in der Rechtsform einer Körperschaft des öffentlichen Rechts.

3. Unternehmensgegenstand

Der Gegenstand des Unternehmens[331] bezeichnet die konkreten
Mittel, um das vom Gesellschaftszweck vorgegebene Ziel zu erreichen.[332] In der Regel sind gemeinnützige Gesellschaften **Träger
von Zweckbetrieben** im Sinne des Abschnitts „Steuerbegünstigte
Zwecke" der Abgabenordnung, z.B. von Altenpflegeeinrichtungen,
Forschungseinrichtungen, Bildungsstätten, Kindergärten, Kinder-,
Jugend- und Studentenheimen, Schullandheimen, Schulen, Jugendherbergen, arbeitstherapeutischen Beschäftigungsinitiativen, Krankenhäusern, Werkstätten für behinderte Menschen, Einrichtungen
für Beschäftigungs- und Arbeitstherapie zur Integration behinderter
Menschen, Museen, Theater, Kunstausstellungen.
　　Da eine GmbH für jeden zulässigen Zweck gegründet werden
darf (**Grundsatz der Zweckoffenheit**), kann eine GmbH aber auch
ideelle Zwecke jeder Art übernehmen und so zum Beispiel auch als
taugliches Substitut für die **privatrechtliche Stiftung**[333] fungieren[334]
(**Stiftung gGmbH**).

4. Problematik von Auffangklauseln/Nebenbestimmungen

Gelegentlich enthalten Gesellschaftsverträge allgemeine, den eigentlichen Gegenstand des Unternehmens erweiternde Ermächtigungs-
klauseln.

> **Beispiel:** „Die Gesellschaft ist berechtigt, im Rahmen der ge-
> setzlichen Vorschriften und der Bestimmungen des Gesellschafts-
> vertrages alle Geschäfte und sonstigen Maßnahmen vorzuneh-
> men, die dieser Zweckbestimmung dienlich erscheinen. Dazu
> kann die Gesellschaft auch Zweigniederlassungen errichten, an-
> dere Unternehmen gleicher oder ähnlicher Art übernehmen und
> sich an solchen Unternehmen beteiligen."

Gebräuchlich sind weiterhin Nebenbestimmungen, dass die Gesellschaft z.b. berechtigt ist, Geschäfte jeder Art durchzuführen, die dem Gesellschaftszweck unmittelbar oder mittelbar dienen oder diesen ergänzen. Bereits der gesellschaftsrechtliche Nutzen solcher Klauseln ist sehr zweifelhaft. Davon abgesehen gefährden sie die Anerkennung der Steuerbegünstigung[335] und sind daher nicht zu empfehlen.

5. Besonderheiten bei einer kommunalen Gesellschaft

Bei einer kommunalen Gesellschaft, an der also die Kommunen zu mehr als 50 % beteiligt sind, können Gegenstand des Unternehmens nur Aufgaben und Tätigkeiten sein, die einen **öffentlichen Zweck** erfüllen. Dies sind in erster Linie Aufgaben, die der Daseinsvorsorge dienen. Weiterhin kommt hierfür jede Tätigkeit in Betracht, die nach den Anschauungen und Entschließungen der maßgeblichen kommunalen Organe das allgemeine Wohl der Einwohnerschaft fördert.[336] Die öffentlichrechtliche Zielsetzung sollte im Gesellschaftsvertrag angegeben werden,[337] aber auch unabhängig davon ist die Kommune an die öffentlichrechtliche Zwecksetzung gebunden.[338]

Strittig ist, ob sich Gemeinden mit einer Gesellschaft nur auf dem eigenen Gemeindegebiet betätigen dürfen. Bei der Formulierung des Gesellschaftsvertrages ist zu beachten, dass es keine ausdrückliche Vorgabe zur gesellschaftsrechtlichen Festlegung des **Regionalprinzips** gibt. Daher sollte keine das Regionalprinzip verankernde Regelung in den Gesellschaftsvertrag aufgenommen werden, damit notfalls alle unternehmerischen Spielräume ausgeschöpft werden können.

§ 3
Ideelle und organisatorische Ausrichtung der Gesellschaft

Variante 1, 2

1. Grundlage allen Handelns der Gesellschaft ist ......
2. *(Entfällt in der Regel bei kommunaler Gesellschaft.)* Die Gesellschaft strebt die Mitgliedschaft im ......-Verband an und trägt Sorge für die Erfüllung der Voraussetzungen einer Mitgliedschaft. Sie wird nicht zugleich Mitglied in einem anderen Spitzenverband.

Sie unterwirft sich den Regularien dieses Verbandes, insbesondere
......
Sie kommuniziert die Verbandszugehörigkeit durch ......
3. Die Gesellschaft versteht sich als Teil der ...... und strebt eine
enge Zusammenarbeit mit allen Mitgliedern dieses Verbundes an.
Sie wird ihre Angebote und sonstigen Aktivitäten mit anderen
Verbundmitgliedern abstimmen und einen direkten Wettbewerb
vermeiden. *(Entfällt in der Regel bei kommunaler Gesellschaft.)* Die Verbundenheit drückt sich neben der Spitzenverbandszugehörigkeit
durch ...... aus.
4. Rechte aus diesem Paragraphen können nur die Gesellschaft und
Gesellschafter geltend machen, eine anderweitige Rechtswirkung
besteht nicht.

Inhalt der Erläuterungen zu § 3

1. Regelungszweck
2. Ideelle Ausrichtung
3. Verbandliche Einbindung
4. Einbindung in einen
   (Unternehmens-)Verbund
5. Stärkung des Verbundes durch
   eine Unternehmensverbundrichtlinie
6. Eingeschränkte Drittwirkung

1. Regelungszweck

Anders als im gewerblichen Sektor ist bei gemeinnützigen Gesellschaften die Höhe des erzielten Gewinns kein primärer Erfolgsmaßstab. Denn statt wirtschaftlichen stehen Sachziele im Vordergrund.
Grundlegende Aspekte hierzu sollten im Gesellschaftsvertrag festgelegt werden, um eine ausreichende Verbindlichkeit für alle Beteiligten sicherzustellen und einer Entfremdung von den Gründeridealen bzw. den verbandlichen Zielen entgegenzuwirken.

2. Ideelle Ausrichtung

Der erste Absatz stellt die wertmäßige Orientierung der Gesellschaft
dar. Der Passus ist mit einer Präambel bei Vereins- oder Stiftungssatzungen vergleichbar. An dieser Stelle können auch besondere
Ausprägungen der Arbeitsweise oder Anforderungen an die Inhalte
der Arbeit formuliert werden, wie z.B. Förderung des Ehrenamts,
besondere kommunale oder regionale Verantwortung, diakonische
Ausrichtung der Tätigkeit etc.

Beispiel: „Grundlage allen Handelns ist das Evangelium von Jesus Christus. Die Bibel ist Maßstab für Glauben, Leben und Handeln. Die Achtung des Menschen als Gottes Geschöpf und die diakonischen Werte dienen als Richtschnur für alle unternehmerischen Entscheidungen."

Beispiel: „Die Gesellschaft ermöglicht und fördert die ehrenamtliche Mitarbeit im laufenden Geschäftsbetrieb, damit gerade die ideellen Gesellschaftszwecke gestärkt und gefördert werden."

Die Förderung des Ehrenamtes aus dem zweiten Beispiel könnte ihren Niederschlag auch im dritten Absatz finden, sofern eine konkrete Zusammenarbeit mit den Gesellschaftern im Vordergrund steht. Der erste Absatz dient vorrangig der abstrakten Formulierung von Werten und Idealen. Konkretere Verpflichtungen sowie Handlungsaufträge, die gemeinsam mit nahe stehenden Organisationen realisiert werden sollen, passen besser in Absatz 3., mit dem die Einordnung in einen Verbund aus Gesellschafter und ggf. Dritten konkretisiert und deren Kooperation festgelegt wird.

3. Verbandliche Einbindung

Der zweite Absatz regelt die in vielen Fällen gewünschte oder steuerlich vorteilhafte Einbindung in übergeordnet Verbandsstrukturen, z. B. die Zugehörigkeit zu einem Spitzenverband der Wohlfahrtspflege oder der verbandlichen Anbindung an Gesellschafter. Er konkretisiert die daraus resultierenden Mitgliedschaftspflichten, z. B. durch Unterwerfung unter eine Revisionsordnung, Anerkennung von Berichtspflichten, Namenführung mit Hinweis auf die Spitzenverbandsmitgliedschaft, Nutzung eines Logos etc.

Beispiel: „Die Gesellschaft trägt Sorge für die Mitgliedschaft im Arbeiterwohlfahrt Landesverband XY. Grundlage ihres Handelns ist das Verbandsstatut und das Grundsatzprogramm der Arbeiterwohlfahrt. Sie kommuniziert die Verbandszugehörigkeit durch das Führen des Verbandslogos."

Die Spitzenverbände der Wohlfahrtspflege verbinden die Verbandsmitgliedschaft einer gGmbH mit unterschiedlichen Voraussetzungen, die sie ggf. im Gesellschaftsvertrag verankert wissen wollen. So kann z. B. das Führen des Verbandslogos an eine Mehrheitsbeteiligung von Mitgliedern des Spitzenverbandes gekoppelt sein. Die markenrechtlichen Beziehungen müssen nicht im Gesellschaftsvertrag geregelt werden. Ein entsprechender Passus würde jedoch sicherstellen, dass die Konsequenzen eines Gesellschafter- oder Anteilswechsels nicht übersehen werden.

> **Beispiel:** „Die Gesellschaft wird in ihrer Innen- und Außendarstellung stets den Namen und das Logo der Lebenshilfe mitführen, solang direkt oder indirekt der Bundesverband der Lebenshilfe oder seiner Gliederungen die Mehrheit der Gesellschaftsanteile halten."

Zugehörigkeitsvoraussetzungen können sich auch auf weitere Vorschriften des Gesellschaftsvertrages auswirken. Besonders weit reichend sind die Regelungsvorgaben des DRK, welches aber wiederum im Gegensatz zur Arbeiterwohlfahrt und zum Paritätischen eine Befreiung vom Selbstkontrahierungsverbot (§ 181 BGB) zulässt, während der Paritätische die Berufung eines Kontrollgremiums vorschreibt, wenn sich Gesellschaftsanteile in privater Hand befinden.

Mehrheitlich von Kommunen beherrschte Gesellschaften können einem Spitzenverband der Wohlfahrtspflege in aller Regel nicht angehören, daraus konnten in der Vergangenheit steuerliche Nachteile resultieren[339], die inzwischen ihre Bedeutung weitgehend verloren haben.

4. Einbindung in einen (Unternehmens-)Verbund

In diesem Absatz wird das Zusammenspiel mit dem Gesellschafter und ggf. weiteren Organisationen als Unternehmensverbund thematisiert. Bei einer kommunalen Gesellschaft wird die Anbindung an die Kommune sichergestellt. Geregelt werden z. B. eine besondere Verpflichtung zur Zusammenarbeit, ein Wettbewerbsverbot der Gesellschaft[340] gegenüber anderen Verbundmitgliedern oder eine Mitgliedschaft bei dem Gesellschafter.

> **Beispiel:** „Die Gesellschaft versteht sich als Teil der Arbeiterwohlfahrt im Kreis X, insbesondere bestehend aus dem Arbeiterwohlfahrt Kreisverband X, der Stiftungund weiterer Gesellschaften des Kreisverbandes, und …" sowie „Die Verbundenheit drückt sich neben der Spitzenverbandszugehörigkeit durch eine Mitgliedschaft im Fördervereinund der aktiven Werbung von Mitarbeitern, Kunden sowie Angehörigen als Mitglieder der Arbeiterwohlfahrt aus."

In diesem Beispiel kann die Mitgliedschaft in einem Förderverein dazu genutzt werden, durch eine differenzierte Beitragsordnung einen Teil des Mitteltransfers von der Gesellschaft in den Verbund zu steuern. Bei einer kommunalen Gesellschaft kann über die Mitgliedschaft im Förderverein die beiderseitige Verbundenheit kommuniziert werden.

5. Stärkung des Verbundes durch eine Unternehmensverbundrichtlinie

Ergänzend kann außerhalb des Gesellschaftsvertrages durch eine Unternehmensverbundrichtlinie in vielfältiger Weise das Zusammenspiel von sehr unterschiedlichen Verbundpartnern geregelt werden.[341] Mögliche Themen sind u. a. Integration in ein Verbundcontrolling,[342] IT-Standards, gemeinsamer Einkauf und abgestimmtes Corporate Design.

Durch eine Verbundrichtlinie wird eine sinnvolle Kooperation, insbesondere ein wirtschaftlich abgestimmtes Verhalten zur Erzielung von Synergieeffekten erreicht. Sie sollte nicht so umfassend und eng ausfallen, dass die erstrebte Flexibilität der Tochtergesellschaft leidet. Die optimale Balance zwischen Autonomie und Integration ist einer der zentralen Erfolgsfaktoren für die Auslagerung von Betrieben aus Verbänden oder Kommunen. Die sinnvolle Einbindung stützt eine umsatzsteuerliche Organschaft,[343] eine sehr weitgehende Einbindung mit gemeinsamer Personalhoheit führt dagegen zu einem einheitlichen Betrieb im arbeitsrechtlichen Sinne mit entsprechenden, z. B. betriebsverfassungsrechtlichen Folgen.

Aus gemeinnützigkeitsrechtlichen Gründen ist die Unternehmensverbundrichtlinie als Dienstanweisung zu gestalten. Um dem Eindruck einer weitgehenden Eingliederung vorzubeugen, sollte im Regelfall an dieser Stelle im Gesellschaftsvertrag kein Bezug auf die Richtlinie genommen werden. Eine weitergehende Beherrschungsvereinbarung würde die Steuerbegünstigung der Gesellschaft gefährden. Bei einer Gesellschaft mit mehreren Gesellschaftern und möglicherweise gegenläufigen Interessen kann es sinnvoll sein, die Verbundrichtlinie direkt bei der Gründung zu verabschieden, damit sie nicht später zum Gegenstand von Auseinandersetzungen wird.

6. Eingeschränkte Drittwirkung

Unabhängig von der einschränkenden Formulierung zur Drittwirkung kann im Falle einer Verbandsmitgliedschaft auch der Spitzenverband Rechte aus dem Mitgliedschaftsverhältnis geltend machen, solange die Mitgliedschaft währt. Mit der Beschränkung auf die Verbundpartner wird sichergestellt, dass diesen die Definitionshoheit über Rechte und Pflichten aus dieser Vorschrift verbleibt.

§ 4
Gemeinnützigkeit

Variante 1, 2

1. Die Gesellschaft verfolgt ausschließlich und unmittelbar gemeinnützige bzw. mildtätige Zwecke im Sinne des Abschnitts „Steuerbegünstigte Zwecke" der Abgabenordnung.
2. Die Gesellschaft ist selbstlos tätig; sie verfolgt nicht in erster Linie eigenwirtschaftliche Zwecke.

- Abs. 3 Alternative 1:
3. Die Mittel der Gesellschaft dürfen nur für satzungsgemäße Zwecke verwendet werden. Gesellschafter dürfen keine Gewinnanteile und in ihrer Eigenschaft als Gesellschafter auch keine sonstigen Zuwendungen aus Mitteln der Gesellschaft erhalten. Gesellschafter erhalten bei ihrem Ausscheiden oder bei Auflösung der Gesellschaft oder bei Wegfall der steuerbegünstigten Zwecke nicht mehr als ihre eingezahlten Kapitalanteile und den gemeinen Wert ihrer geleisteten Sacheinlagen zurück.

- Abs. 3 Alternative 2:
3. Die Mittel der Gesellschaft dürfen nur für satzungsgemäße Zwecke verwendet werden. Gesellschafter dürfen keine Gewinnanteile und in ihrer Eigenschaft als Gesellschafter auch keine sonstigen Zuwendungen aus Mitteln der Gesellschaft erhalten. Gesellschafter erhalten bei ihrem Ausscheiden oder bei Auflösung der Gesellschaft oder bei Wegfall der steuerbegünstigten Zwecke nicht mehr als ihre eingezahlten Kapitalanteile und den gemeinen Wert ihrer geleisteten Sacheinlagen zurück. Diese Beschränkungen gelten nicht für Ausschüttungen im Rahmen der Vorschrift des § 58 Nr. 2 der Abgabenordnung an Gesellschafter, die im Zeitpunkt der Beschlussfassung und der Vornahme der Gewinn-

ausschüttung als steuerbegünstigte Körperschaft im Sinne des Abschnitts „Steuerbegünstigte Zwecke" der Abgabenordnung anerkannt sind. Auch andere nach den Vorschriften der Abgabenordnung über steuerbegünstigte Zwecke geregelte Zuwendungen und Mittelüberlassungen sind an Gesellschafter nur zulässig, wenn diese selbst als steuerbegünstigte Körperschaften anerkannt sind.

4. Die Gesellschaft darf keine Person durch Ausgaben, die dem Zweck der Gesellschaft fremd sind, oder durch unverhältnismäßig hohe Vergütungen begünstigen.

Inhalt der Erläuterungen zu § 4

1. Gemeinnützigkeit

Die Gesellschaft ist steuerbegünstigt (umgangssprachlich: gemeinnützig), wenn der Gesellschaftsvertrag alle gemeinnützigkeitsrechtlichen Voraussetzungen erfüllt und die tatsächliche Geschäftsführung mit den Vorschriften des Gesellschaftsvertrages im Einklang steht.[344]

In einer Anlage des Anwendungserlasses zur Abgabenordnung[345] hat die Finanzverwaltung Formulierungsvorschläge zusammengestellt, deren wortgetreue Übernahme in den Gesellschaftsvertrag eine gemeinnützigkeitsrechtliche Anerkennung sehr erleichtert. Weitere Voraussetzung der Gemeinnützigkeit ist die Auswahl eines steuerbegünstigten Gesellschaftszwecks aus dem Katalog des § 52 AO.

In das Formular wurden mit der Alternative 1 die Formulierungsvorschläge der Finanzverwaltung wortgetreu übernommen. Alternative 2 sieht Gewinnausschüttungen an gemeinnützige Gesellschafter im Rahmen der Vorschrift des § 58 Nr. 2 der Abgabenordnung vor. Die Zulässigkeit solcher Ausschüttungen ergibt sich unmittelbar aus der genannten Vorschrift. Die Vertragsklausel wird von der Finanzverwaltung durchweg akzeptiert.

2. Selbstlosigkeit

Dieser zentrale Begriff des Gemeinnützigkeitsrechts bedeutet, dass die Gesellschaft zwar Gewinne erwirtschaften darf, diese aber für die in dem Gesellschaftsvertrag angegebenen steuerbegünstigten

Zwecke einsetzen muss und auch Vergünstigungen/Zuwendungen nur im Rahmen der Gesellschaftszwecke zulässig sind.[346] Zu diesem Grundsatz bestehen zwei wesentliche Ausnahmen:
- Die Gesellschaft darf zur Erhaltung ihrer Leistungsfähigkeit in einem nach den Vorschriften der Abgabenordnung genau vorgegebenen Umfang **Rücklagen** bilden.[347]
- Die Gesellschaft darf andere gemeinnützige Organisationen in einem gewissen Rahmen bei deren steuerbegünstigten Aktivitäten unterstützen.[348]

3. Ausschließlichkeit

Der Ausschließlichkeitsgrundsatz[349] bedeutet, dass die Gesellschaft nur die satzungsmäßigen Zwecke unterstützen darf. Jede direkte und indirekte Zuwendung außerhalb dieser Zwecke (z. B. durch Zahlung überhöhter Preise oder durch Bezuschussung eines Gewerbebetriebs der Gesellschaft oder des Gesellschafters) gefährdet die Steuerbegünstigung der Gesellschaft.

4. Unmittelbarkeit

Die Gesellschaft muss ihre Gesellschaftszwecke selbst, also durch eigene steuerbegünstigte Aktivitäten verfolgen.[350] Zu diesem Grundsatz bestehen z. B. folgende Ausnahmen:
- Die Gesellschaft kann sich **Hilfspersonen** bedienen.[351] Dies ist z. B. der Fall, wenn die Gesellschaft Personal anstellt oder Subunternehmer beauftragt und ihr deren Handeln aufgrund der rechtlichen und tatsächlichen Beziehungen wie eigenes Handeln zugerechnet werden kann.[352] Dazu muss die Gesellschaft die konkreten Umsetzungsmodalitäten bestimmen können.
- Wenn die in dem Gesellschaftsvertrag angeführten Zwecke es ausdrücklich vorsehen, kann die Gesellschaft Mittel zur **Förderung** der steuerbegünstigten Zwecke anderer steuerbegünstigter Organisationen oder einer Körperschaft des öffentlichen Rechts sammeln und an diese vollständig zur Verwendung für steuerbegünstigte Zwecke weiterreichen.[353]
- Wenn die Weiterleitung von Mitteln an eine andere steuerbegünstigte Organisation nicht ausdrücklich im Gesellschaftsvertrag vorgesehen ist, darf die Gesellschaft nach Auffassung der Finanzverwaltung bis zu 50% ihrer Mittel an eine andere steuerbegünstigte Organisation oder einer Körperschaft des öffentlichen Rechts zur Verwendung zu steuerbegünstigten Zwecken zuwenden.[354]

5. Geschäftsführung

Die tatsächliche Geschäftsführung der Gesellschaft muss die vorgenannten Voraussetzungen einhalten und dies durch ihre Aufzeichnungen belegen können.[355] Die an die Aufzeichnungen gestellten Anforderungen können die allgemeinen Rechenschaftslegungspflichten deutlich übersteigen, z. B. muss bei der satzungsmäßigen Unterstützung einer wirtschaftlich hilfsbedürftigen Person[356] die Hilfsbedürftigkeit nach Auffassung der Finanzverwaltung detailliert belegt sein.[357]

§ 5
Stammkapital, Stammeinlagen

Variante 1

1. Das Stammkapital der Gesellschaft beträgt ...... EUR
   (in Worten: .... Euro).
2. Gesellschafter sind
   .... mit einer Stammeinlage von .... EUR,
   .... mit einer Stammeinlage von .... EUR,
   .... mit einer Stammeinlage von .... EUR.
3. Die Stammeinlagen sind in voller Höhe sofort zur Einzahlung fällig.
4. Eventuelle zusätzliche Sacheinlagen werden in die Kapitalrücklage eingestellt und im Auseinandersetzungsfalle zu den Einlagebuchwerten, höchstens aber zum Wert nach § 4 Abs. 3 abgerechnet.

Variante 2

1. wie Variante 1
2. Gesellschafter ist
   .... mit einer Stammeinlage von .... EUR.
3. Die Stammeinlage ist in voller Höhe sofort zur Einzahlung fällig.
4. wie Variante 1

Inhalt der Erläuterungen zu § 5

1. Stammkapital und Stammeinlage
2. Bar- und Sachgründung
3. Fehlerhafte Kapitalaufbringung
4. Geschäftsanteil
5. Reformüberlegungen und die Ltd.

1. Stammkapital und Stammeinlage

Es handelt sich bei der Angabe des Stammkapitals und dem Betrag der von den einzelnen Gesellschaftern auf das Stammkapital zu leistenden Stammeinlage um notwendige Satzungsbestandteile.[358] Das Mindeststammkapital beträgt 25.000 EUR.[359] Mit Stammeinlage wird der Betrag bezeichnet, den der Gesellschafter auf das Stammkapital geleistet oder noch zu leisten hat. Für sie gilt:

– Mindestbetrag des einzelnen Gesellschafters 100 EUR,[360]
– Betrag muss durch 50 teilbar sein,[361]
– Beteiligungshöhe der einzelnen Gesellschafter kann unterschiedlich sein,[362]
– Stimmverhältnis kann von dem Verhältnis der Stammeinlagen abweichend im Gesellschaftsvertrag geregelt werden,[363]
– Gesamtbetrag aller Stammeinlagen muss mit dem Stammkapital übereinstimmen[364] sowie
– Anmeldevoraussetzung ist die Einzahlung von mindestens ¼ auf jede Stammeinlage, mindestens 12.500 € und im Falle einer Gründung durch einen einzigen Gesellschafter Sicherheitsleistung hinsichtlich des Restbetrages.[365]

2. Bar- und Sachgründung

Die Stammeinlage kann durch Barzahlung oder durch Einbringung von im Gesellschaftsvertrag spezifisch festgelegten[366] Sachwerten (Sachen, Rechte, sonstige Vermögensgegenstände) geleistet werden. Einer Bargründung verläuft grundsätzlich reibungsloser:

– Bewertungsunterlagen müssen nicht zusammengestellt werden,
– Sachgründungsbericht muss nicht erstellt werden,[367]
– Prüfung der Werthaltigkeit durch Sachverständige und das Gericht[368] entfällt,
– Streitigkeiten der Gesellschafter über die Brauchbarkeit und Mängelfreiheit der eingebrachten Sachwerte werden vermieden,
– Haftung für Wertdifferenz zwischen übernommener Stammeinlage und geringerem Wert der Sacheinlage ist ausgeschlossen und
– Diskussion über notwendige Spezifizierung der Sacheinlage[369] wird vermieden.

Nachteile einer Bargründung:

– Liquiditätsabfluss beim Gesellschafter in Höhe der einzuzahlenden Stammeinlagen, allerdings benötigt die Gesellschaft in der Regel Liquidität für den laufenden Geschäftsbetrieb, wofür die eingezahlten Einlagen verwendet werden dürfen,

– keine Gefahr einer verdeckten Sacheinlage wegen Einbringung eines potenziell risikobehafteten Geschäftsbetriebs und
– Mitgesellschafter bleiben in ihrer Entscheidung frei, an bestimmten betriebswesentlichen Sachwerten der Gesellschaft nur ein Nutzungsrecht (Miete, Pacht, Nießbrauch) einzuräumen.

3. Fehlerhafte Kapitalaufbringung

Die Stammeinlagen müssen der Geschäftsführung endgültig zur freien Verwendung für die satzungsmäßigen Zwecke der Gesellschaft zur Verfügung stehen.[370] Andernfalls gilt die Einlage als nicht erbracht und muss auf Anforderung der Gesellschaft erneut eingezahlt werden. Problematisch sind insbesondere folgende in der Praxis durchaus häufigeren Fälle:[371]

– Wenn die Gesellschaft die Bareinlage dafür verwendet, um in weitläufigem zeitlichem Zusammenhang mit der Gesellschaftsgründung von den Gesellschaftern gekauftes Anlagevermögen zu bezahlen (**verdeckte Sacheinlage**), gilt die Bareinlage insoweit als nicht erbracht. Dies gilt auch, wenn bei dem Geschäft Dritte zwischengeschaltet werden (**Umgehungsgeschäfte**).[372]
– Aus dem gleichen Grund sind **Aufrechnungen** gegen die Einlageforderungen unzulässig.[373]
– **Verwendungsabsprachen** außerhalb des Gesellschaftsvertrages, mit denen die Geschäftsführung zur einer bestimmten Verwendung der Einlagen im Rahmen des Gesellschaftszwecks verpflichtet werden, schließen die eigenständige Entscheidung der Geschäftsführung über eine (abredewidrige) Mittelverwendung im Regelfall nicht aus.[374]
– Bei einer Einbeziehung der Stammeinlagen in das **Cash-Management** bzw. **Cash-Pooling** im Konzernverbund ist die Stammeinlage nicht ordnungsmäßig erbracht.[375] Das Gleiche gilt bei Rückzahlung der Stammeinlage als Darlehen an den Gesellschafter.

4. Geschäftsanteil

Während die Stammeinlage den Anteil am Stammkapital und die Beitragspflicht bezeichnet, wird mit Geschäftsanteil (§ 14 GmbHG) die Gesamtheit der Rechte und Pflichten des Gesellschafters umschrieben. Die terminologische Unterscheidung ist ohne eigentlichen Erkenntniswert.[376]

5. Reformüberlegungen und die Ltd.

Wegen dem allgemeinen Interesse an der Ltd. wird diskutiert, das gesetzliche Mindeststammkapital der GmbH herabzusetzen und eine Pflicht zur Bezifferung des Stammkapitals auf dem Geschäftspapier vorzusehen. Alternativ stehen Überlegungen zu einer grundlegenden Reform des Gesellschaftsrechts im Raum. Die weitere Entwicklung bleibt abzuwarten.

Als Ersatz für eine gemeinnützige GmbH ist die Ltd. bei den hier einschlägigen Fallkonstellationen auch abgesehen von den Schwierigkeiten einer Anerkennung der Steuerbegünstigung wegen zahlreicher Risiken und erheblichen Folgekosten in der Regel nicht zu empfehlen.

§ 5a
Pflichten der Gesellschafter

Nur bei Variante 1

1. Die Gesellschafter setzen sich für die Erreichung des Gesellschaftszwecks ein. Dazu werden Sie insbesondere ....

- Abs. 2 Alternative 1:
2. Die Gesellschafter unterliegen keinem Wettbewerbsverbot. Sie werden jedoch bei ihrer Planung die Interessen der Gesellschaft angemessen berücksichtigen und aufeinander abgestimmte Angebote entwickeln.

- Abs. 2 Alternative 2:
2. Die Gesellschafter werden nur mit Zustimmung der Gesellschafterversammlung in Geschäftsfeldern der Gesellschaft, wie sie in § 2 beschrieben sind, tätig oder sich an anderen Gesellschaften mit diesen Geschäftsfeldern beteiligen.

- Abs. 3 Alternative 1:
3. Die Gesellschafter sind zu keinem Nachschuss verpflichtet.

- Abs. 3 Alternative 2:
3. Die Gesellschafter sind auf Beschluss der Gesellschafterversammlung zu einem Nachschuss in Höhe von .... EUR verpflichtet.

- Abs. 3 Alternative 3:
3. Zusätzlich zur Stammeinlage zahlen die Gesellschafter mit Aufnahme der Geschäftstätigkeit einen Betrag von zusammen

.... EUR im Verhältnis ihrer Stammeinlagen als Kapitalrücklage ein.
- **Abs. 3 Alternative 4:**
3. Die Gesellschafter gewähren der Gesellschaft bei Aufnahme der
   Geschäftstätigkeit einen Betriebsmittelkredit in Höhe von
   .... Euro über eine Laufzeit von 5 Jahren zu einem Zins
   von ......% pa. in Verbindung mit einer qualifizierten Rangrücktrittserklärung.

Inhalt der Erläuterungen zu § 5a

1. Funktion der Vorschrift

In der Praxis sehen nur wenige Gesellschaftsverträge die hier aufgeführten zusätzlichen Pflichten vor, obwohl sie für den Gesellschafts-
bzw. Projekterfolg von entscheidender Bedeutung sein können.
Wenn ein Gesellschaftsvertrag diesbezügliche Pflichten enthält,
werden sie meistens mit den Regelungen zu Stammkapital und
Stammeinlagen in einem Paragrafen zusammengefasst. Die besondere Bedeutung der neben der Stammeinlage übernommenen Verpflichtungen kann jedoch die Aufnahme in eine gesonderte Vorschrift rechtfertigen.

Bei einem Alleingesellschafter kann der Paragraph entfallen, sofern keine besondere Stärkung der Gesellschaft gegenüber den Interessen des Gesellschafters erwünscht ist, die allerdings der Gesellschafter jederzeit durch eine Änderung des Vertrages wieder zu-
rücknehmen könnte.

Die zusätzlichen Pflichten der Gesellschafter neben der Einzahlung ihrer Stammeinlage können individuell sehr unterschiedlich
ausfallen. Insbesondere bei mehreren Gesellschaftern sollte bedacht
werden, welche konkrete Mitwirkung der Gesellschafter erforderlich sein wird, um den Gesellschaftszweck zu erreichen. Je konkreter die Beiträge der Gesellschafter im Vertrag beschrieben werden,
umso leichter kann späteren Auseinandersetzungen zwischen den
Gesellschaftern vorgebeugt werden. Sofern einzelne Gesellschafter
sich bei der Abfassung des Gesellschaftsvertrages einer Festschreibung von Pflichten widersetzen, kann dies ein wichtiger Hinweis

auf später drohende Konflikte durch mangelnde Zusammenarbeit und Unterstützung sein. Ggf. sollte dann rechtzeitig von einer Beteiligung dieses Gesellschafters oder Gründung eines Gemeinschaftsunternehmens Abstand genommen werden.

2. Förderung der Gesellschaft (Absatz 1)

Hier wird die konkrete Förderung der Gesellschaft durch die Gesellschafter beschrieben, z.B. durch Interessenvertretung, Einbeziehung in Vernetzungsstrukturen, Weitergabe von Know-how, Gebietsaufteilung oder gemeinsame Wertschöpfungsprozessketten. Letzteres kann z.B. bei verzahnten ambulanten und stationären Angeboten oder Verwaltungsleistungen einer Serviceabteilung der Fall sein.

Die weiteren Möglichkeiten gesellschaftsrechtlich zulässiger Nebenleistungspflichten[377] der Gesellschafter sind sehr zahlreich und können hier nur beispielhaft aufgeführt werden: besondere Sachleistungen wie z.B. kostenlose Bereitstellung von Räumen, Vermittlung bestimmter Kundengruppen, Zugang zu Infrastruktur etc.

Eine sehr weitgehende Form der Bindung stellt die Verpflichtung zur Leistungsabnahme dar. Einerseits kann dies für die Gründungsphase unerlässlich sein. Andererseits führt eine langfristige Bindung dazu, dass den Beteiligten Leistungsanreize fehlen.

In der Praxis hat sich eine auf drei Jahre befristete Abnahmeverpflichtung bewährt, insbesondere bei Ausgründungen von Service-Gesellschaften oder dem Bezug von Serviceleistungen des Gesellschafters. Eine längerfristige Bindung kann unter bestimmten Voraussetzungen außerdem die Steuerbegünstigung der Gesellschaft gefährden.

> **Beispiel:** Der Verband gründet eine Betriebsgesellschaft für seine stationären Einrichtungen. Er behält die Zentralverwaltung, ambulante Angebote und Beratungsstellen. Die Einrichtungsleitungen stehen den Leistungen der Zentralverwaltung kritisch gegenüber. Für das Beteiligungsmanagement und die Erreichung der ideellen Zwecke ist es in der Regel nicht erforderlich, dass der Verband Verwaltungsleistungen erbringt. Er verpflichtet die Einrichtungen, für einen Zeitraum von drei Jahren nach der Ausgliederung die Verwaltungsleistungen abzunehmen. In dieser Zeit müssen sich die MitarbeiterInnen darauf einstellen, wettbewerbsfähige Dienstleistungen an die Tochtergesellschaft als nunmehr externen Kunden zu erbringen. Wenn die Tochtergesellschaft nach drei Jahren die Leistungen nicht mehr beziehen will, wird die Zentralverwaltung abgebaut. Durch die Wettbewerbssituation

wird eine Leistungskontrolle sichergestellt. Der Gesellschafter sollte allerdings die zur zentralen Steuerung wesentlichen Kompetenzen behalten und nicht zur Disposition stellen. Dazu gehört z. B. das Verbundcontrolling als wesentliche Grundlage eines verantwortungsvollen Beteiligungsmanagements.

Formulierungsbeispiel zu Absatz 1:
„Zur Unterstützung der Zielsetzungen der Gesellschaft und der Ausnutzung von Synergieeffekten sind die Gesellschafter außerdem zur Förderung der Gesellschaft durch unentgeltliche Nebenleistungen verpflichtet, und zwar der

- Deutsches Rotes Kreuz Kreisverband XY e. V. zur Überlassung der für den Geschäftsumfang bei vergleichbaren Betrieben als notwendig angesehenen Fahrzeuge einschließlich Versicherung, Steuer, Kapitalkosten und zur Durchführung der Werbung für die Gesellschaft und der

- Arbeiterwohlfahrt Kreisverband XY e. V. zur Stellung des notwendigen Verwaltungs- und Leitungspersonals sowie zur Abrechnung des Personals und der Buchführung.

Ein Gesellschafter ist zur Kündigung seiner Nebenleistungspflichten berechtigt, soweit er mit diesen Pflichten gegenüber seinem Mitgesellschafter deutlich benachteiligt wird oder er andernfalls seine Steuerbegünstigung gefährden oder gegen gesetzliche Vorschriften verstoßen würde."

3. Wettbewerbsverbot (Absatz 2)

Häufig sind die Gesellschafter im gleichen Geschäftsfeld tätig, so dass kein Wettbewerbsverbot gelten sollte. Andererseits sollte eine direkte Konkurrenz aus Kosten- und Effizienzgründen vermieden werden. Je klarer sich die Geschäftsfelder abgrenzen lassen, umso weniger Konfliktpotenzial besteht für die Zukunft. Bei der Formulierung sollten auch künftige Tätigkeitsfelder berücksichtigt werden. Sowohl die Gesellschafter wie die Gesellschaft werden sich in Zukunft weiterentwickeln und neue Chancen wahrnehmen wollen.

Sofern bei der Gründung keine Konkurrenz besteht, bietet sich die Festschreibung in einem Wettbewerbsverbot an.

Das die Geschäftsführer betreffende Wettbewerbsverbot wird in deren Anstellungsverträgen geregelt. Ergänzend könnte es zusätzlich in den Gesellschaftsvertrag aufgenommen werden.

Gemeinnützigkeitsrechtlich wird eine unentgeltliche Befreiung vom Wettbewerbsverbot als zulässig angesehen.[378] Wenn auch Geschäftsführer oder selbst nicht steuerbegünstigte Gesellschafter vom Wettbewerbsverbot befreit werden, dürfte dies aber häufig gegen den Grundsatz der Selbstlosigkeit[379] verstoßen.[380]

4. Verpflichtung zur Zuführung zusätzlicher Liquidität, z. B. Nachschusspflicht (Absatz 3)

Ohne gesonderte Regelung besteht keine Nachschusspflicht.[381] Eine entsprechende Regelung im 3. Absatz kann daher auch entfallen. Um das Risiko einer persönlichen Haftung für eine verdeckte Rückzahlung des Stammkapitals und die Kapitalbindung aus Sicht der Gesellschafter möglichst gering zu halten, erfolgt häufig eine Gründung mit im Verhältnis zum Geschäftsbetrieb minimaler Stammkapitalausstattung. Das betriebsnotwenige Kapital ist vielfach höher, so dass zur Vermeidung von Liquiditätsproblemen zumindest in den ersten Jahren eine zusätzliche Kapitalzufuhr erforderlich ist. Hierfür kommen insbesondere folgende Möglichkeiten in Betracht:
– Gesellschafterdarlehen,
– Nachschusspflicht oder
– zusätzliche Gesellschaftereinlage (Agio).
Kann dieser extern zu bedienende Kapitalbedarf durch Überschüsse in den ersten Jahren der Geschäftstätigkeit abgebaut werden, so genügt eine geringe Kapitalausstattung in Verbindung mit einem befristeten Darlehen. Hierbei handelt es sich um ein **eigenkapitalersetzendes Gesellschafterdarlehen**,[382] welches mit einer qualifizierten Rangrücktrittserklärung versehen werden muss, um eine Überschuldung und damit eine Insolvenz zu vermeiden. Durch die Rangrücktrittserklärung dient das eigenkapitalersetzende Darlehen im Insolvenzfall vorrangig allen anderen Gläubigern zur Befriedigung ihrer Forderungen und die Gesellschafter werden als letzte bedient oder gehen leer aus. Die gemeinnützigkeitsrechtliche Zulässigkeit dieser Finanzierungsalternative wird je nach konkreter Fallgestaltung vereinzelt unter Berufung auf eine im Ergebnis richtige, aber unzutreffend begründete[383] BFH-Entscheidung[384] angezweifelt.
Die gesellschaftsvertragliche Vereinbarung einer **Nachschusspflicht** bietet sich an, wenn der Gesellschaftszweck relativ wenig Spielraum für eine Darlehensrückzahlung bietet und die Höhe des erforderlichen Kapitals noch nicht abgeschätzt werden kann oder weiterer Kapitalbedarf erst in den nächsten Jahren erwartet wird. Bei dieser Gestaltung besteht das Risiko, dass ggf. einzelne Gesellschafter in den nächsten Jahren nicht (mehr) in der Lage oder ohne

weiteres bereit sein werden, eine Nachschusszahlung zu leisten. In der Entscheidung über die Geltendmachung der Nachschusspflicht ist die Gesellschafterversammlung autonom. Insbesondere können Gläubiger oder Insolvenzverwalter die Beschlussfassung nicht erzwingen.[385] Andererseits erhöht bereits die potenzielle Möglichkeit einer Ausübung der Nachschusspflicht die Bonität der Gesellschaft.[386] Die aufgrund der Nachschusspflicht geleisteten Zahlungen werden in die Kapitalrücklage eingestellt.[387] Die Mittel dürfen bilanziell nur zur Verlusttilgung,[388] zur Erhöhung des Stammkapitals[389] und unter bestimmten formalen Voraussetzungen zur Rückzahlung[390] aus der Kapitalrücklage entnommen werden.

Nicht zum Stammkapital gehören Aufschläge (**Agio**) über den Betrag des Stammkapitals hinaus.[391] Sie unterliegen nicht den für Stammeinlagen geltenden Vorschriften und sollten daher im Gesellschaftsvertrag klar von den Stammeinlagen abgegrenzt werden.[392] Diese Beträge weist die Gesellschaft in der Kapitalrücklage aus.[393] In der Regel ist es sinnvoll, auf Dauer zusätzlich benötigte Liquidität über Kapitaleinlagen abzudecken.

5. Besonderheiten bei einer kommunalen Gesellschaft

Es muss darauf geachtet werden, dass die Kommune im Falle der Geltendmachung der Nachschusspflicht nicht ungewollt die Kontrolle über die Gesellschaft verliert[394], z.B. weil die Mittel zur Einzahlung nach der Beschlussfassung der Gesellschafterversammlung nicht mehr zur Verfügung stehen.

Die Einzahlungspflichten der Kommune müssen in einem angemessenen Verhältnis zu ihrer Leistungsfähigkeit stehen. Grundsätzlich darf die Kommune nur eine betragsmäßig begrenzte Nachschusspflicht übernehmen.

§§ 6–14
Organe

§ 6
Organe der Gesellschaft

Variante 1, 2

Die Organe der Gesellschaft sind
a) die Gesellschafterversammlung
b) die Geschäftsführung

c) der Aufsichtsrat
d) der Beirat (fakultativ).

Inhalt der Erläuterungen zu § 6

1. Funktion der Vorschrift
2. Organbegriff
3. Obligatorische und
   fakultative Organe

4. Haftung der Organmitglieder
5. Aufbau der Vorschriften zu den
   Organen

1. Funktion der Vorschrift

Die Vorschrift dient ausschließlich der Übersichtlichkeit für die ehrenamtlichen, häufig mit betriebswirtschaftlichen Fragestellungen nicht vertrauten Gremienmitglieder. Zwar definiert die Vorschrift formal die Organe der Gesellschaft, diese Funktion wird aber auch von den Detailvorschriften des Gesellschaftsvertrages zu den Organen erfüllt.

2. Organbegriff

Juristische Personen bilden ihren Willen und werden tätig mit Hilfe ihrer Organe. Grundlage der Organe sind deren Festlegung im Gesellschaftsvertrag und die einschlägigen gesetzlichen Vorschriften. Je nach Ausgestaltung und Kompetenzen wird zwischen Innenorgan (z.B. Gesellschafterversammlung, Aufsichtsrat, Beirat) und Außenorgan (Geschäftsführung) unterschieden.

3. Obligatorische und fakultative Organe

Das GmbH-Gesetz sieht mindestens zwei Organe vor, die Gesellschafterversammlung[395] und die Geschäftsführung.[396] Im Anwendungsbereich bestimmter, bei gemeinnützigen Gesellschaften wegen des Tendenzschutzes regelmäßig nicht eingreifender mitbestimmungsrechtlicher Vorschriften ist zusätzlich ein Aufsichtsrat im Gesellschaftsvertrag zu verankern.

Neben diesen notwendigen Organen können im Gesellschaftsvertrag weitere Organe festgelegt werden. Üblich ist bei gemeinnützigen Gesellschaften ein „freiwilliger" Aufsichtsrat, häufig auch als Beirat, Verwaltungsrat oder Gesellschafterausschuss bezeichnet.[397] Von dieser Option macht der Gesellschaftsvertrag mit der Installation eines Aufsichtsrats Gebrauch. Weiterhin ist im Vertragmuster die Möglichkeit eingeräumt, bei konkretem Bedarf zusätzlich einen Beirat einzurichten. Dazu besteht nach den Erfahrungen der Praxis häufig Bedarf. Insbesondere können die divergierenden Interessen bei den wegen des Anpassungsdrucks der NPO erforderlichen Restrukturierungen[398] in einem Beirat aufgefangen werden. Wegen der Einzelheiten wird auf die Erläuterungen zu den einschlägigen Vorschriften des Gesellschaftsvertrages verwiesen.

4. Haftung der Organmitglieder

Die Gremienmitglieder sind zur sorgfältigen Ausübung ihrer Gremientätigkeit verpflichtet. Der ihnen obliegende Sorgfaltsmaßstab kann im Gesellschaftsvertrag beschränkt werden. Das Haftungsrisiko richtet sich insbesondere nach den übertragenen Aufgaben. Bei summarischer Betrachtung nimmt das Haftungsrisiko mit zunehmender Distanz zur operativen Geschäftstätigkeit deutlich ab. Das operativ tätige Organ Geschäftsführung ist daher den weitestgehenden Haftungsrisiken ausgesetzt; demgegenüber sind die Haftungsrisiken der mit strategischen Fragestellungen beauftragten Organe erheblich geringer, es sei denn, sie greifen als gegenüber der Geschäftsführung weisungsbefugte Organe (z. B. Gesellschafterversammlung oder Beirat mit gesellschaftsvertraglich begründeten Weisungsbefugnissen) in die operative Geschäftstätigkeit ein.

Nahe liegende Möglichkeiten zur Haftungsbegrenzung sind nachfolgend bei der Vorschrift zur Geschäftsführung erläutert.

5. Aufbau der Vorschriften zu den Organen

Die Paragraphen zu den einzelnen Organen haben folgenden einheitlichen Aufbau:
- Funktion des Organs, insbesondere im Zusammenspiel mit anderen Organen, und Aufgaben (Beschluss, Zustimmung, Genehmigung, Informationsrechte und -pflichten),
- Innere Ordnung: Anzahl der Mitglieder, Zusammensetzung, Voraussetzungen für die Wählbarkeit, Wahl, Amtsdauer, Ausscheiden, Festlegung der Leitung, Stimmrechte, Ressortverteilung, Vergütung der Sitzungstätigkeit, Verschwiegenheit und Wettbewerbsverbot der Mitglieder, Geschäftsordnung, Evaluation der eigenen Arbeit,
- Sitzungen: Einberufung regulär und außerordentlich (wer, wann, wo, wie oft, Verfahren & Fristen), Vorbereitung und Leitung, Teilnahme (Vertreter der Gesellschafter, Aufsichtsrat, Geschäfts-

führer), Beschlussfassung (Beschlussfähigkeit, Mehrheiten) und Protokoll (Umfang, Verteiler, Fristen). Je nach Funktion des Gremiums sind weitere Aspekte zu berücksichtigen, z. B. die Außenvertretung bei der Geschäftsführung, oder entfallen einige Aspekte.

§ 7
Gesellschafterversammlung – Funktion und Aufgaben

Variante 1, 2

1. Die Gesellschafterversammlung vertritt die Interessen der Gesellschafter. Sie übt die strategische Kontrolle aus, trifft Grundsatzentscheidungen, beruft die Geschäftsführung und bestellt Mitglieder des Aufsichtsrates. Dabei achtet sie insbesondere auf die Einhaltung der ideellen Zielsetzungen, wie sie in den §§ 2–3 beschrieben sind, sowie die langfristige Substanzerhaltung der Gesellschaft.

2. Die Gesellschafterversammlung beschließt über alle Angelegenheiten von grundsätzlicher Bedeutung, die zum Beispiel die Struktur der Gesellschaft, die Anbindung an die Gesellschafter, besondere Risiken und ihre grundlegende strategische sowie ideelle Ausrichtung betreffen. Sie beschließt auch über folgende Angelegenheiten:

a) Einforderung von Einzahlungen auf die Stammeinlage, die Teilung sowie die Einziehung von Geschäftsanteilen,

b) Bestellung und Abberufung der Geschäftsführer sowie der Aufsichtsratsmitglieder nach § 12 Abs. 2, Abschluss und Kündigung der Geschäftsführeranstellungsverträge,

c) Feststellung des Jahresabschlusses, Verwendung des Bilanzgewinns oder Behandlung eines Bilanzverlustes im Rahmen der gemeinnützigkeitsrechtlichen Vorschriften,

d) Auswahl und Bestellung des Abschlussprüfers der Gesellschaft; sie kann den Gegenstand und den Umfang der Prüfung generell oder im Einzelfall über den in § 317 des Handelsgesetzbuches geregelten gesetzlichen Gegenstand und Umfang der Prüfung hinaus erweitern,

e) Entlastung der Geschäftsführung und des Aufsichtsrats,

f) Sitzverlegung und Veräußerung des Unternehmens im Ganzen oder von wesentlichen Teilen desselben,

g) Ausschluss von Gesellschaftern,

h) Beschlüsse über Unternehmensverträge,

i) Strukturmaßnahmen, die Gegenstands- oder Zweckänderungen gleichkommen,
j) Auflösung der Gesellschaft und die Wahl der Liquidatoren,
k) Änderung des Gesellschaftsvertrages,
l) Weisungen an die Geschäftsführung mit satzungsändernder Mehrheit.

3. Die Geschäftsführung und der Aufsichtsrat haben die Gesellschafterversammlung zeitnah zu informieren, wenn wesentliche Prämissen der strategischen Planung sich ändern oder ein deutliches Verfehlen der operativen Ziele absehbar ist. Sofern existenzgefährdende Risiken drohen, muss in Abstimmung mit dem Vorsitzenden der Gesellschafterversammlung unverzüglich eine Gesellschafterversammlung einberufen werden. In beiden Fällen sind konkrete Vorschläge für die Anpassung der Planung zu unterbreiten.

Inhalt der Erläuterungen zu § 7

1. Funktion der Vorschrift
2. Aufgabenkatalog
3. Kompetenzaufteilung zwischen den Organen
4. Aspekte der Corporate/ Nonprofit Governance
5. Besonderheiten bei einer kommunalen Gesellschaft

1. Funktion der Vorschrift

Die Vorschrift regelt die Funktion des Organs, insbesondere im Zusammenspiel mit anderen Organen, und die Kompetenzen.

2. Aufgabenkatalog

Durch einen detaillierten Aufgabenkatalog, der auch die gesetzlich vorgeschriebenen Aufgaben umfasst, wird es den – kaufmännisch meist weniger erfahrenen – Versammlungsmitgliedern erleichtert, ihre Aufgaben vollständig und sachgerecht wahrzunehmen.

Bei der hier gewählten Vertragsgestaltung mit der Kompetenzzuweisung in Absatz 1 und dem Vorbehaltskatalog in Absatz 2 enthält sich die Gesellschafterversammlung jedes Eingriffs in die operative Geschäftsführung, außer eine satzungsändernde Mehrheit der Gesellschafter sieht die Notwendigkeit einer unmittelbaren Weisung an die Geschäftsführung. In der Regel führen solche Einzelweisungen zu keiner fruchtbaren Entwicklung der Gesellschaft. Bei mangelnder Übereinstimmung in den Vorstellungen über Ziele und Art der Umsetzung zwischen Gesellschaftern und Geschäftsführung ist ein Geschäftsführungswechsel langfristig der bessere Weg.

Die Weisungsbefugnis der Gesellschafterversammlung kann im Gesellschaftsvertrag nur eingeschränkt, nicht aber vollständig ausgeschlossen werden.[399]

Auf den Hinweis, dass die Gesellschafter über alle Angelegenheit beschließen, die das Gesetz zwingend vorschreibt, wurde verzichtet, da dies selbstverständlich ist.

3. Kompetenzaufteilung zwischen den Organen

Die Rollenverteilung zwischen Gesellschafterversammlung, Aufsichtsrat und Geschäftsführung kann unterschiedlich erfolgen. Eine ausführliche Darstellung findet sich im Abschnitt A. V. 7. In diesem Mustervertrag wird davon ausgegangen, dass die Gesellschafterversammlung die strategische Kontrolle übernimmt und strategische Planung sowie operative Kontrolle dem Aufsichtsrat überlässt.

Durch eine größere Distanz zum Tagesgeschäft fällt es der Gesellschafterversammlung leichter, die langfristige Entwicklung der Gesellschaft kritisch zu begleiten. Insbesondere die langfristige Substanzerhaltung sollte im Fokus stehen, da gerade in den nächsten Jahrzehnten Nonprofit-Organisationen eine Kapitalauszehrung auf Grund rückläufiger öffentlicher Mittel droht.

4. Aspekte der Corporate/Nonprofit Governance

Diese Vorschrift trägt den Grundsätzen guter Unternehmensführung mit folgenden Regelungen Rechnung:
- Klarstellung der Aufgabenzuweisung in Absatz 1,
- Auswahl des Abschlussprüfers in Absatz 2,
- Verpflichtung zur abgestuften Berichterstattung bei Änderung wesentlicher Prämissen der strategischen Planung oder existenzgefährdenden Risiken in Absatz 3.

5. Besonderheiten bei einer kommunalen Gesellschaft

Die Gemeindeordnungen sehen häufig die zwingende Zuweisung bestimmter Kompetenzen zur Gesellschafterversammlung vor. Diese sind in den vorstehenden Kompetenzkatalog aufzunehmen, auch wenn dadurch gegen Aspekt der Corporate/Nonprofit Governance verstoßen wird. Üblich ist zum Beispiel die zwingende Zuweisung der folgenden Kompetenzen zur Gesellschafterversammlung:

– Abschluss und die Änderungen von Unternehmensverträgen im Sinne der §§ 291 und 292 Abs. 1 des AktG,
– Erwerb und die Veräußerung von Unternehmen und Beteiligungen,
– Beschlussfassung über den Wirtschaftsplan, die Feststellung des Jahresabschlusses und die Verwendung des Ergebnisses sowie
– Bestellung und Abberufung der Geschäftsführer, soweit dies nicht ohnehin der Gemeinde vorbehalten ist.

§ 8
Gesellschafterversammlung – Innere Ordnung

Variante 1

* Abs. 1 Alternative 1:
1. Die Mitglieder der Gesellschafterversammlung wählen aus ihrer Mitte einen Vorsitzenden der Gesellschafterversammlung.

* Abs. 1 Alternative 2:
1. Die Mitglieder der Gesellschafterversammlung wählen den Vorsitzenden aus den Vertretern des Mehrheitsgesellschafters.

* Abs. 1 Alternative 3:
1. Die Mitglieder der Gesellschafterversammlung wählen den Vorsitzenden aus den Vertretern eines Minderheitsgesellschafters.

* Abs. 1 Alternative 4:
1. Die Mitglieder der Gesellschafterversammlung wählen aus ihrer Mitte den Vorsitzenden mit ¾-Mehrheit.
2. Der Vorsitzende vertritt die Gesellschaft gegenüber der Geschäftsführung. Insbesondere gibt er die Erklärungen zur Berufung und Abberufung sowie zur Anstellung, Abmahnung und Kündigung ab.
3. Die Stimmanteile der Gesellschafter richten sich nach den jeweiligen Geschäftsanteilen, wobei jeweils 50 EUR eines Geschäftsanteils eine Stimme gewährt.
4. Die Sitzungsteilnehmer sind zur Verschwiegenheit über Angelegenheiten der Gesellschaft verpflichtet. Dies gilt nicht gegenüber Organen der Gesellschafter, soweit diese sich mit der Beteiligung zu befassen haben, und nicht für allgemein bekannte Tatsachen.
5. Die Gesellschafterversammlung kann sich eine Geschäftsordnung geben. Sie soll sich eine Geschäftsordnung geben, wenn mehr als

zwei Gesellschafter beteiligt sind oder eine Ressortverteilung zwischen den Mitgliedern der Gesellschafterversammlung beschlossen wurde.

6. Die Gesellschafterversammlung soll die Wirksamkeit ihrer Arbeit und die der anderen Organe regelmäßig, mindestens alle drei Jahre, systematisch überprüfen und die aktuellen Grundsätze der Nonprofit-Governance berücksichtigen.

Variante 2

1. wie Variante 1 Alternative 1
2. wie Variante 1
3. entfällt
4. Die Sitzungsteilnehmer sind zur Verschwiegenheit über Angelegenheiten der Gesellschaft verpflichtet. Dies gilt nicht gegenüber Organen des Gesellschafters, soweit diese sich mit der Beteiligung zu befassen haben, und nicht für allgemein bekannte Tatsachen.
5. Die Gesellschafterversammlung kann sich eine Geschäftsordnung geben.
6. wie Variante 1

Inhalt der Erläuterungen zu § 8

1. Funktion der Vorschrift
2. Auswahl des Vorsitzenden
3. Stellvertretender Vorsitzender
4. Vertretung
5. Verschwiegenheitsverpflichtung
6. Aspekte der Corporate/ Nonprofit Governance
7. Besonderheiten bei einer kommunalen Gesellschaft

1. Funktion der Vorschrift

Die vorgeschlagenen Regelungen zur inneren Ordnung wie zum Teil auch nachfolgend zu den Sitzungen der Gesellschafterversammlung könnten grundsätzlich auch in einer Geschäftsordnung geregelt werden. Hiervon ist aber abzuraten, weil **Geschäftsordnungen**
– einen geringeren Normerfüllungsdruck ausüben,
– mit der Zeit in Vergessenheit geraten können,
– wegen der geringeren Änderungshürden mit der Zeit nicht mehr struktursichernde Wirkung entfalten, sondern an die persönlichen Bedürfnisse der Gremienmitglieder angepasst werden können,
– nur bei zusätzlichen strukturellen Absicherungen im gleichen Umgang Spielräume für eine Meinungsvielfalt bei der Willensbildung absichern,

– nicht die gleiche Rechtssicherheit bieten wie eine gesellschaftsvertragliche Regelung,
– nach außen in geringerem Ausmaß die Bereitschaft zur strukturellen Vorsorge gegen Risiken kommunizieren.
Die Auswahl beziehungsweise Zugehörigkeit der Mitglieder der Gesellschafterversammlung ergibt sich aus § 9 Abs. 4.

2. Auswahl des Vorsitzenden

Wenn der Gesellschaftsvertrag keine Regelungen hierzu enthält, kann sich ein mit mehr als 50% der Stimmrechte an der Gesellschaft beteiligter Mehrheitsgesellschafter bei der Wahl des Vorsitzenden immer durchsetzen, wenn dessen Wahl nicht an ein höheres Mehrheitsquorum gebunden wird. Die Wahlentscheidung richtet sich nach dem vertretenen Kapital und nicht nach Köpfen. Alternative 1 bildet den gesetzlichen Normalfall ab und hat daher lediglich klarstellende Bedeutung. Alternative 2 ist sinnvoll, wenn eine enge Anbindung der Gesellschaft an den Mehrheitsgesellschafter unerlässlich ist. Alternative 3 führt zu einer starken Stellung des Minderheitsgesellschafters. Alternative 4 stellt einen weit reichenden Konsens sicher und stärkt mit mehr als 25% beteiligte Minderheitsgesellschafter.

3. Stellvertretender Vorsitzender

Neben dem Vorsitzenden der Gesellschafterversammlung kann auch ein stellvertretender Vorsitzender vorgesehen werden. Hierbei ist es bei einer Gesellschaft möglich und eventuell sinnvoll, im Gesellschaftsvertrag zu verankern, dass Vorsitzender und stellvertretender Vorsitzender verschiedene Gesellschafter oder Interessengruppen repräsentieren sollen. In diesem Fall sollten die Kompetenzen der (stellvertretenden) Vorsitzenden im Gesellschaftsvertrag sehr konkret festgelegt werden.

4. Vertretung

Die Gesellschaft muss bei Rechtsgeschäften zwischen ihr und der Geschäftsführung handlungsfähig sein. Die eindeutige Zuordnung der Vertretungsbefugnis dient der Rechtssicherheit.

5. Verschwiegenheitsverpflichtung

Die Geschäftsgeheimnisse der Gesellschaft können von erheblicher wirtschaftlicher Bedeutung sein. Da Gremienvertretern bei NPO der finanzielle Anreiz zum Schutz der Geschäftsgeheimnisse in der Regel fehlt, wird die gesellschaftsrechtliche[400] Verschwiegenheitsverpflichtung ausdrücklich hervorgehoben und damit bekräftigt. Gleichzeitig wird dadurch verhindert, dass sich Gremienvertreter nach Bruch der Verschwiegenheitsverpflichtung auf Unkenntnis berufen können.

6. Aspekte der Corporate/Nonprofit Governance

Diese Vorschrift trägt den Grundsätzen guter Unternehmensführung mit der Begründung von Evaluationspflichten in Absatz 6 Rechnung.

7. Besonderheiten bei einer kommunalen Gesellschaft

Die Kommune darf sich an einer Gesellschaft in der Regel nur beteiligen, wenn sie einen angemessenen – also ihrem Geschäftsanteil entsprechenden – Einfluss ausüben kann. Die gesellschaftsvertraglich abgesicherten **Einflussmöglichkeiten der Kommune** in der Gesellschafterversammlung und dem Aufsichtsrat sind hierbei gemeinsam in die Beurteilung einzubeziehen und gegen die strategischen Chancen eines etwaigen überparitätischen Einflusses anderer Gesellschafter abzuwägen. Eine Verlagerung der Risiken auf die Kommune bei gleichzeitiger Privatisierung der Chancen ist kommunalrechtlich unzulässig.

Die kommunalrechtlich geforderte Befreiung von der **Verschwiegenheitsverpflichtung** wird in dem Formulierungsvorschlag auf das erforderliche Maß, nämlich eine Befreiung gegenüber den zuständigen Gremien der Kommune begrenzt. Eine allgemeine Befreiung von der Verschwiegenheitsverpflichtung ist nicht angezeigt. Denn sie ist in der Praxis ein beliebtes Instrument der Gremienmitglieder, durch gezielte Streuung von Insiderwissen die Öffentlichkeit zu beeinflussen und dadurch indirekt die Entscheidungsspielräume des demokratisch legitimierten Gemeinderats zu unterwandern. In der Praxis wird die begrenzte Befreiung von der Verschwiegenheitsverpflichtung dadurch umgesetzt, dass die Gremienmitglieder der Gesellschaft sich bei der öffentlichen Kommunikation mit der Kommune abstimmen müssen.

§ 9
Gesellschafterversammlung – Sitzungen
Variante 1

1. Nach Vorlage des Jahresabschlusses ist eine ordentliche Gesellschafterversammlung der Gesellschaft einzuberufen.
2. Außerordentliche Gesellschafterversammlungen sind einzuberufen, wenn es das Interesse der Gesellschaft erfordert, der Aufsichtsrat dies beschließt oder Gesellschafter, die zusammen mit 10% oder mehr an der Gesellschaft beteiligt sind, dies beantragen. Die Einberufung einer außerordentlichen Gesellschafterversammlung durch den Aufsichtsrat oder einer Gesellschafterminderheit ist schriftlich zu begründen. Die Begründung ist der Einladung beizufügen.
3. Die Gesellschaftsversammlungen werden durch die Geschäftsführung in Abstimmung mit dem Vorsitzenden der Gesellschafterversammlung vorbereitet und einberufen. Wird dem zulässigen Einberufungsbegehren des Aufsichtsrats oder einer ausreichenden Minderheit von Gesellschaftern nicht unverzüglich entsprochen, so können die Antragsteller die Gesellschafterversammlung unter Mitteilung des Sachverhalts selbst einberufen.
4. Bei der Einberufung sind Ort und Zeit sowie Tagesordnung bekannt zu geben. Die Einberufung ist wirksam, wenn sie schriftlich oder per Fax mit einer Frist von zwei Wochen ab Absendung an die letztbekannte Anschrift der Gesellschafter oder die der Gesellschaft benannten und damit als zur Vertretung in der Gesellschafterversammlung umfassend bevollmächtigt geltenden Personen erfolgt. Der Einberufung sollen die zu den einzelnen Tagesordnungspunkten erforderlichen Unterlagen beigefügt werden. Wenn alle Gesellschafter in der Versammlung vertreten sind, gelten die Bestimmungen zu Form und Verfahren insoweit als eingehalten wie die Tagesordnung in der Versammlung einstimmig beschlossen wird.
5. Die Aufsichtsratsmitglieder können bei besonderem Anlass ohne Stimmrecht an den Gesellschafterversammlungen teilnehmen und zu jedem Tagesordnungspunkt das Wort ergreifen, es sei denn, dass die Gesellschafterversammlung im Einzelfall anders entscheidet. Der Vorsitzende des Aufsichtsrats und die Geschäftsführung sollten in der Regel an den Sitzungen teilnehmen.

6. Die Leitung der Sitzung obliegt dem Vorsitzenden der Gesellschafterversammlung, sofern die Versammlung nichts anderes
beschließt.

7. Die Gesellschafterversammlung ist beschlussfähig, wenn mindestens 51% des Gesellschaftskapitals in der Gesellschafterversammlung vertreten sind. Kommt eine beschlussfähige Versammlung nicht zustande, können die anwesenden Gesellschafter eine Beschlussfassung im Umlaufverfahren beschließen.
Andernfalls ist die Geschäftsführung dafür verantwortlich, dass
innerhalb von vier Wochen eine neue Versammlung stattfindet.
Diese Versammlung ist dann hinsichtlich der gleichen Tagesordnungspunkte ohne Rücksicht auf die Höhe des vertretenen
Stammkapitals beschlussfähig, wenn in der Einladung zu der
neuen Versammlung auf diese Rechtsfolge hingewiesen wurde.

8. Gesellschafterbeschlüsse können auch auf dem Wege schriftlicher oder elektronischer Stimmabgabe, z.B. Fax oder E-Mail,
herbeigeführt werden, wenn alle Mitglieder der Gesellschafterversammlung bei der Abstimmung mitwirken und kein Mitglied
dem Verfahren widerspricht.

9. Die Beschlüsse der Gesellschafterversammlung werden, sofern
das Gesetz oder dieser Vertrag keine andere Mehrheit vorschreibt, mit einfacher Mehrheit gefasst.

10. Soweit Beschlüsse der Gesellschafterversammlung nicht notariell beurkundet werden, sind sie in einer Niederschrift festzuhalten, die vom Vorsitzenden und vom Protokollführer zu unterzeichnen ist. Die Protokolle sind innerhalb von vier Wochen
nach der Sitzung, im Falle des Absatz 8 unverzüglich nach der
Abstimmung, den Mitgliedern der Gesellschafterversammlung,
der Geschäftsführung und dem Vorsitzenden des Aufsichtsrates
zu übermitteln; Zeitverzögerungen oder formale Protokollmängel haben auf die Wirksamkeit der Beschlüsse keine Auswirkungen. Wird der Niederschrift nicht binnen vier Wochen nach
dem Zugang der Niederschrift schriftlich oder per Fax widersprochen, so gilt die Niederschrift als genehmigt, es sei denn,
mit der Niederschrift wird bewusst von den Beschlüssen der
Gesellschafterversammlung abgewichen. Eine gerichtliche Beschlussanfechtung ist innerhalb von vier Wochen nach dem jeweiligen Protokollzugang zulässig.

Variante 2

1. wie Variante 1
2. Außerordentliche Gesellschafterversammlungen sind einzuberufen, wenn es das Interesse der Gesellschaft erfordert, der Auf-

sichtsrat dies beschließt oder der Gesellschafter dies verlangt. Die Einberufung einer außerordentlichen Gesellschafterversammlung durch den Aufsichtsrat ist schriftlich zu begründen. Die Begründung ist der Einladung beizufügen.

3. Die Gesellschaftsversammlungen werden durch die Geschäftsführung in Abstimmung mit dem Vorsitzenden der Gesellschafterversammlung vorbereitet und einberufen. Wird dem zulässigen Einberufungsbegehren des Aufsichtsrats oder Gesellschafters nicht unverzüglich entsprochen, so können die Antragsteller die Gesellschafterversammlung unter Mitteilung des Sachverhalts selbst einberufen.

4. Bei der Einberufung sind Ort und Zeit sowie Tagesordnung bekannt zu geben. Die Einberufung ist wirksam, wenn sie schriftlich oder per Fax mit einer Frist von zwei Wochen ab Absendung an die letztbekannte Anschrift des Gesellschafters oder die der Gesellschaft benannten und damit als zur Vertretung in der Gesellschafterversammlung umfassend bevollmächtigt geltenden Personen erfolgt. Der Einberufung sollen die zu den einzelnen Tagesordnungspunkten erforderlichen Unterlagen beigefügt werden.

5. wie Variante 1
6. wie Variante 1
7. entfällt
8. wie Variante 1
9. entfällt
10. wie Variante 1

Inhalt der Erläuterungen zu § 9

1. Funktion der Vorschrift

Die Vorschrift regelt Einberufungspflichten und -kompetenzen, Form und Verfahren, Recht der Gesellschafter zur Benennung der Sitzungsteilnehmer der Gesellschafterversammlung, Teilnahmepflicht anderer Organe, Beschlussfähigkeit, Umlaufverfahren, Beschussdokumentation und -anfechtung. Ein Teil der Regelungen könnte alternativ in eine Geschäftsordnung aufgenommen werden. Dass davon dringend abzuraten ist, ergibt sich aus den Erläuterungen zu der Funktion des vorstehenden § 8. Die ausführliche Darstellung dieser Regelungen ist der leichteren Handhabbarkeit durch die häufig gesellschaftsrechtlich nicht vorgebildeten Gremienmitglieder und den Erfahrungen der Praxis geschuldet.

2. Einberufungspflichten und -kompetenzen

Das Einberufungsrecht und Selbstabhilferecht von Minderheitsgesellschaftern mit zusammen 10% Beteiligung ist unabdingbar.[401] Die Aufnahme dieser Regelung in den Gesellschaftsvertrag ist wiederum dem Wissenshorizont der Beteiligten geschuldet. Das Einberufungsrecht des Aufsichtsrats ist dagegen konstitutiv, da die Anwendung des § 52 Abs. 1 GmbHG im Gesellschaftsvertrag aus guten Gründen ausgeschlossen ist (s. § 12 Abs. 7). Es ist unverzichtbares Strukturelement einer effektiven Aufsichtsratstätigkeit.

Die gesellschaftsvertraglich vorgesehene Mitwirkung des Geschäftsführers an der Einberufung soll einer fehlerhaften Einberufung vorbeugen.

3. Form und Verfahren der Einberufung

Das Gesetz sieht eine Einberufung mittels eingeschriebenen Briefs vor.[402] Bei gemeinnützigen Gesellschaften hat sich dies als nicht sinnvoll erwiesen. Daher wurde die Form der Ladung zur Gesellschafterversammlung vereinfacht.[403]

Nach Gesetz und Vertragsmuster müssen nur die Personen förmlich geladen werden, deren Teilnahmeberechtigung sich aus einer Gesellschafterstellung ableitet. Andere Teilnahmeberechtigte, wie zum Beispiel Geschäftsführung und Aufsichtsrat, können formlos mit angemessener Frist informiert werden.[404]

Verstöße gegen Form und Verfahren können zur Anfechtbarkeit und in Ausnahmefällen auch zur Nichtigkeit der in der Gesellschafterversammlung gefassten Beschlüsse führen.[405]

4. Zusammensetzung der Gesellschafterversammlung

Absatz 4 sieht vor, dass die Gesellschafter Repräsentanten mit der Wahrnehmung der Aufgaben in der Gesellschafterversammlung beauftragen können. Diese sind persönlich zu laden[406] und gelten als umfassend zur Aufgabenwahrnehmung bevollmächtigt. Dadurch wird einer mit Vertagung der Beschlussfassung verbundenen Ineffizienz vorgebeugt.

> **Beispiel:** Der Verband entsendet nicht seinen Vorstand nach § 26 BGB in die Gesellschafterversammlung, sondern ein besonders fachkundiges Mitglied.

> **Beispiel:** Die Universität entsendet den zuständigen Institutsleiter zur Interessenvertretung in der Forschungsgesellschaft.

> **Beispiel:** Die Kommune lässt sich in der Gesellschafterversammlung durch die Fraktionsvorsitzenden des Stadtrats oder deren Beauftragte gemeinsam vertreten.

Wenn ein Gesellschafter mehrere Repräsentanten zur gemeinsamen Vertretung seiner Interessen in die Gesellschafterversammlung entsendet, müssen diese einheitlich abstimmen.[407]

> **Beispiel:** Die Fraktionsvorsitzenden des Stadtrats vertreten zu einem Beschlussgegenstand unterschiedliche Auffassungen und wollen unterschiedlich abstimmen. Solche Fälle können aus Gründen der Rechtssicherheit explizit im Gesellschaftsvertrag geregelt werden.

5. Gremiengröße

Entgegen einer weit verbreiteten Ansicht nimmt die Qualität von Entscheidungen nicht mit der Gremiengröße zu; vielmehr sind die Entscheidungen größerer Gremien deutlich fehleranfälliger und ist die Entscheidungsfindung erheblich ineffizienter als die kleiner Gremien.[408] Dafür sind zum Beispiel folgende Faktoren von Bedeutung:

- das Verantwortungsgefühl nimmt mit der Gremiengröße ab, weil viele weitere Gremienmitglieder an der Abstimmung teilnehmen,
- eine mehr als flüchtige Auseinandersetzung mit dem Beschlussgegenstand lohnt wegen der geringen Bedeutung des eigenen Stimmanteils nicht,
- der Rechtfertigungsdruck bei der Verfolgung von Partikularinteressen nimmt ab, da die Auswirkung der Stimme nicht so bedeutend ist – mit der Folge, dass alle Beteiligten ungeniert ihre Parti-

kularinteressen verfolgen können, statt sich einer sachlich zutreffenden Entscheidungsfindung verpflichtet zu fühlen,
- kommunikative Fähigkeiten erhalten im Vergleich zu Sachargumenten ein zu großes Gewicht,
- gruppendynamische Prozesse können sich deutlich auf die Entscheidungsfindung auswirken,
- die Entscheidungsfindung wird nicht von den Argumenten, sondern der Diskussionskultur gesteuert.

Günstig ist eine Gremiengröße von fünf Personen zu bewerten. Ab einer Gremiengröße von über acht Personen sollte man von der Gesellschafterversammlung keine sachlich besonders qualifizierten Entscheidungen erwarten.

6. Teilnahmepflichten

Der Aufsichtsratsvorsitzende sollte an der GV teilnehmen, um die Kommunikation zwischen Aufsichtsrat und Gesellschafterversammlung abzusichern. Dagegen ist es nicht sinnvoll, dass grundsätzlich der gesamte Aufsichtsrat an den Gesellschafterversammlungen teilnimmt, weil dadurch die Trennung zwischen den unterschiedlichen Aufgabenstellungen und Verantwortlichkeiten verloren gehen kann.

7. Beschlussfähigkeit

Nach dem GmbH-Gesetz ist jede ordnungsmäßige Gesellschafterversammlung beschlussfähig.[409] Strengere Anforderungen an die Beschlussfähigkeit sind in gemeinnützigen Organisationen üblich, aber nur in Maßen sinnvoll. Ein zu hohes Quorum gefährdet die Zukunftsfähigkeit der Organisation, da in Krisensituationen häufig umstrittene Entscheidungen getroffen werden müssen, die Interessengruppen durch Nichtteilnahme an der Gesellschafterversammlung verhindern könnten.

8. Beschlussquorum

Im Ergebnis einen weitgehenden Konsens oder gar Einstimmigkeit erfordernde Beschlussquoren sind im gemeinnützigen Sektor weit verbreitet. Sie gefährden die Zukunftsfähigkeit der Gesellschaft. Auch wird hierbei übersehen, dass **sachfremde Erwägungen** und **persönliche Interessen** einzelner Organmitglieder bei der Abstimmung einzukalkulieren sind, wie z. B.:

– Interesse an einem repräsentativen Amt,
– Interesse an Macht und Einfluss,
– Interesse an einer sinnstiftenden Aufgabe,
– Interesse an einer Verdienstquelle,
– Interesse am Liquidationserlös,
– Missgunst gegenüber einem Gesellschafter oder anderen Organmitgliedern,
– Interesse an der persönlichen Übernahme des Unternehmens,
– Entlastung der öffentlichen Haushalte/Sozialkassen durch Verringerung des wohlfahrtpflegerischen Angebots,
– Sicherung des eigenen Arbeitsplatzes,
– Verlust eines Kunden, Mandanten oder Auftragnehmers,
– Vertuschung mitverschuldeter Misswirtschaft und daraus resultierender Regressansprüche,
– Interesse am Zugang zu einem Kommunikationsnetzwerk,
– Forcierung wirtschaftlicher Schwierigkeiten zum Zwecke eines preiswerten Erwerbs lukrativer Betriebsteile aus der Insolvenzmasse,
– Auskosten des persönlichen Bedeutungsgewinns als einzige, aber entscheidende Gegenstimme („Zünglein an der Waage").

9. Beschlussdokumentation

Bei gemeinnützigen Organisationen wird die Dokumentation der Verwaltungsabläufe häufig vernachlässigt. Daher sollte der Gesellschaftsvertrag hierzu Vorgaben enthalten. Um Risiken zu vermeiden, wird die Wirksamkeit der Beschlüsse ausdrücklich von der korrekten verwaltungstechnischen Abwicklung getrennt.[410] Sinnvoll ist es, dass die Abstimmungsteilnehmer bei Beschlussfassungen im Umlaufverfahren unverzüglich über das Ergebnis informiert werden.

10. Beschlussanfechtung

Beschlussanfechtungen sind auch ohne Regelung im Gesellschaftsvertrag möglich.[411] Die Vorschrift dient der Rechtssicherheit.

§ 10
Geschäftsführung und Vertretung

Variante 1, 2

1. Die Geschäftsführung ist für die Führung der laufenden Geschäfte verantwortlich und wirkt an der strategischen Planung mit. Sie hat dabei der ideellen Ausrichtung der Gesellschaft und ihrer organisatorischen Einbindung in einen Verbund nach §§ 2–3 in besonderem Maße Rechnung zu tragen.
2. Die Gesellschaft hat einen oder mehrere Geschäftsführer. Ist nur ein Geschäftsführer zur Vertretung berechtigt, so ist er stets alleinvertretungsberechtigt; sind mehrere Geschäftsführer zur Vertretung berechtigt, so wird die Gesellschaft jeweils von zwei Geschäftsführern gemeinsam oder von einem Geschäftsführer und einem Prokuristen vertreten. In diesem Fall kann die Gesellschafterversammlung durch Beschluss Geschäftsführern die Befugnis zur Einzelvertretung erteilen.
3. Sind mehrere Geschäftsführer bestellt, müssen sich diese eine Geschäftsordnung geben, die der Zustimmung der Gesellschafterversammlung bedarf. Die Geschäftsordnung soll mindestens die Ressortaufteilung, Form und Verfahren der Beschlussfassung, gegenseitige Informationspflichten, interne Regelungen zur Wahrnehmung der Außenvertretung und die Vorgehensweise bei Patt-Situationen regeln.
4. Sind mehrere Geschäftsführer bestellt, sollen diese die Wirksamkeit ihrer Arbeit und die der anderen Organe regelmäßig, mindestens alle zwei Jahre, systematisch überprüfen und die aktuellen Grundsätze der Corporate/Nonprofit-Governance berücksichtigen.

Inhalt der Erläuterungen zu § 10

1. Rechtsstellung der Geschäftsführung

Die Geschäftsführung ist notwendiges Organ der Gesellschaft. Ihr obliegt die **organschaftliche Vertretung,**[412] gleichzeitig ist sie das **Geschäftsführungsorgan** der Gesellschaft. Sie ist hierbei an Gesellschaftsvertrag, Anstellungsvertrag, Geschäftsordnung und Beschlüsse der Gesellschafterversammlung gebunden. Die Geschäftsführung ist daher im Rahmen der Bestimmungen des Gesellschaftsvertrages an Weisungen der Gesellschafterversammlung (nicht einzelner Gesellschafter) gebunden.[413]

Die **Vertretungsmacht** der Geschäftsführung im Außenverhältnis wird durch die internen, z.B. gesellschaftsvertraglichen Zustimmungs- oder Widerspruchsvorbehalte nicht beschränkt.

2. Haftung der Geschäftsführung

Die Geschäftsführung ist für die Einhaltung der gesetzlich der Gesellschaft auferlegten Pflichten verantwortlich und zur sorgfältigen Führung der Geschäfte verpflichtet.[414]

Auch bei **Gesetzesverstößen** z.B. gegen steuer-, sozialversicherungs-, arbeits- oder vergaberechtliche Vorschriften können die Organmitglieder persönlich haftungs- und strafrechtlich belangt werden; ehrenamtliche haften gesamtschuldnerisch zusammen mit hauptamtlichen Geschäftsführern.

Die Haftung der Geschäftsführung kann insbesondere wie folgt begrenzt werden:
- Aufnahme einer Klausel zur Haftungsbeschränkung auf Vorsatz und grobe Fahrlässigkeit im Gesellschafts- und Anstellungsvertrag,
- Abschluss einer Rechtsschutzversicherung für Organmitglieder, einer Vermögensschadensversicherung für Eigenschäden und/oder einer D & O[415] und
- Aufbau einer risikobegrenzenden Betriebsorganisation, zum Beispiel mit Hilfe eines Chancen- und Risikomanagementsystems.[416]

3. Vertretungsregelung

Bei einer mehrgliedrigen Geschäftsführung gilt das Prinzip der Gesamtvertretung,[417] wenn die Satzung keine andere Regelung enthält. Die Satzung kann z.B. Einzelvertretungsbefugnis oder die Vertretung der Gesellschaft durch zwei gemeinsam handelnde Geschäftsführer vorsehen. Häufig wird eine Vertretung durch zwei Geschäftsführer wegen der größeren Kontrolldichte (Vier-Augen-Prinzip) vorgezogen.

4. Ressortbildung

Bei Kollegialorganen bleibt die persönliche Verantwortung eher intransparent. Um das Verantwortungsgefühl zu stärken, können den Geschäftsführern konkrete Ressorts zugewiesen werden.

5. Selbstkontrahierungsverbot (§ 181 BGB)

Der Geschäftsführung ist es nicht gestattet, sich selbst bei Geschäften mit der Gesellschaft zu vertreten; das Gleiche gilt bei Geschäften mit Dritten, die der Geschäftsführer gleichzeitig vertritt (sog. **Selbstkontrahierungsverbot, § 181 BGB**). Wenn die Geschäftsführung vom Selbstkontrahierungsverbot befreit werden soll, was rechtlich grundsätzlich möglich ist, bedarf dies einer Satzungsbestimmung.[418] Eine Befreiung kann die laufende Verwaltung vereinfachen, insbesondere wenn der Geschäftsführer gleichzeitig einen Gesellschafter vertritt, mit dem die Gesellschaft in laufenden Geschäftsbeziehungen steht. Gerade dann ist allerdings wegen der geringen Kontrolldichte die Gefahr eines Missbrauchs der Befreiung vom Selbstkontrahierungsverbot besonders hoch. Auch davon abgesehen ist eine Befreiung bei steuerbegünstigten Gesellschaften in der Regel nicht sinnvoll. Denn dies ist für viele Zuwendungsgeber ein Ausschlusstatbestand und widerspricht zwingenden Aufnahmekriterien oder dem Kodex von Spitzenverbänden der Wohlfahrtspflege. Auch würde mit einer Befreiung gegen Aspekte der Corporate/Nonprofit Governance verstoßen. Wenn zwei GF bestellt sind, sollte der Aufhebung des Selbstkontrahierungsverbotes eine Einzelvertretungsbefugnis vorgezogen werden. Dann wird deutlicher, wer auf welcher Seite für welche Interessen eintritt.

6. Aspekte der Corporate/Nonprofit Governance

Diese Vorschrift trägt den Grundsätzen guter Unternehmensführung mit folgenden Regelungen Rechnung:
- Klarstellung der Aufgabenzuweisung in Absatz 1,
- Grundsatz der gemeinschaftlichen Vertretung in Absatz 2 mit der Folge, dass eine Ausnahme hiervon der bewussten Entscheidung des zuständigen Gremiums bedarf,

– Verpflichtung zur Festlegung der internen Verwaltungsstrukturen der Geschäftsführung in eigener Verantwortung in Absatz 3,
– Keine Befreiung vom Selbstkontrahierungsverbot,
– Begründung von Evaluationspflichten in Absatz 4.

§ 11
Aufsichtsrat – Funktion und Aufgaben

Variante 1, 2

1. Der Aufsichtsrat überwacht und berät die Geschäftsführung der Gesellschaft. Er wirkt maßgeblich an der strategischen Planung mit, die von der Geschäftsführung vorbereitet und im Detail ausgearbeitet wird.
2. Der Aufsichtsrat ist von der Geschäftführung laufend über die wirtschaftliche Entwicklung und wesentliche Vorkommnisses zu unterrichten. Er kann durch Beschluss jederzeit von der Geschäftsführung Auskünfte und Berichte in allen Angelegenheiten verlangen, Einsicht in die Bücher und Schriften der Gesellschaft nehmen, Betriebsbegehungen und alle sonst erforderlichen Maßnahmen durchführen. Mit diesen Aufgaben der Überwachung und Prüfung kann der Aufsichtsrat auch sachverständige Dritte beauftragen.
3. Dem Aufsichtsrat obliegt insbesondere die
   a) Stellungnahme zum Geschäftsplan der Gesellschaft,
   b) regelmäßige Beurteilung der Umsetzung des Geschäftsplans und Information der Gesellschafterversammlung über wesentliche Abweichungen,
   c) Prüfung des Jahresabschlusses, des Lageberichts und des Vorschlags für die Verwendung des Bilanzgewinns oder die Behandlung des Bilanzverlustes,
   d) Entgegennahme des Prüfungsberichts und Führen eines Abschlussgesprächs mit dem Wirtschaftsprüfer,
4. Die Geschäftsführung legt dem Aufsichtsrat einen Geschäftsplan, der die strategischen Grundsatzentscheidungen enthält sowie einen kurz-, mittel- und langfristigen operativen Rahmen einschließlich Budgetansätze beschreibt, spätestens im vierten Vorjahresquartal des Geschäftsjahres zur Beratung und Beschlussfassung vor. Wenn der Aufsichtsrat den Geschäftsplan ablehnt, legt die Geschäftsführung unverzüglich einen geänderten Geschäftsplan vor, der die zur Ablehnung führenden Bedenken des Aufsichtsrats möglichst berücksichtigt und an dem sie ihre Geschäftsführung bis zur weiteren Beschlussfassung des Aufsichtsrats oder der Gesellschafterversammlung zu orientieren hat. In

der nächsten nach der Aufsichtsratssitzung stattfindenden Sitzung der Gesellschafterversammlung berichtet die Geschäftsführung über die Beschlusslage des Aufsichtsrats unter Vorlage des Geschäftsplans.

5. Über folgende Rechtshandlungen ist der Aufsichtsrat vor deren Umsetzung durch die Geschäftsführung konkret schriftlich zu unterrichten, soweit sie nicht bereits detailliert im Geschäftsplan ausgewiesen sind, und kann diesen widersprechen:

a) Errichtung und Aufgabe von Zweigniederlassungen,

b) Investitions- und Betriebserhaltungsmaßnahmen über mehr als insgesamt 25.000 EUR,

c) Abschluss von Leasing-, Pacht- und Mietverträgen mit einem Gesamtbetrag von mehr als 25.000 EUR bis zum jeweiligen, nächstmöglichen Kündigungstermin,

d) Gewährung von Sicherheiten (z.B. Verpfändung, Sicherungsübereignung) und die Bewilligung von Krediten außerhalb des üblichen Geschäftsverkehrs sowie die Übernahme fremder Verbindlichkeiten, auch wenn dies im Geschäftsplan ausgewiesen ist; davon ausgenommen sind Kredite an Arbeitnehmer, wenn der Aufsichtsrat für die Gewährung eine allgemeine Regelung beschlossen hat,

e) Abschluss, Aufhebung oder Änderung von Verträgen mit in gerader Linie Verwandten oder Verschwägerten oder mit in der Seitenlinie bis zum zweiten Grade Verwandten oder bis zum zweiten Grade Verschwägerten der Vertreter eines Gesellschafters, der Mitglieder des Aufsichtsrats oder der Geschäftsführer,

f) Vereinbarung von Krediten oder Kreditlinien, die im Einzelfall den Betrag von 25.000 EUR übersteigen oder die einen bisher bewilligten Umfang insgesamt um einen Betrag von mehr als 25.000 EUR erhöhen,

g) Erlass von Forderungen gegen Organmitglieder oder Arbeitnehmer, auch wenn dies im Geschäftsplan ausgewiesen ist, und sonstiger Forderungen, wenn diese 10.000 EUR im Jahr übersteigen,

h) Aufnahme und Aufgabe eines Geschäftszweiges,

i) Veräußerung und Belastung von Grundstücken und grundstücksgleichen Rechten sowie die damit zusammenhängenden Verpflichtungsgeschäfte mit einem Gesamtbetrag von mehr als 25.000 EUR,

j) Gründung, Erwerb und Veräußerung anderer Unternehmen oder Erwerb und Veräußerung einer Beteiligung an anderen Unternehmen, ausgenommen Genossenschaftsanteile bis zu 25.000 EUR,

k) Übernahme von Bürgschaften, Eingehen von Wechselverbindlichkeiten und Bestellung von Sicherheiten für fremde Verbindlichkeiten, auch wenn sie in dem Geschäftsplan ausgewiesen sind,

l) Erteilung und Widerruf von Prokura.

Die vorgenannten Beträge von 25.000 EUR gelten außer c) per
anno; sie gelten vorbehaltlich einer abweichenden Regelung in der
Geschäftsordnung der Geschäftsführung.

Inhalt der Erläuterungen zu § 11

1. Funktion des Aufsichtsrats
   und Aufbau der Vorschrift
2. Geschäftsplan und
   Abweichungsanalyse
3. Widerspruchsvorbehalte
4. Aspekte der Corporate/
   Nonprofit Governance
5. Besonderheiten bei einer
   kommunalen Gesellschaft

1. Funktion des Aufsichtsrats und Aufbau der Vorschrift

Aufgabe des Aufsichtsrats ist die Überwachung und Beratung der
Geschäftsführung. Damit unvereinbar wären auf die Geschäftstätigkeit bezogene Weisungsbefugnisse gegenüber der Geschäftsführung oder der Gesellschafterversammlung. Das Vertragsmuster enthält daher **Weisungs- oder Eingriffsbefugnisse** nur hinsichtlich der
Anberaumung von Gremiensitzungen, der Durchführung von Prü-
fungshandlungen und der Ausübung von Zustimmungs- oder Wi-
derspruchsvorbehalten. Während dem Aufsichtsrat einer Aktiengesellschaft nach dem KonTraG die **Beauftragung des Abschlussprüfers** obliegt, bleibt diese Aufgabe hier der Gesellschafterversammlung vorbehalten. Dies erklärt sich aus den unterschiedlichen
Strukturprinzipien der beiden Rechtsformen. Die Satzung einer Aktiengesellschaft unterliegt im Gegensatz zu der einer GmbH dem
Grundsatz der Formstrenge, der Vorstand handelt weitgehend wei-
sungsfrei[419] und die Hauptversammlung kann sich bei Publikumsge-
sellschaften aus einer großen Personenzahl zusammensetzen. Dagegen ermöglicht es die Gestaltungsfreiheit des GmbH-Gesetzes, die
Strategiekompetenz sowie die operative und strategische Kontrolle
weitgehend nach den Vorstellungen der Beteiligten dem Aufsichtsrat
oder der Gesellschafterversammlung zuzuordnen. Wenn der Aufsichtsrat einer GmbH – wie hier vorgeschlagen – tendenziell stärker
in die strategische Planung eingebunden wird, sollte die Beauftragung des Abschlussprüfers der zur strategischen Kontrolle berufe-
nen Gesellschafterversammlung obliegen.

Bei einer gemeinnützigen Gesellschaft ist ein Aufsichtsrat nicht vorgeschrieben; dennoch ist der Aufsichtsrat hier nicht nur fakultativ vorgesehen. Es sollte immer eine Rollen- und Personendifferenzierung zwischen ideellem Eigentümer mit strategischer Kontrolle und dem operativ Kontrollierenden, stärker in die konkrete Arbeit involvierten Aufsichtsrat geben.

Die Vorschrift ist in die elementaren Pflichtaufgaben in Absatz 2, die Steuerung über einen Geschäftsplan in Absatz 3–4 und die wichtigen Vorfälle mit Interventionsrecht in Absatz 5 aufgeteilt. Damit werden wesentliche Aspekte der Corporate/Nonprofit Governance gesellschaftsvertraglich verankert.

Zur Vermeidung von Kompetenzkonflikten mit der Gesellschafterversammlung sollten Vorschriften des Gesellschaftsvertrages zu den Rechten und Pflichten des Aufsichtsrats eine hohe Regelungsdichte aufweisen.

2. Geschäftsplan und Abweichungsanalyse

Der Geschäftsplan und die Abweichungsanalyse stellen das wichtigste Steuerungsinstrument der Gesellschaft dar und werden daher explizit im Gesellschaftsvertrag verankert und relativ detailliert vorgegeben. Viele Gesellschaften sind bereits an einem fehlenden oder unzureichend praktizierten Controlling gescheitert.

Durch die jährliche Beschlussfassung über einen **Geschäftsplan** werden mehrere positive Effekte erreicht. Die Geschäftsführung wird angehalten, sich bewusst mit der Zukunftsgestaltung der Gesellschaft auseinander zu setzen und eine transparente sowie überprüfbare Planung zu entwickeln. Die Expertise des Aufsichtsrates wird systematisch gefordert und in Form einer Stellungnahme zur Planung für die Gesellschafter nutzbar gemacht. Die Gesellschafter können auf einer guten Informationsbasis gezielt auf die grundlegenden Weichenstellungen Einfluss nehmen, ohne sich in Detailentscheidungen zu verstricken. Nach der Genehmigung der Planung kann die Geschäftsführung für ein Jahr bei einer vorausschauenden Planung relativ frei handeln und unternehmerisch Chancen kurzfristig nutzen. Der Kommunikations- und Kontrollaufwand wird unterjährig minimiert.

Damit der Geschäftsplan eine sinnvolle Steuerungs- und Kontrollwirkung entfaltet, müssen **Abweichungen** laufend kontrolliert und kommuniziert werden. Dies ist primär Aufgabe der Geschäftsführung, die sich laufend mit dem Aufsichtsrat über die Beurteilung der aktuellen Entwicklung verständigt. Sie hat in der Regel die Gesellschafterversammlung über wesentliche Abweichungen zu informieren. Diese Verpflichtung wird auf den Aufsichtsrat ausgedehnt, damit dieser im Falle einer unzureichenden Informationspolitik der Geschäftsführung sich für die Informationsversorgung der Gesellschafterversammlung mit verantwortlich fühlt.

Auch ohne eine Regelung im Gesellschaftsvertrag würde eine **Berichtspflicht** bezüglich Planabweichungen, insbesondere bei Existenzgefährdung, bestehen. Durch die explizite Nennung soll erreicht werden, dass sich alle Beteiligten ihrer Verpflichtung bewusst sind bzw. die Gesellschafterversammlung angeregt werden, ihre Informationsrechte auch aktiv einzufordern.

Ab welcher Abweichung der Gesellschafterversammlung zu berichten ist, lässt sich kaum für alle Fälle in eindeutiger Weise regeln. Daher wurde hier der unbestimmte Begriff „wesentlich" verwendet. Alternativ könnten prozentuale oder absolute Abweichungen vorgegeben werden. Diese wären jedoch laufend anzupassen und je nach Geschäftsfeld unterschiedlich zu wählen. Ferner wäre zu klären, ob sich die Grenzen auf einzelne Planpositionen, Teilbudgets oder das Gesamtergebnis beziehen. Eine zu detaillierte Informationspflicht birgt die Gefahren, dass der Warneffekt durch laufende Abweichungsinformationen ins Leere läuft oder dass den Informationspflichten immer weniger nachgekommen wird, da viele Abweichungen von allen Beteiligten als kaum relevant angesehen werden. Da sowohl die Geschäftsführung wie der Aufsichtsrat zur Information verpflichtet sind, ist die Gefahr einer unzureichenden Information selbst bei Verwendung des unbestimmten Begriffs eher gering einzuschätzen.

3. Widerspruchsvorbehalte

In Absatz 5 wird ein Katalog von wesentlichen Geschäften aufgeführt, die nicht die Beschlussfassung des Aufsichtsrats, sondern nur die vorherige Information durch die Geschäftsführung erfordern, so dass der Aufsichtsrat hier bei Bedarf eingreifen kann. Durch diese Regelung wird
– eine formale Verlagerung der Verantwortung von der Geschäftsführung auf den Aufsichtsrat – anders als bei Zustimmungsvorbehalten – vermieden und erreicht, dass
– ein Eingreifen des Aufsichtsrats im Falle einer kompetenten Geschäftsführung die Ausnahme bleiben kann.

Aus Gründen der Übersichtlichkeit und leichten Handhabbarkeit wird die Anzahl der Schwellenwerte des Vorbehaltskatalogs auf zwei Beträge begrenzt. Die vorgeschlagenen Betragshöhen von 10.000 und 25.000 EUR sind vor dem Hintergrund zu sehen, dass die Schwellenwerte nur bei Abweichungen vom Geschäftsplan einschließlich aller darin bereits aufgeführter Alternativszenarien und sonstiger Ausgabenermächtigungen greifen. Gegebenenfalls sind die Beträge abzuändern.

4. Aspekte der Corporate/Nonprofit Governance

Die Vorschrift trägt den Grundsätzen guter Unternehmensführung mit folgenden Regelungen Rechnung:
- Klarstellung der Aufgabenzuweisung in Absatz 1,
- Klarstellung der Überwachungskompetenzen des bei gemeinnützigen Gesellschaften häufig mit gesellschaftsrechtlichen Laien besetzten Aufsichtsrats in Absatz 2,
- Verpflichtung zur Information der Gesellschafterversammlung bei wesentlichen Planabweichungen in Absatz 3,
- Verpflichtung zur Jahresabschlussbesprechung mit dem Wirtschaftsprüfer in Absatz 3,
- Ausrichtung auf die strategische Planung und die langfristige Entwicklung der Gesellschaft in Absatz 4 sowie
- keine Verpflichtung des Aufsichtsrats zur Zustimmung bei von ihm nicht vollständig überschauten Geschäften. Durch die Möglichkeit des Aufsichtsrats, sich auf die Nichtausübung eines Widerspruchvorbehalts zu beschränken, verbleibt die Verantwortung für die vorgelegten Maßnahmen bei der Geschäftsführung und ermöglicht dem Aufsichtsrat eine unbefangene Bewertung der weiteren Entwicklung. Aus dem gleichen Grund obliegt die Entlastung der Geschäftsführung der Gesellschafterversammlung.

5. Besonderheiten bei einer kommunalen Gesellschaft

An folgenden üblichen kommunalrechtlichen Voraussetzungen sind Funktion und Aufgaben des Aufsichtsrats zu messen:
- detaillierte Darstellung der Rechte und Pflichten des Aufsichtrats im Gesellschaftsvertrag,
- Einbeziehung des Aufsichtsrats bei allen aus kommunaler Sicht wichtigen Entscheidungen,
- Überwachung der Geschäftätigkeit anhand eines jährlich aufgestellten Wirtschaftsplans auf der Grundlage einer fünfjährigen Finanzplanung.

§ 12
Aufsichtsrat – Innere Ordnung
Variante 1

1. Der Aufsichtsrat besteht aus bis zu fünf Mitgliedern. Die Aufsichtsratstätigkeit ist mit einem Anstellungsverhältnis bei einem Gesellschafter oder einer seiner Gesellschaften unvereinbar. Dem Aufsichtsrat müssen Personen mit fachlich-inhaltlichen und ausgeprägten wirtschaftlichen Kenntnissen angehören. Der Aufsichtsrat soll sich zusammensetzen aus:
   a) bis zu drei Personen zur Sicherung der ideellen Interessen der Gesellschafter,
   b) einer Person mit nachweislich fachlich-inhaltlichem Knowhow aus dem Geschäftsfeld der Gesellschaft und
   c) mindestens einer Person mit nachweislich ausgeprägten wirtschaftlichen Kenntnissen.
   Falls ein Gesellschafter an weiteren Gesellschaften im gleichen Marktumfeld oder mit Leistungsbeziehungen zu dieser Gesellschaft mehrheitlich beteiligt ist, sollen die Aufsichtsräte der Gesellschaften teilweise personenidentisch besetzt sein.

- Abs. 2 Alternative 1:

2. Jeder Gesellschafter ist berechtigt, jederzeit ein Mitglied in den Aufsichtsrat zu entsenden und abzuberufen; weitere Aufsichtsratsmitglieder können von der Gesellschafterversammlung mit $^4/_5$-Mehrheit berufen werden. Die reguläre Amtsperiode der Aufsichtsratsmitglieder beträgt vier Jahre; mehrere Amtsperioden sind zulässig. Die Aufsichtsratsmitglieder können ihr Amt jederzeit niederlegen. Die Niederlegung erfolgt durch schriftliche Mitteilung an den Aufsichtsratsvorsitzenden und in dessen Fall an den Vorsitzenden der Gesellschafterversammlung und tritt mit dem Zugang der Mitteilung ein.

- Abs. 2 Alternative 2:

2. Die Mitglieder des Aufsichtsrates werden von der Gesellschafterversammlung für eine Amtszeit von vier Jahren gewählt; Wiederwahl ist zulässig. Sie können ihr Amt jederzeit niederlegen. Die Niederlegung erfolgt durch schriftliche Mitteilung an den Aufsichtsratsvorsitzenden und in dessen Fall an den Vorsitzenden der Gesellschafterversammlung und tritt mit dem Zugang der Mitteilung ein.

3. Mitglieder des Aufsichtsrates können durch $^4/_5$-Beschluss des Aufsichtsrats oder der Gesellschafterversammlung jederzeit, ent-

sandte Mitglieder nur aus wichtigem Grunde, mit unverzüglicher Wirkung abberufen werden.

4. Sofern der Aufsichtsrat nicht mehr vollzählig ist, wird seine Beschlussfähigkeit hierdurch nicht berührt.

5. Der Aufsichtsrat wählt aus seiner Mitte einen Vorsitzenden und einen stellvertretenden Vorsitzenden, sofern die Gesellschafterversammlung hierzu keinen Beschluss fasst. Die Funktion nach § 8 Absatz 1 ist mit dem Vorsitz oder stellvertretenden Vorsitz im Aufsichtsrat unvereinbar. Alle Erklärungen des Aufsichtsrates werden namens des Aufsichtsrates von seinem Vorsitzenden oder dem stellvertretenden Vorsitzenden abgegeben.

6. Die Mitglieder des Aufsichtsrates erhalten neben oder statt dem Ersatz ihrer nachgewiesenen baren Auslagen nur dann eine Vergütung, wenn die Gesellschafterversammlung dies beschließt.

7. Auf den Aufsichtsrat findet § 52 Abs. 1 GmbHG nur Anwendung, solange und soweit die Gesellschafter dies mit satzungsändernder Mehrheit beschließen.

8. Die Mitglieder des Aufsichtsrats sind über alle internen Angelegenheiten der Gesellschaft, die ihnen bei Wahrnehmung ihrer Aufgaben zur Kenntnis gelangen, zur Verschwiegenheit verpflichtet. Dies gilt nicht gegenüber Organen der Gesellschafter, soweit diese sich mit der Beteiligung zu befassen haben, und nicht für allgemein bekannte Tatsachen.

9. Der Aufsichtsrat kann sich eine Geschäftsordnung geben, die bis zu ihrer Aufhebung oder Änderung gültig bleibt.

10. Der Aufsichtsrat soll die Wirksamkeit seiner Arbeit regelmäßig, mindestens alle zwei Jahre, systematisch überprüfen und die aktuellen Grundsätze der Nonprofit-Governance berücksichtigen.

Variante 2

1. Der Aufsichtsrat besteht aus bis zu fünf Mitgliedern. Die Aufsichtsratstätigkeit ist mit einem Anstellungsverhältnis bei dem Gesellschafter oder einer seiner Gesellschaften unvereinbar. Dem Aufsichtsrat müssen Personen mit fachlich-inhaltlichen und ausgeprägten wirtschaftlichen Kenntnissen angehören. Der Aufsichtsrat soll sich zusammensetzen aus:

a) bis zu drei Personen zur Sicherung der ideellen Interessen der Gesellschafter,

b) einer Person mit nachweislich fachlich-inhaltlichem Know-how aus dem Geschäftsfeld der Gesellschaft und

c) mindestens einer Person mit nachweislich ausgeprägten wirtschaftlichen Kenntnissen.

2. Die Mitglieder des Aufsichtsrates werden von ....
.... für eine Amtszeit von vier Jahren berufen; eine
erneute Berufung ist zulässig. Sie können ihr Amt jederzeit niederlegen. Die Niederlegung erfolgt durch schriftliche Mitteilung
an den Aufsichtsratsvorsitzenden und in dessen Fall an den Vorsitzenden der Gesellschafterversammlung und tritt mit dem Zugang der Mitteilung ein.
3. wie Variante 1
4. wie Variante 1
5. wie Variante 1
6. wie Variante 1
7. wie Variante 1
8. Die Mitglieder des Aufsichtsrats sind über alle internen Angelegenheiten der Gesellschaft, die ihnen bei Wahrnehmung ihrer
Aufgaben zur Kenntnis gelangen, zur Verschwiegenheit verpflichtet. Dies gilt nicht gegenüber Organen des Gesellschafters, soweit
diese sich mit der Beteiligung zu befassen haben, und nicht für
allgemein bekannte Tatsachen.
9. wie Variante 1
10. wie Variante 1

Inhalt der Erläuterungen zu § 12

1. Funktion der Vorschrift

In der Vorschrift werden Regelungen zu Anzahl, Zusammensetzung, Voraussetzungen für die Wählbarkeit, Wahl, Amtsdauer,
Ausscheiden, Festlegung der Leitung, Vergütung der Sitzungstätigkeit, Verschwiegenheit, Geschäftsordnung, und Evaluation der eigenen Arbeit vorgestellt.

Zwar könnten einige der vorgeschlagenen Regelungen zur inneren Ordnung und nachfolgend zu den Sitzungen des Aufsichtsrats
grundsätzlich auch in einer Geschäftsordnung geregelt werden.
Hiervon ist aber abzuraten, wie in den Erläuterungen zu § 8 Tz. 1
ausgeführt wird.

2. Zusammensetzung des Aufsichtsrats

Der Ausschluss eines Anstellungsverhältnisses ist meistens, aber nicht immer sinnvoll. Denkbar ist, dass der ehrenamtliche Vorstand des Vereins/der Stiftung die strategische Leitung über die Gesellschafterversammlung wahrnimmt und die operative Abstimmung zwischen Verein und GmbH dem hauptamtlichen Geschäftsführer des Vereins über den Aufsichtsrat der GmbH überlässt. Im kommunalen Umfeld könnte ein Amtsleiter als Aufsichtsratsmitglied bestimmt werden, während die strategische Kontrolle durch vom Rat entsandte Ratsmitglieder in der Gesellschafterversammlung erfolgt. Die operative Kontrolle könnte durch eine Ausweitung des Prüfungsauftrages des Rechnungsprüfungsamtes gestärkt werden.

Eine personelle Überlappung bei Aufsichtsräten in einem Konzernverbund ist meistens sinnvoll, damit einzelne Aufsichtspersonen einen vollständigen wirtschaftlichen Überblick über den Verbund haben. In Ausnahmefällen sind Abweichungen von dem Grundsatz gerechtfertigt.

Beispiel: Ein DRK-Verband unterhält gemeinsam mit der Caritas einen Pflegedienst und ist noch an einer Blut-Spende-GmbH beteiligt. Da die Geschäftsfelder in keiner wirtschaftlichen Beziehung stehen, ist eine Überlappung der Aufsichtsgremien nicht zwingend erforderlich. Hinzu kommt, dass in den betreffenden Aufsichtsräten dem DRK-Verband nur jeweils ein bis zwei Mandate zur Verfügung stehen und diese mit branchenspezifischer Kompetenz besetzt werden sollen.

So lange keine wirtschaftlichen oder inhaltlichen Beziehungen bestehen, ist eine personelle Überlappung nicht zwingend notwendig. Anders ist dies zu beurteilen, wenn es nur einen Gesellschafter gibt. In diesem Fall sollte immer versucht werden, möglichst viele Bezüge zwischen den Gesellschaften herzustellen und Synergieeffekte zu erzielen.

Bei der Auswahl der Aufsichtsratsmitglieder ist aus gemeinnützigkeits-[420] und gesellschaftsrechtlichen[421] Gründen darauf zu achten, dass keine Personen mit gegenüber den Gesellschaftszwecken gravierenden gegenläufigen Interessen berufen werden.

3. Wahl- und Entsendemodell

Nach dem gesetzlichen Ausgangsmodell wählt die Gesellschafterversammlung den Aufsichtsrat. Der Gesellschaftsvertrag kann abweichende Regelungen enthalten. Eine gute Alternative ist die Entsendung der Aufsichtsratsmitglieder durch die einzelnen Gesellschafter, wodurch das Verfahren vereinfacht und den Gesellschaftern mehr Autonomie eingeräumt wird. Mit der Variante 1 Alternative 1 wird eine Kombination von Wahl- und Entsendemodell vorgeschlagen.

Gesellschaftsrechtlich bestehen erhebliche Freiheiten bei der Auswahl des Entsendegremiums; sie kann aber nicht dem Geschäftsführer der Gesellschaft übertragen werden.[422]

Die anderen Mustervorschläge enthalten das übliche Wahlmodell. Sinnvoll sind hierbei Amtszeiten von drei bis fünf Jahren. Bei einer Amtszeit von vier oder ggf. auch sechs Jahren wäre denkbar, dass immer nur die Hälfte der Mitglieder nach der halben Amtszeit zur Wahl steht. Dadurch könnte die langfristige Kontinuität der Gremienarbeit gesichert werden.

4. Abberufungsbefugnis

Ideell tätige Gesellschaften sind in erheblichem Maße auf öffentliche Legitimation angewiesen. Zudem können das Allgemeinwohl schädigende Äußerungen von Organmitgliedern die Steuerbegünstigung der Gesellschaft oder die Zuweisung öffentlicher Mittel gefährden. Daher ist eine außerordentliche Abberufungsbefugnis seitens der Gesellschafterversammlung und des Aufsichtsrats aus wichtigem Grunde mit qualifizierter Mehrheit sinnvoll.

5. Vermeidung der Ämterhäufung

Aspekte moderner Unternehmensführung (**Corporate/Nonprofit Governance**) und vielfältige Erfahrungen mit den organisatorischen Rahmenbedingungen insolvenzgefährdeter Unternehmen sprechen eine deutliche Sprache: die bei gemeinnützigen Organisationen immer wieder anzutreffende Personalunion zwischen Kontroll- und Entscheidungsgremien sind ein gravierendes Risiko für die Überlebensfähigkeit der Organisation. Daher sollten personelle Überschneidungen zwischen den beiden Organen Gesellschafterversammlung und Aufsichtsrat weitestgehend vermieden werden. Lediglich eine geringfügige Überschneidung kann zur Sicherstellung der Kommunikation zwischen beiden Gremien akzeptiert werden. Auf jeden Fall aber muss auf der Leitungsebene dieser Organe (Amt des Vorsitzenden und des stellvertretenden Vorsitzenden von Gesellschafterversammlung und Aufsichtsrat) eine Personalunion bereits gesellschaftsvertraglich ausgeschlossen sein.

6. Vergütung der Aufsichtsratstätigkeit

In der Vergangenheit war es üblich, den Aufsichtratsmitgliedern steuerbegünstigter Gesellschaften nur ihre Auslagen zu ersetzen. Davon erfasst werden nur **Fremdauslagen,** wie Reise- und Bürokosten. Inzwischen besteht eine Tendenz dahin, unter dem Begriff „Auslagen" auch ein am Zeitaufwand orientiertes **Sitzungsgeld** oder vergleichbare Vergütungen verstehen zu wollen. Wenn die Satzung hierzu keine eindeutige Regelung enthält, könnte die Finanzverwaltung bei über einen Fremdauslagenersatz hinausgehenden Zahlungen an die Aufsichtsratsmitglieder die Steuerbegünstigung der Gesellschaft anzweifeln.[423]

Aus praktischen Erfahrungen lässt sich bisher nicht ableiten, dass Tätigkeitsvergütungen eine qualitativ hochwertige Aufsichtsratsarbeit sicherstellen.

7. Anwendbarkeit des Aktienrechts

Das Organ Aufsichtsrat ist dem Aktienrecht entlehnt. Dort sind die Rechte und Pflichten des Aufsichtsrats ausführlich geregelt. § 52 Abs. 1 GmbHG verweist auf einen Teil der einschlägigen aktienrechtlichen Vorschriften. Im Gesellschaftsvertrag kann deren Anwendung ausgeschlossen werden.[424] Dies ist in der Regel sinnvoll, da die aktienrechtlichen Vorschriften aufgrund der strukturellen Unterschiede zwischen den Rechtformen AG und GmbH auf den Aufsichtsrat einer GmbH – und erst recht einer gemeinnützige GmbH – nicht optimal zugeschnitten sind.

8. Verschwiegenheitsverpflichtung

In gleicher Weise wie für die Mitglieder der Gesellschafterversammlung ist hier zu beachten, dass die Geschäftsgeheimnisse der Gesellschaft von erheblicher wirtschaftlicher Bedeutung sein können. Da Gremienvertretern bei NPO der finanzielle Anreiz zum Schutz der Geschäftsgeheimnisse in der Regel fehlt, wird die gesellschaftsrechtliche[425] Verschwiegenheitsverpflichtung ausdrücklich hervorgehoben und damit bekräftigt. Gleichzeitig wird dadurch verhindert, dass sich Gremienvertreter nach Bruch der Verschwiegenheitsverpflichtung auf Unkenntnis berufen können.

9. Aspekte der Corporate/Nonprofit Governance

Die Vorschrift trägt den Grundsätzen guter Unternehmensführung insbesondere mit folgenden Regelungen Rechnung:
- Aufstellung des einschlägigen Anforderungsprofils für Aufsichtsratsmitglieder in Absatz 1,
- Vermeidung der Ämterhäufung in Absatz 5 und
- Begründung von Evaluationspflichten in Absatz 10.

10. Besonderheiten einer kommunalen Gesellschaft

Folgende Forderungen werden üblicherweise aus kommunaler Sicht an Funktion und Aufgaben des Aufsichtsrats gestellt:
- Recht zur Entsendung von Aufsichtsratsmitgliedern (**Entsenderecht**), vorstehend Absatz 2 Alternative 1,
- Recht zur jederzeitigen Abberufung der entsandten Aufsichtsratsmitglieder, vorstehend Absatz 2 Alternative 1 und Absatz 3,
- Recht zur Bindung der Aufsichtsratsmitglieder an Weisungen der Kommune,
- Befreiung der Aufsichtsratsmitglieder von ihrer Verschwiegenheitsverpflichtung im erforderlichen Umfang. Hierzu wird auf die Erläuterungen zu § 8 Tz. 7 verwiesen.

§ 13
Aufsichtsrat – Sitzungen

Variante 1, 2

1. Der Aufsichtsrat soll mindestens alle drei Monate jeweils nach Vorlage der Quartalsberichte durch die Geschäftsführung, darüber hinaus nach Bedarf tagen.
2. Aufsichtsratssitzungen sind ferner einzuberufen, wenn zwei Aufsichtsratsmitglieder oder ein Gesellschafter dies verlangen. Deren schriftliche Begründung ist der Einladung beizufügen.
3. Die Aufsichtsratssitzungen werden durch die Geschäftsführung in Abstimmung mit dem Vorsitzenden des Aufsichtsrats vorbe-

reitet und einberufen. Wird einem nach dem vorstehenden Absatz zulässigen Einberufungsbegehren nicht unverzüglich entsprochen, so können die Antragsteller die Aufsichtsratssitzung unter Mitteilung des Sachverhalts selbst einberufen.

4. Die Einberufung erfolgt nach dem für Gesellschafterversammlungen geltenden Verfahren laut § 9 Abs. 4.

5. Die Geschäftsführung nimmt an den Sitzungen des Aufsichtsrats ohne Stimmrecht teil, wenn und soweit dieser nichts Abweichendes beschließt.

6. Die Leitung der Sitzungen obliegt dem Vorsitzenden des Aufsichtsrates, sofern die Versammlung nichts anderes beschließt.

7. Der ordnungsgemäß einberufene Aufsichtsrat ist beschlussfähig, wenn mindestens die Hälfte der Mitglieder anwesend ist. Die Bestimmungen zu Form und Verfahren gelten als eingehalten, wenn alle Aufsichtsratsmitglieder in der Versammlung anwesend sind und soweit die Tagesordnung in der Versammlung einstimmig beschlossen wird.

8. Schriftlich, elektronisch oder fernmündlich übermittelte Abstimmungen sind zulässig, wenn alle Aufsichtsratsmitglieder bei der Abstimmung mitwirken und kein Mitglied diesem Verfahren bei der Abstimmung widerspricht.

9. Soweit dieser Vertrag nichts Abweichendes bestimmt, wird mit einfacher Mehrheit abgestimmt; bei Stimmengleichheit gibt die Stimme des Versammlungsleiters den Ausschlag.

10. Das Ergebnis der Beratungen und die Beschlüsse des Aufsichtsrates sind zu protokollieren. Das Protokoll ist von dem Versammlungsleiter und dem Protokollführer zu unterzeichnen. Die Protokolle sind innerhalb von vier Wochen, im Falle des Absatz 8 unverzüglich nach der Abstimmung, den Mitgliedern des Aufsichtsrates und dem Vorsitzenden der Gesellschafterversammlung zu übermitteln.

Inhalt der Erläuterungen zu § 13

1. Funktion der Vorschrift

Die meisten Sachverhalte dieser Vorschrift könnten auch in einer Geschäftsordnung geregelt oder individuell von Fall zu Fall gestaltet werden. Nur auf den ersten Blick wäre damit eine Entlastung von Formalien verbunden. Denn die bei einer gemeinnützigen Gesellschaft häufig von gesellschaftsrechtlichen Laien besetzten Aufsichtsräte hätten einen erhöhten Klärungs- und damit Kommunikationsbedarf. Zudem könnten die damit verbundenen Gestaltungsspielräume und Informationsvorteile auch – wie die Praxis immer wieder zeigt – zu manipulativen Zwecken genutzt werden. Dies gilt auch für die Übernahme von Regelungen in eine nach den Erfahrungen der Praxis nicht jedem Aufsichtsrat bekannte oder zugängliche Geschäftsordnung, zumal in diesem Fall auch der scheinbare Vorteil eines geringen Formalisierungsgrades entfällt.

Die Vorschrift dient weiterhin der Vermeidung von Rechtsunsicherheit.[426]

2. Aufbau der Vorschrift

Die Vorschrift lehnt sich an die für die Gesellschafterversammlung getroffenen Wertentscheidungen an. Einleitend werden Einberufungskompetenz einschließlich des Rechts zur Selbsteinberufung, anschließend das Einberufungsverfahren, die Organisationsgewalt, Beschlussfassung und Protokollierung geregelt.

3. Aspekte der Corporate/Nonprofit Governance

Die Vorschrift trägt den Grundsätzen guter Unternehmensführung mit folgenden Regelungen Rechnung:
– Statuarische Festlegung von Mindestanforderungen statt einem Procedere nach persönlichen Vorstellungen der Meinungsträger,
– Quartalsweiser Sitzungsturnus in Absatz 1,
– Quartalsberichterstattung mit der Beurteilung der zwischenzeitlichen Entwicklung in Absatz 1 und
– Eigenständiges Einberufungsrecht in Absatz 3 (in Anlehnung an § 50 Absatz 3 GmbHG).

§ 14
Beirat (fakultativ)

Variante 1, 2

1. Die Gesellschafterversammlung kann einen Beirat berufen und abberufen sowie Beiratsmitglieder benennen oder anderen Gremien die Benennung von Beiratsmitgliedern übertragen. Der

Beirat berät die Gremien der Gesellschaft bei der Verfolgung der in den §§ 2–3 genannten Ziele. Die Gesellschafterversammlung wird die Aufgaben des Beirats im Falle der Berufung genauer festlegen.

2. Der Beirat ist durch die Geschäftsführung zu unterstützen und mit den für die Wahrnehmung seiner Aufgaben erforderlichen Informationen zu versorgen. Der Beirat kann Tagesordnungspunkte für die Gesellschafterversammlungen oder Aufsichtsratssitzungen benennen und dort durch ein Mitglied des Beirats begründen. Davon abgesehen werden die Kompetenzen durch die Gesellschafterversammlung festgelegt.

3. Die Beiratsmitglieder gehören dem Beirat in der Regel auf vier Jahre an; die Ernennung kann jederzeit von dem zur Ernennung berechtigten Organ oder Gremium widerrufen werden. Eine erneute Ernennung ist zulässig.

4. Der Beirat wählt aus seiner Mitte einen Vorsitzenden und einen stellvertretenden Vorsitzenden. Alle Erklärungen des Beirats werden namens des Beirats von seinem Vorsitzenden oder dem stellvertretenden Vorsitzenden abgegeben.

5. Die Mitglieder des Beirats erhalten neben oder statt dem Ersatz ihrer nachgewiesenen baren Auslagen nur dann eine Vergütung, wenn die Gesellschafterversammlung dies beschließt.

6. Die Mitglieder des Beirats sind über alle internen Angelegenheiten der Gesellschaft, die ihnen bei Wahrnehmung ihrer Aufgaben zur Kenntnis gelangen, zur Verschwiegenheit verpflichtet.

7. Der Beirat kann sich eine Geschäftsordnung geben, die die Vorgaben der Gesellschafterversammlung ergänzt.

8. Der Beirat wird von der Geschäftsführung oder dem für die Berufung der Mitglieder zuständigen Gremium in Abstimmung mit dem Vorsitzenden des Beirats nach dem für die Einberufung von Gesellschafterversammlungen geltenden Verfahren laut § 9 Abs. 4 mindestens jährlich einberufen. Die Gesellschafterversammlung kann ein abweichendes Einberufungsrecht und die Teilnahme von Organmitgliedern regeln.

9. Die Leitung der Sitzungen obliegt dem Vorsitzenden des Beirats, sofern die Versammlung nichts anderes beschließt.

10. Beschlussfassung und Protokollierung richten sich nach den für den Aufsichtsrat geltenden Vorschriften. Das Protokoll der Sitzung soll innerhalb von vier Wochen dem Vorsitzenden des Aufsichtsrates, dem Vorsitzenden der Gesellschafterversammlung und der Geschäftsführung zugehen.

Inhalt der Erläuterungen zu § 14

1. Gesellschaftsrechtliche Rahmenbedingungen

Die im Gesellschaftsrecht bestehende Satzungsautonomie lässt es zu, neben Gesellschafterversammlung, Geschäftsführung und Aufsichtsrat weitere Organe im Gesellschaftsvertrag vorzusehen und mit individuell für sinnvoll gehaltenen Gestaltungsbefugnissen zu versehen.[427] Einerseits können einem Beirat im Vergleich zum Aufsichtsrat weitergehende Befugnisse gegenüber der Geschäftsführung eingeräumt werden, andererseits können – je nach Beiratszweck – die Kontrollbefugnisse eines Aufsichtsrats beim Beirat ausgeschlossen werden.[428]

2. Funktion des Beirats

Die Gründe für die Einsetzung eines Beirats können sehr unterschiedlicher Natur sein, zum Beispiel kommen in Betracht:[429]
– Partizipation am Ruf bekannter Persönlichkeiten,
– Einbindung des Rats kompetenter Personen,
– Integration von Interessengruppen,
– Pflege von Geschäftsbeziehungen,
– Schiedsgerichtätigkeit,
– Versachlichung der Zusammenarbeit,
– Einbeziehung von Sanierungspartnern in der Krise,
– Übernahme spezifischer Geschäftsführungsaufgaben und
– Projektbegleitung, wie die Vorbereitung von Kooperationen.
   Der Beirat ist im Muster fakultativ vorgesehen, um auf dieses Instrument bei akutem Bedarf ohne Satzungsänderung zurückgreifen zu können.

3. Aufbau der Vorschrift

Die Vorschrift lehnt sich an die für Gesellschafterversammlung und Aufsichtsrat getroffenen Wertentscheidungen an. Einleitend werden Berufung und Kompetenzen, anschließend die Amtsdauer, Organisationsgewalt, Vergütung, Verschwiegenheit, Einberufung, Beschlussfassung und Protokollierung geregelt. Bei Bedarf soll sich der Beirat eine Geschäftsordnung geben.

4. Haftung der Beiratsmitglieder

Im Rahmen der ihnen übertragenen Aufgaben haften die Beiratsmitglieder für eine sorgfältige Amtsausübung.[430] Zu den Möglichkeiten einer Haftungsbegrenzung wird auf die vorstehenden Ausführungen zur Geschäftsführung § 10 Tz. 2 verwiesen.

§§ 15–16
Laufende Geschäftstätigkeit

§ 15
Geschäftsjahr, Rechnungslegung und Prüfung

Variante 1, 2

1. Das Geschäftsjahr der Gesellschaft ist das Kalenderjahr. Das erste Geschäftsjahr ist ein Rumpfgeschäftsjahr.

- **Abs. 2 Alternative 1:**
2. Im Falle wesentlicher Feststellungen bei der Jahresabschlusserstellung oder der Abschlussprüfung wird die Geschäftsführung unverzüglich Aufsichtsrat und Gesellschafter über den Sachverhalt informieren.

- **Abs. 2 Alternative (nur bei kommunaler Gesellschaft):**
2. Jahresabschluss und Lagebericht sind nach den handelsrechtlichen Vorschriften für große Kapitalgesellschaften zu erstellen und zu prüfen. Im Lagebericht wird auch zur Einhaltung der öffentlichen Zwecksetzung und zur Zweckerreichung Stellung genommen. Das zuständige Rechnungsprüfungsamt und die Kommunalaufsicht sind zur Rechnungsprüfung berechtigt.

Inhalt der Erläuterungen zu § 15

1. Gesellschaftsrechtliche
   Rahmenbedingungen
2. Gemeinnützigkeitsrecht

3. Weitere Vorschriften zur
   Rechnungslegung
4. Besonderheiten bei einer
   kommunalen Gesellschaft

1. Gesellschaftsrechtliche Rahmenbedingungen

Grundsätzlich ist Geschäftsjahr das Kalenderjahr und das erste Geschäftsjahr ein Rumpfgeschäftsjahr. Die Regelung gehört daher nicht zum zwingenden Inhalt der Satzung, sondern hat lediglich klarstellende Bedeutung.[431]

Nicht zulässig ist der praktisch häufig geäußerte Wunsch, das Geschäftsjahr der Gesellschaft bereits vor Eintragung der Gesellschaft im Handelsregister beginnen zu lassen.[432]

2. Gemeinnützigkeitsrecht

Ein vom Kalenderjahr abweichendes Wirtschaftsjahr kann bei gemeinnützigen Gesellschaften nur für die wirtschaftlichen Geschäftsbetriebe gewählt werden. Die übrigen Sparten haben in der Regel nach dem Kalenderjahr Rechnung zu legen.[433]

3. Weitere Vorschriften zur Rechnungslegung

Hier können weitere Regelungen zum Jahresabschluss, der Prüfung, der Gewinnausschüttung – soweit gemeinnützigkeitsrechtlich zulässig[434] – und Aspekten der laufenden Geschäftstätigkeit aufgenommen werden. Dabei sollte bedacht werden, dass sich die Rahmenbedingungen der Gesellschaft im Laufe der Jahre ändern und eine Anpassung des Gesellschaftsvertrages vergleichsweise aufwändig ist, insbesondere bei Gemeinschaftsunternehmen. Daher sollten sich diesbezügliche, im Nonprofit-Sektor – außer bei kommunalen Gesellschaften – randständige Regelungen auf ein für die strategische Zielsetzung notwendiges Maß beschränken. Die Überschrift des Paragraphen ist gegebenenfalls entsprechend anzupassen oder es sind weitere Paragraphen einzufügen.

4. Besonderheiten bei einer kommunalen Gesellschaft

Absatz 2 Alternative 2 enthält die üblichen Regelungen zum Jahresabschluss und zur Prüfung bei kommunalen Unternehmen. Zu den Veröffentlichungspflichten wird auf das Formulierungsbeispiel unter der nachfolgenden Vorschrift verwiesen.

§ 16
Bekanntmachungen

Variante 1, 2

Die Bekanntmachungen der Gesellschaft erfolgen, soweit rechtlich zulässig, nur im elektronischen Bundesanzeiger, andernfalls im Bundesanzeiger oder dem an dessen Stelle tretenden amtlichen Veröffentlichungsblatt.

Inhalt der Erläuterungen zu § 16

1. Kostenbegrenzung und
   Bekanntmachungspflichten

2. Besonderheiten bei einer
   kommunalen Gesellschaft

1. Kostenbegrenzung und Bekanntmachungspflichten

Die satzungsmäßige Festlegung eines einzigen Veröffentlichungsblattes ist zweckmäßig.[435] Künftig dürfte der elektronische Bundesanzeiger in der Regel eine preisgünstige Alternative darstellen. Bekanntmachung erfolgt zum Beispiel bei:
- Gründung und Auflösung der Gesellschaft,
- Änderung des Stammkapitals,
- Jahresabschluss,
- Satzungsänderung,
- Berufung und Abberufung von Geschäftsführern und Prokuristen,
- Berufung und Abberufung von Aufsichtsratsmitgliedern sowie
- Bestellung von Liquidatoren.

2. Besonderheiten bei einer kommunalen Gesellschaft

Wenn eine Gemeinde mehrheitlich an einer Gesellschaft beteiligt ist, kann die einschlägige Gemeindeordnung zum Beispiel vorschreiben, dass
- die Feststellung des Jahresabschlusses, die Verwendung des Ergebnisses sowie das Ergebnis der Prüfung des Jahresabschlusses und des Lageberichts unbeschadet der bestehenden gesetzlichen Offenlegungspflichten ortsüblich bekannt gemacht werden,
- gleichzeitig der Jahresabschluss und der Lagebericht ausgelegt werden und
- in der Bekanntmachung auf die Auslegung hingewiesen wird.

Formulierungsbeispiel: Die Gesellschaft wird die Feststellung des Jahresabschlusses, die Verwendung des Ergebnisses sowie das Ergebnis der Prüfung des Jahresabschlusses und des Lageberichts unbeschadet der bestehenden gesetzlichen Offenlegungspflichten ortsüblich bekannt machen, gleichzeitig den Jahresabschluss und den Lagebericht im Rathaus in Anlehnung an die für Eigenbetriebe geltenden Vorschriften auslegen und in der Bekanntmachung auf die Auslegung hinweisen.

§§ 17–18
Änderung der Gesellschaft bzw. Gesellschafterstruktur

§ 17
Verfügungen über Geschäftsanteile

Variante 1, 2

• **Alternative 1:**
Verfügungen über Geschäftsanteile oder Teile von Geschäftsanteilen, insbesondere die Abtretung, Verpfändung und Nießbrauchsbestellung an andere Personen sowie der Eintritt neuer Gesellschafter, bedürfen der Zustimmung der Gesellschafterversammlung, die darüber mit einer Mehrheit von drei Viertel der abgegebenen Stimmen zu beschließen hat. Im Übrigen bleiben die Vorschriften des § 17 des GmbH-Gesetzes unberührt.

• **Alternative 2:**
Verfügungen über Geschäftsanteile oder Teile von Geschäftsanteilen, insbesondere die Abtretung, Verpfändung und Nießbrauchsbestellung an andere Personen sowie der Eintritt neuer Gesellschafter, bedürfen der Zustimmung der Gesellschafterversammlung, die darüber einstimmig zu beschließen hat. Im Übrigen bleiben die Vorschriften des § 17 des GmbH-Gesetzes unberührt.

Inhalt der Erläuterungen zu § 17

1. Funktion der Vorschrift   2. Gestaltungsalternativen

1. Funktion der Vorschrift

Mit der Vorschrift wird das bei ideell geprägten Gesellschaften typischerweise bestehende Interesse verfolgt, dass unerwartete Eindringen eines möglicherweise gegenläufige Interessen verfolgenden Dritten[436] in die Gesellschaft zu verhindern. Die Vorschrift ist bei gemeinnützigen Gesellschaften nahezu immer unverzichtbar und sollte sicherheitshalber auch im Falle einer langfristig absehbaren Alleingesellschafterstellung aufgenommen werden. Die Bezugnahme auf § 17 GmbHG hat klarstellenden Charakter, dass die in dieser Vorschrift geregelten erschwerten Voraussetzungen bei der Teilung eines einzelnen Geschäftsanteils bestehen bleiben sollen.

2. Gestaltungsalternativen

Von den vielfältigen Gestaltungsalternativen werden die beiden häufigsten vorgestellt. Da die Vorgabe einer einstimmigen Beschlussfassung neben ihren Vorteilen auch Risiken birgt[437], sollte im Regelfall auf das Beschlusserfordernis einer Drei-Viertel-Mehrheit zurückgegriffen werden.

Als weitere Gestaltungsalternativen kommen Vorkaufsrechte und differenzierte Zustimmungsvorbehalte in Betracht.[438] Bei gemeinnützigen Gesellschaften bieten sich diese Alternativen nur in seltenen Ausnahmefällen an.

§ 17a
Ausscheiden aus der Gesellschaft

nur Variante 1

- **Abs. 1 Alternative 1:**
1. Jeder Gesellschafter kann mit einer Frist von sechs Monaten zum Ende des Geschäftsjahres seinen Austritt aus der Gesellschaft erklären. Im Falle des Austritts oder der Ausschließung eines Gesellschafters wird diese nicht aufgelöst, sondern – nach Ausscheiden des betroffenen Gesellschafters – von den übrigen Gesellschaftern fortgesetzt.

- **Abs. 1 Alternative 2:**
1. Im Falle eines nur aus wichtigem Grund möglichen Austritts oder einer Ausschließung aus der Gesellschaft wird diese nicht aufgelöst, sondern – nach Ausscheiden des betroffenen Gesellschafters – von den übrigen Gesellschaftern fortgesetzt.
2. Der Ausschluss eines Gesellschafters und die Zwangseinziehung von Geschäftsanteilen sind bei Vorliegen eines wichtigen Grundes, die Einziehung auch mit Zustimmung des betroffenen Ge-

sellschafters, zulässig. Als wichtiger Grund sind insbesondere anzusehen:

a) gravierende Verletzung der Gesellschafterpflichten durch einen Gesellschafter,

b) Umstände aus der Sphäre des Gesellschafters, die sich auf den Ruf der übrigen Gesellschafter oder der Gesellschaft gravierend nachteilig auswirken können,

c) Pfändung eines Geschäftsanteils, wenn diese nicht innerhalb von zwei Monaten, spätestens bis zur Verwertung des Geschäftsanteils, wieder aufgehoben wird,

d) wenn über das Vermögen des Gesellschafters ein Insolvenzverfahren wegen Zahlungsunfähigkeit oder Überschuldung eröffnet oder mangels Masse abgelehnt wird,

e) wenn über das Vermögen des Gesellschafters ein Insolvenzverfahren wegen drohender Zahlungsunfähigkeit eröffnet wird und der Gesellschafter sich nicht jeglicher Einflussnahme auf die Gesellschaft enthält,

f) für die Zwangseinziehung auch der Austritt eines Gesellschafters aus der Gesellschaft.

Ab dem vorgenannten fristauslösenden Ereignis, im Falle der Pflichtverletzung ab dem Zeitpunkt der einstimmigen Rüge durch die übrigen Gesellschafter, hat der betroffene Gesellschafter in der Gesellschafterversammlung kein Stimmrecht. Die Beschlüsse in Vollzug dieser Vorschrift bedürfen einer Mehrheit von ¾ der übrigen Gesellschafter.

• Abs. 3 Alternative 1:

3. Der Abfindungsanspruch des ausscheidenden Gesellschafters ist gemäß § 4 Abs. 3 beschränkt auf seine Einlagen in Höhe des Buchwertes zum Einbringungszeitpunkt, soweit diese nicht durch Verlust aufgezehrt sind.

• Abs. 3 Alternative 2:

3. Der Geschäftsanteil kann mit Zustimmung des ausscheidenden Gesellschafters auf einen ihm ideell nahe stehenden Rechtsnachfolger übertragen werden. Andernfalls erhält der ausscheidende Gesellschafter einen Abfindungsanspruch gemäß § 4 Abs. 3 beschränkt auf seine Einlagen in Höhe des Buchwertes zum Einbringungszeitpunkt, soweit diese nicht durch Verlust aufgezehrt sind.

Inhalt der Erläuterungen zu § 17a

1. Funktion der Vorschrift

Das GmbH-Gesetz enthält nur sehr rudimentäre Vorschriften zur Trennung von einem missliebigen Gesellschafter.[439] Nach allgemeinen Rechtsgrundsätzen kann ein Gesellschafter bei Vorliegen eines in seiner Person begründeten wichtigen Grundes ausgeschlossen werden.[440] Aus Gründen der Rechtssicherheit sollte der Gesellschaftsvertrag hierzu Regelungen enthalten.

Die Regelung sollte auch bei Gründung einer 100%igen Tochtergesellschaft aufgenommen werden, wenn eine spätere Beteiligung Dritter nicht völlig ausgeschlossen werden kann.

2. Austritt

Der freiwillige Austritt eines Gesellschafters kann für die übrigen Gesellschafter konfliktträchtig sein, falls dadurch
– in erheblichem Umfang Liquidität abgezogen wird,
– wichtige Geschäftsbeziehungen oder Bestandteile der Wertschöpfungsprozessketten weg brechen,
– eine negative Außenwirkung bewirkt wird oder
– die ideelle Unterstützung verloren geht.
Daher ist zu entscheiden, ob der Austritt mit ausreichender Frist (Alternative 1) oder nur aus wichtigem Grunde möglich sein soll (Alternative 2).

3. Ausschluss

Der Ausschluss eines Gesellschafters ist als einschneidende Maßnahme nur aus wichtigem Grunde möglich. In Absatz 2 werden die allgemein anerkannten Fälle in Ansehung der ideellen Zielsetzung der Gesellschaft und der gemeinnützigkeitsrechtlichen Voraussetzungen modifiziert. Die nach allgemeinen Rechtsgrundsätzen bestehenden wichtigen Gründe können gesellschaftsvertraglich erweitert, nicht aber eingeschränkt werden.

Es ist dringend zu empfehlen, den Ausschluss einschließlich des zu beachtenden Verfahrens gesellschaftsvertraglich zu regeln.[441]

4. Zwangseinziehung

Die Zwangseinziehung eines Geschäftsanteils ist neben der in Absatz 3 Alternative 2 vorgesehenen Abtretung des Geschäftsanteils eine Möglichkeit, durch die ein Ausschluss oder Austritt aus der Gesellschaft umgesetzt werden kann.

5. Abfindung

Ein ausscheidender Gesellschafter erhält vorbehaltlich einer abweichenden gesellschaftsvertraglichen Vereinbarung eine Abfindung in Höhe des Verkehrswerts seines Geschäftsanteils.[442] Abfindungsbeschränkungen sind nur in den Grenzen des § 138 BGB zulässig.[443] Bei ideelle Zwecke verfolgenden Gesellschaften kann ein Abfindungsanspruch gesellschaftsvertraglich ausgeschlossen werden.[444] Gemeinnützigkeitsrechtlich ist der Abfindungsanspruch betragsmäßig auf die eingezahltem Kapitalanteile und den gemeinen Wert der geleisteten Sacheinlagen begrenzt.[445]

Kündigung und Zwangseinziehung sind einschneidende Maßnahmen mit oft unabsehbaren Folgen für eine Geschäftsbeziehung. Als Deeskalationsstrategie wird mit dem Alternativvorschlag des Mustertextes die Möglichkeit eingeräumt, den Anteil auf einen dem Gesellschafter ideell nahe stehenden Rechtsträger zu übertragen. In diesem Fall obliegt es dem ausscheidenden und dem neu eintretenden Gesellschafter, eine Regelung zum Ausgleich des Wertetransfers zu vereinbaren.

§ 18
Änderung des Gesellschaftsvertrages, Auflösung der Gesellschaft

Variante 1, 2

1. Zur Änderung des Gesellschaftsvertrages, zur Beschlussfassung über die Auflösung der Gesellschaft, zur Bestellung des oder der Liquidatoren bedarf es des Beschlusses der Gesellschafterversammlung mit Drei-Viertel-Mehrheit der abgegebenen Stimmen.
2. Bei Auflösung der Gesellschaft oder bei Wegfall steuerbegünstigter Zwecke fällt das Vermögen der aufgelösten Gesellschaft, soweit es die nach § 4 Abs. 3 des Gesellschaftsvertrages zurückzugewährenden Kapitalanteile und Sacheinlagen übersteigt, an den

…, oder, falls diese Körperschaft nicht mehr besteht, an die in seiner Satzung in der zuletzt gültigen Fassung genannten steuerbegünstigten Anfallsberechtigten mit der Maßgabe, diese Mittel ausschließlich und unmittelbar für steuerbegünstigte Zwecke im Sinne des § 2 dieses Gesellschaftsvertrages zu verwenden.

Inhalt der Erläuterungen zu § 18

1. Änderung des Gesellschafts-   2. Anfallberechtigung (Absatz 2)
vertrages

1. Änderung des Gesellschaftsvertrages

Im Vertragsmuster wird das gesetzliche Mindestquorum[446] für eine Änderung des Gesellschaftsvertrages zu Grunde gelegt. Eine Anhebung der Mehrheitsquote ist nur in seltenen Ausnahmefällen sinnvoll und stellt immer ein Risiko für die Zukunftsaussichten der Gesellschaft dar.

Vor jeder Änderung des Gesellschaftsvertrages sollten die eventuellen gemeinnützigkeitsrechtlichen Konsequenzen geprüft werden. In der Regel sollte vorab eine Abstimmung mit dem zuständigen Finanzamt über die geplante Satzungsänderung erfolgen.

2. Anfallberechtigung (Absatz 2)

Die Formulierung ist aus gemeinnützigkeitsrechtlichen Gründen vorgegeben. Nur in seltenen Ausnahmefällen wird die Gemeinnützigkeit der Gesellschaft nicht gefährdet, wenn stattdessen der Beschluss über die künftige Verwendung des Vermögens von der Einwilligung des Finanzamtes abhängig gemacht wird.[447]

§ 19
Schlussbestimmungen

Variante 1, 2

1. Bei einer Änderung der Rechtslage mit erheblichen Auswirkungen für die Gesellschaft oder Anteilseigner sind die Gesellschafter zur Anpassung des Gesellschaftsvertrages – ggf. auch der Beteiligungsverhältnisse – an diese Gegebenheiten verpflichtet.

2. Die Ungültigkeit einzelner Bestimmungen des Vertrages berührt nicht seine Wirksamkeit. Anstelle der unwirksamen Bestimmung oder zur Ausfüllung einer Lücke ist eine angemessene Regelung zu vereinbaren, die dem am nächsten kommt, was die Vertragschließenden unter Berücksichtigung von der Tendenzausrichtung der Gesellschaft gewollt haben oder nach dem Sinn und Zweck des Vertrages gewollt hätten, sofern sie den Punkt bedacht hätten. Beruht die Ungültigkeit auf einer Leistungs- oder Zeitbestimmung, so tritt an ihre Stelle das gesetzlich zulässige Maß.

3. Die Gesellschaft trägt die mit der Errichtung/Änderung der Gesellschaft anfallenden Kosten bis zur Höhe von insgesamt 2.500 EUR (Notar- und Registergerichtsgebühren, einschließlich Veröffentlichungskosten).

Inhalt der Erläuterungen zu § 19

1. Anpassungspflicht

Anders als bei erwerbswirtschaftlich orientierten Gesellschaftern besteht im Dritten Sektor mangels individueller finanzieller Vorteile oder Einbußen in der Regel die Bereitschaft, gravierende rechtliche Auswirkungen bestehender Strukturen im Konsenswege zu bereinigen. Daher ist die Aufnahme einer hierauf gerichteten Klausel im Gesellschaftsvertrag sinnvoll.

2. Salvatorische Klausel (Heilende Klausel)

Wegen § 53 GmbHG ist die Klausel nicht als Fiktionsklausel formuliert, sondern legt den Beteiligten eine Verpflichtung zur Anpassung auf.[448]

3. Gerichtsstandsklausel

Eine Gerichtstandsklausel ist in der Regel nur im Falle einer Beteiligung ausländischer Gesellschafter sinnvoll.[449]

4. Angabe der Gründungskosten

Aus gesellschafts-[450] und insbesondere gemeinnützigkeitsrechtlichen[451] Gründen ist die konkrete Bezeichnung der von der Gesellschaft zu tragenden Gründungskosten mit moderater Betragsangabe dringend zu empfehlen.

5. Schiedsgerichts- oder Mediationsklausel

Gelegentlich werden in Gesellschaftsverträge Schieds- und/oder Mediationsklauseln aufgenommen, um den Rechtsweg zu den ordentlichen Gerichten zu vermeiden.

Ziel der Mediation ist es, Konflikte durch eine rechtsverbindliche Vereinbarung zu lösen, die im Vergleich zu einer gerichtlichen Auseinandersetzung kosten- und zeitsparender zu erreichen ist und dabei die Beziehungen der Konfliktparteien zueinander schont oder sogar verbessert.

Für den Fall der Erfolglosigkeit des Mediationsverfahrens kann außerdem eine Schiedsgerichtsklausel in den Vertrag aufgenommen werden.

Unter D. IV ist eine Kombination aus Mediations- und Schiedsklausel abgedruckt.

D. Übersichten, Checklisten und weitere Mustertexte

I. Gliederung und Bestandteile eines steuerbegünstigten Gesellschaftsvertrages

Die Checkliste liefert eine Übersicht über zwingend erforderliche und in der Praxis oft gewählte Regelungsbereiche des Gesellschaftsvertrages.[452] Mit ihr können bestehende Gesellschaftsverträge auf Vollständigkeit geprüft und Entwürfe sinnvoll strukturiert werden. Pflichtbestandteile eines Gesellschaftsvertrages für eine steuerbegünstigte Gesellschaft werden **fett** dargestellt.

- Konstitutive Bestimmungen und Gesellschafter
  - **Firma**
  - **Sitz**
  - **Gegenstand**
  - **Zweck** (steuerlich erforderlich)
  - ideelle und organisatorische Einbindung
  - **Gemeinnützigkeit** (steuerlich erforderlich)
  - **Stammkapital**
  - **Stammeinlagen der einzelnen Gesellschafter, ggf. Benennung von Sacheinlagen**
  - (Sonder-)Stimmrechte
  - Pflichten der Gesellschafter, z.B. Nachschusspflicht, Wettbewerbsverbot
- Organe
  - Übersicht über die Organe
  - **Gesellschafterversammlung**
  - **Geschäftsführung**
  - Aufsichtsrat[453]
  - Beirat
- Laufende Geschäftstätigkeit
  - Geschäftsjahr
  - Dauer der Gesellschaft
  - Jahresabschluss
  - Prüfung
  - Gewinnverwendung
  - Bekanntmachungen
- Änderung der Gesellschaft bzw. Gesellschafterstruktur
  - Verfügungen über Gesellschaftsanteile, z.B. Zustimmungsvorbehalt, Vorkaufsrecht, Beschränkung auf bestimmte Personen als mögliche Gesellschafter

- Belastung von Geschäftsanteilen
- Einziehung von Geschäftsanteilen
- Ausscheiden aus der Gesellschaft
- Bewertung von Geschäftsanteilen bei Ausscheiden (steuerrechtlich eingeschränkt)
- Änderungen des Gesellschaftsvertrages
- Kündigung der Gesellschaft
- **Auflösung und Abwicklung der Gesellschaft** (steuerrechtlich erforderlich)
- Schlussbestimmungen
  - Übernahme von Gründungskosten
  - Salvatorische Klausel
  - Gerichtsstand
  - Mediation, Schiedsgerichtsbarkeit
  Die Organe Aufsichtsrat und Beirat sind auch unter anderen Bezeichnungen anzutreffen, z. B. Kuratorium.
  Die **Regelungen je Organ** können sehr vielfältig ausfallen, so dass hier nur typische Regelungen ohne Anspruch auf Vollständigkeit aufgeführt werden.
- Funktion und Aufgaben
  - Funktion
  - einzelne Aufgaben
  - besondere (Informations-)Rechte
  - Widerspruchsrechte, Zustimmungsvorbehalte
  - Vertretungsrechte,[454] Alleinvertretung, Selbstkontrahierung
- Innere Ordnung
  - Zusammensetzung
  - Wahl der Mitglieder
  - Entsendung
  - geborene Mitgliedschaften
  - Amtsdauer, -niederlegung
  - Wiederwahl
  - Nachwahl bei vorzeitigem Ausscheiden
  - Abberufung
  - Anforderungen an die Mitglieder
  - Ressortverteilung
  - Vorsitz, Stellvertretung, andere Ämter
  - Vergütung
  - Verschwiegenheitsverpflichtung
  - Geschäftsordnung
  - Evaluation der Arbeit im Sinne der Corporate/Nonprofit Governance
- Sitzungen
  - Tagungsrhythmus

– reguläre Einladung
– Einladung(-sbegehren) durch Minderheit
– Tagungsort
– Einladungsfrist
– Einladungsform und Unterlagen
– Festlegung der Tagesordnung
– Beschlussfähigkeit
– Prozedere bei fehlender Beschlussfähigkeit
– Heilung von Verfahrensmängeln
– Stimmrechtsübertragung
– Mehrheitserfordernisse
– Mehrstimmrechte
– besondere Verfahren, z.B. schriftliche Beschlussfassung, Umlaufverfahren, elektronische Sitzungen
– Vertretung des Organmitgliedes
– Teilnahme von Gästen mit und ohne Organstellung oder besonderer Funktion
– Sitzungsleitung
– Protokollierung und Verwendung des Protokolls
– (befristete) Anfechtung von Beschlüssen

II. Übersicht zu gesellschaftsvertraglichen Gestaltungsalternativen

Wegen seines grundlegenden strukturbildenden Charakters ist der Gesellschaftsvertrag auf die Interessenlage der Beteiligten auszurichten. In der Praxis wird dies häufig mit der Folge von Fehlentwicklungen versäumt. Nachfolgend ist eine Auswahl von Gestaltungselementen zusammengestellt:

- Ausstattung der Geschäftsführung mit geringen oder umfänglichen Kompetenzen
- entscheidungs- oder entscheidungsfindungsorientierte Ausgestaltung der Gesellschafterversammlung
- Entscheidung über die Installation eines Aufsichtsrats
  - Ausgestaltung als reines Kontrollgremium
  - Einräumung von Kompetenzen zu Lasten der Gesellschafterversammlung und/oder der Geschäftsführung
- Entscheidung über die Installation eines Beirats
  - Ausgestaltung als Organ zur Entscheidungsvorbereitung der anderen Organe
  - Einräumung von Kompetenzen zu Lasten der Geschäftsführung, des Aufsichtsrats und/oder der Gesellschafterversammlung
- Einflussmöglichkeiten bei mehreren Gesellschaftern
  - Grundsatz der einstimmigen Entscheidungsfindung (in der Regel abzulehnen)[455]
  - Vorgehen bei Patt-Situationen
  - umfängliche oder eingeschränkte Minderheitenrechte
  - Instrumente zum Interessenausgleich

III. Gesellschaftsvertragsmuster – Alleingesellschafter ohne Aufsichtsrat

Das nachfolgende Gesellschaftsvertragsmuster ist nur einschlägig, wenn auf die Mitwirkung eines Aufsichtrats verzichtet werden soll. Im Ergebnis werden dadurch Funktionen der strategischen Planung und Kontrolle vermischt, so dass die Erkenntnisse moderner Unternehmensführung nicht vollständig umgesetzt werden.

Aus zuschussrechtlichen Aspekten und nach den Statuten des einschlägigen Spitzenverbandes kann die Berufung eines Aufsichts- oder Beirats vorgeschrieben sein, wenn die Gesellschaft von einer Privatpersonen oder einem gewerblichen Unternehmen gegründet wird. Auch bei kommunalen Gesellschaften ist ein Aufsichtrat regelmäßig erforderlich, so dass die Besonderheiten kommunaler Gesellschaften bei dem nachfolgenden Muster nicht zu berücksichtigen waren.

Falls die künftige Aufnahme weiterer Gesellschafter in Betracht kommt, empfiehlt es sich, bereits jetzt auf die im Abschnitt B. abgedruckte Variante I. zurückzugreifen, da die spätere Aufnahme von den in Variante I. vorgesehenen Konfliktlösungsvorschriften verhandlungstechnisch erfahrungsgemäß schwierig ist.

Im Anschluss an die einzelnen Regelungsvorschläge wird zur Vertiefung jeweils auf die einschlägigen Erläuterungen im Abschnitt C. verwiesen.

§§ 1–6
Konstitutive Bestimmungen und Gesellschafter

§ 1
Firma, Sitz

1. Die Firma der Gesellschaft lautet
.... gemeinnützige GmbH.
2. Die Gesellschaft hat ihren Sitz in ......
Erläuterungen im Abschnitt C. zu § 1.

§ 2
Zweck und Gegenstand des Unternehmens

1. Zweck der Gesellschaft ist Förderung von
   a) ....
   b) ....
2. Gegenstand des Unternehmens ist die Trägerschaft von Zweckbetrieben im Sinne des Abschnitts „Steuerbegünstigte Zwecke" der
   Abgabenordnung, insbesondere von
   a) ....
   b) ....
   c) ....
   Erläuterungen im Abschnitt C. zu § 2.

§ 3
Ideelle und organisatorische Ausrichtung der Gesellschaft

1. Grundlage allen Handelns der Gesellschaft ist ......
2. Die Gesellschaft strebt die Mitgliedschaft im ......-Verband an
   und trägt Sorge für die Erfüllung der Voraussetzungen einer Mitgliedschaft. Sie wird nicht zugleich Mitglied in einem anderen
   Spitzenverband.
   Sie unterwirft sich den Regularien dieses Verbandes, insbesondere ......
   Sie kommuniziert die Verbandszugehörigkeit durch ......
3. Die Gesellschaft versteht sich als Teil der ...... und strebt eine
   enge Zusammenarbeit mit allen Mitgliedern dieses Verbundes an.
   Sie wird ihre Angebote und sonstigen Aktivitäten mit anderen
   Verbundmitgliedern abstimmen und einen direkten Wettbewerb
   vermeiden.
   Die Verbundenheit drückt sich neben der Spitzenverbandszugehörigkeit durch ...... aus.
4. Rechte aus diesem Paragraphen können nur die Gesellschaft und
   der Gesellschafter geltend machen, eine anderweitige Rechtswirkung besteht nicht.
   Erläuterungen im Abschnitt C. zu § 3.

§ 4
Gemeinnützigkeit

1. Die Gesellschaft verfolgt ausschließlich und unmittelbar gemeinnützige bzw. mildtätige Zwecke im Sinne des Abschnitts „Steuerbegünstigte Zwecke" der Abgabenordnung.
2. Die Gesellschaft ist selbstlos tätig; sie verfolgt nicht in erster Linie eigenwirtschaftliche Zwecke.
3. Die Mittel der Gesellschaft dürfen nur für satzungsgemäße Zwecke verwendet werden. Gesellschafter dürfen keine Gewinnanteile und in ihrer Eigenschaft als Gesellschafter auch keine sonstigen Zuwendungen aus Mitteln der Gesellschaft erhalten. Gesellschafter erhalten bei ihrem Ausscheiden oder bei Auflösung der Gesellschaft oder bei Wegfall der steuerbegünstigten Zwecke nicht mehr als ihre eingezahlten Kapitalanteile und den gemeinen Wert ihrer geleisteten Sacheinlagen zurück.
4. Die Gesellschaft darf keine Person durch Ausgaben, die dem Zweck der Gesellschaft fremd sind, oder durch unverhältnismäßig hohe Vergütungen begünstigen.
Erläuterungen im Abschnitt C. zu § 4.

§ 5
Stammkapital, Stammeinlagen

1. Das Stammkapital der Gesellschaft beträgt ...... EUR (in Worten: .... Euro).
2. Gesellschafter ist
.... mit einer Stammeinlage von ...... EUR.
3. Die Stammeinlage ist in voller Höhe sofort zur Einzahlung fällig.
4. Eventuelle zusätzliche Sacheinlagen werden in die Kapitalrücklage eingestellt und im Auseinandersetzungsfalle zu den Einlagebuchwerten, höchstens aber zum Wert nach § 4 Abs. 3 abgerechnet.
Erläuterungen im Abschnitt C. zu § 5.

§§ 6–9
Organe

§ 6
Gesellschafterversammlung – Funktion und Aufgaben

1. Die Gesellschafterversammlung wirkt an der strategischen Planung mit und trifft die Grundsatzentscheidungen Dabei achtet sie insbesondere auf die Einhaltung der ideellen Zielsetzungen, wie sie in den §§ 2–3 beschrieben sind, sowie die langfristige Substanzerhaltung der Gesellschaft.

2. Die Gesellschafterversammlung beschließt über alle Angelegenheiten von grundsätzlicher Bedeutung, die zum Beispiel die Struktur der Gesellschaft, die Anbindung an den Gesellschafter, besondere Risiken und ihre strategische sowie ideelle Ausrichtung betreffen. Sie beschließt auch über folgende Angelegenheiten:

   a) Bestellung und Abberufung der Geschäftsführer, Abschluss und Kündigung der Anstellungsverträge,

   b) Feststellung des Jahresabschlusses, Verwendung des Bilanzgewinns oder Behandlung eines Bilanzverlustes im Rahmen der gemeinnützigkeitsrechtlichen Vorschriften

   c) Bestellung des Abschlussprüfers,

   d) Sitzverlegung und Veräußerung des Unternehmens im Ganzen oder von wesentlichen Teilen desselben,

   e) Beschlüsse über Unternehmensverträge,

   f) Strukturmaßnahmen, die Gegenstands- oder Zweckänderungen gleichkommen,

   g) Änderung des Gesellschaftsvertrages,

   h) Weisungen an die Geschäftsführung.

3. Die Geschäftsführung legt der Gesellschafterversammlung einen Geschäftsplan, der die strategischen Grundsatzentscheidungen enthält sowie einen kurz-, mittel- und langfristigen operativen Rahmen einschließlich Budgetansätze beschreibt, spätestens im vierten Vorjahresquartal des Geschäftsjahres zur Beratung und Beschlussfassung vor. Wenn die Gesellschafterversammlung den Geschäftsplan ablehnt, legt die Geschäftsführung unverzüglich einen geänderten Geschäftsplan vor, der die zur Ablehnung führenden Bedenken der Gesellschafterversammlung möglichst berücksichtigt und an dem sie ihre Geschäftsführung bis zur weiteren Beschlussfassung der Gesellschafterversammlung zu orientieren hat.

4. Die Geschäftsführung hat die Gesellschafterversammlung zeitnah zu informieren, wenn wesentliche Prämissen der strategischen Planung sich ändern oder ein deutliches Verfehlen der operativen Ziele absehbar ist. Sofern existenzgefährdende Risiken drohen, muss in Abstimmung mit dem Versammlungsvorsitzenden unver-

züglich eine Gesellschafterversammlung einberufen werden. In beiden Fällen hat die Geschäftsführung konkrete Vorschläge für die Anpassung der Planung zu unterbreiten.

5. Über folgende Rechtshandlungen ist die Gesellschafterversammlung vor deren Umsetzung durch die Geschäftsführung konkret schriftlich zu unterrichten, soweit sie nicht bereits detailliert im Geschäftsplan ausgewiesen sind, und kann diesen widersprechen:

a) Errichtung und Aufgabe von Zweigniederlassungen,

b) Investitions- und Betriebserhaltungsmaßnahmen über mehr als insgesamt 25.000 EUR,

c) Abschluss von Leasing-, Pacht- und Mietverträgen mit einem Gesamtbetrag von mehr als 25.000 EUR bis zum jeweiligen, nächstmöglichen Kündigungstermin,

d) Gewährung von Sicherheiten (z.B. Verpfändung, Sicherungsübereignung) und die Bewilligung von Krediten außerhalb des üblichen Geschäftsverkehrs sowie die Übernahme fremder Verbindlichkeiten, auch wenn dies im Geschäftsplan ausgewiesen ist; davon ausgenommen sind Kredite an Arbeitnehmer, wenn sie für die Gewährung eine allgemeine Regelung beschlossen hat,

e) Abschluss, Aufhebung oder Änderung von Verträgen mit in gerader Linie Verwandten oder Verschwägerten oder mit in der Seitenlinie bis zum zweiten Grade Verwandten oder bis zum zweiten Grade Verschwägerten der Vertreter des Gesellschafters oder der Geschäftsführer,

f) Vereinbarung von Krediten oder Kreditlinien, die im Einzelfall den Betrag von 25.000 EUR übersteigen oder die einen bisher bewilligten Umfang insgesamt um einen Betrag von mehr als 25.000 EUR erhöhen,

g) Erlass von Forderungen gegen Organmitglieder oder Arbeitnehmer, auch wenn dies im Geschäftsplan ausgewiesen ist, und sonstiger Forderungen, wenn diese 10.000 EUR im Jahr übersteigen,

h) Aufnahme und Aufgabe eines Geschäftszweiges,

i) Veräußerung und Belastung von Grundstücken und grundstücksgleichen Rechten sowie die damit zusammenhängenden Verpflichtungsgeschäfte mit einem Gesamtbetrag von mehr als 25.000 EUR,

j) Gründung, Erwerb und Veräußerung anderer Unternehmen oder Erwerb und Veräußerung einer Beteiligung an anderen Unternehmen, ausgenommen Genossenschaftsanteile bis zu 10.000 EUR,

k) Übernahme von Bürgschaften, Eingehen von Wechselverbindlichkeiten und Bestellung von Sicherheiten für fremde Verbindlichkeiten, auch wenn sie in dem Geschäftsplan ausgewiesen sind,

l) Erteilung und Widerruf von Prokura.

Die vorgenannten Beträge von 25.000 EUR gelten außer c) per anno; sie gelten vorbehaltlich einer abweichenden Regelung in der Geschäftsordnung der Geschäftsführung.

Erläuterungen im Abschnitt C. zu § 7.

§ 7
Gesellschafterversammlung – Innere Ordnung

1. Die Mitglieder der Gesellschafterversammlung wählen aus ihrer Mitte einen Vorsitzenden der Gesellschafterversammlung.
2. Der Vorsitzende vertritt die Gesellschaft gegenüber der Geschäftsführung. Insbesondere gibt er die Erklärungen zur Berufung und Abberufung sowie zur Anstellung, Abmahnung und Kündigung ab.
3. Die Sitzungsteilnehmer sind zur Verschwiegenheit über Angelegenheiten der Gesellschaft verpflichtet. Dies gilt nicht gegenüber Organen des Gesellschafters, soweit diese sich mit der Beteiligung zu befassen haben, und nicht für allgemein bekannte Tatsachen.
4. Die Gesellschafterversammlung soll die Wirksamkeit ihrer Arbeit und die der Geschäftsführung regelmäßig, mindestens alle drei Jahre, systematisch überprüfen und die aktuellen Grundsätze der Nonprofit-Governance berücksichtigen.

Erläuterungen im Abschnitt C. zu § 8.

§ 8
Gesellschafterversammlung – Sitzungen

1. Nach Vorlage des Jahresabschlusses ist eine ordentliche Gesellschafterversammlung der Gesellschaft einzuberufen.
2. Außerordentliche Gesellschafterversammlungen sind einzuberufen, wenn es das Interesse der Gesellschaft erfordert oder der Vorsitzende der Gesellschafterversammlung dies beantragen.
3. Die Gesellschaftsversammlungen werden durch die Geschäftsführung in Abstimmung mit dem Vorsitzenden der Gesellschafterversammlung vorbereitet und einberufen.
4. Bei der Einberufung sind Ort und Zeit sowie Tagesordnung bekannt zu geben. Die Einberufung ist schriftlich oder per Fax mit einer Frist von zwei Wochen ab Absendung an die letztbekannten Anschriften der dem Geschäftsführer zur Vertretung in der Ge-

sellschafterversammlung benannten Personen zu richten. Der Einberufung sollen die zu den einzelnen Tagesordnungspunkten erforderlichen Unterlagen beigefügt werden.

5. Die Geschäftsführung nimmt an der Gesellschafterversammlung ohne Stimmrecht teil, es sei denn, dass die Gesellschafterversammlung im Einzelfall anders entscheidet.

6. Die Leitung der Sitzung obliegt dem Vorsitzenden der Gesellschafterversammlung, sofern die Versammlung nichts anderes beschließt.

7. Gesellschafterbeschlüsse können auch auf dem Wege schriftlicher oder elektronischer Stimmabgabe, z.B. Fax oder E-Mail, herbeigeführt werden, wenn alle Mitglieder der Gesellschafterversammlung bei der Abstimmung mitwirken und kein Mitglied dem Verfahren widerspricht.

8. Soweit Beschlüsse der Gesellschafterversammlung nicht notariell beurkundet werden, sind sie in einer Niederschrift festzuhalten, die vom Vorsitzenden und vom Protokollführer zu unterzeichnen ist. Die Protokolle sind innerhalb von vier Wochen nach der Sitzung, im Falle des Absatz 7 unverzüglich nach der Abstimmung, den in Absatz 4 genannten Personen und der Geschäftsführung zu übermitteln; Zeitverzögerungen oder formale Protokollmängel haben auf die Wirksamkeit der Beschlüsse keine Auswirkungen. Wird der Niederschrift nicht binnen vier Wochen nach dem Zugang der Niederschrift schriftlich oder per Fax widersprochen, so gilt die Niederschrift als genehmigt, es sei denn, mit der Niederschrift wird bewusst von den Beschlüssen der Gesellschafterversammlung abgewichen. Eine gerichtliche Beschlussanfechtung ist innerhalb von vier Wochen nach dem jeweiligen Protokollzugang zulässig.

Erläuterungen im Abschnitt C. zu § 9.

§ 9
Geschäftsführung und Vertretung

1. Die Geschäftsführung ist für die Führung der laufenden Geschäfte verantwortlich und wirkt an der strategischen Planung mit. Sie hat dabei der ideellen Ausrichtung der Gesellschaft und ihrer organisatorischen Einbindung in einen Verbund nach §§ 2–3 in besonderem Maße Rechnung zu tragen.

2. Die Gesellschaft hat einen oder mehrere Geschäftsführer. Ist nur ein Geschäftsführer zur Vertretung berechtigt, so ist er stets alleinvertretungsberechtigt; sind mehrere Geschäftsführer zur Vertretung berechtigt, so wird die Gesellschaft jeweils von zwei Ge-

schäftsführern gemeinsam oder von einem Geschäftsführer und einem Prokuristen vertreten. In diesem Fall kann die Gesellschafterversammlung durch Beschluss Geschäftsführern die Befugnis zur Einzelvertretung erteilen.

3. Sind mehrere Geschäftsführer bestellt, müssen sich diese eine Geschäftsordnung geben, die der Zustimmung der Gesellschafterversammlung bedarf. Die Geschäftsordnung soll mindestens die Ressortaufteilung, Form und Verfahren der Beschlussfassung, gegenseitige Informationspflichten, interne Regelungen zur Wahrnehmung der Außenvertretung und die Vorgehensweise bei Patt-Situationen regeln.

4. Sind mehrere Geschäftsführer bestellt, sollen diese die Wirksamkeit ihrer Arbeit und die der anderen Organe regelmäßig, mindestens alle zwei Jahre, systematisch überprüfen und die aktuellen Grundsätze der Corporate/Nonprofit-Governance berücksichtigen.

Erläuterungen im Abschnitt C. zu § 10.

§§ 10–12
Laufende Geschäftstätigkeit, Schlussbestimmungen

§ 10
Geschäftsjahr

Das Geschäftsjahr der Gesellschaft ist das Kalenderjahr. Das erste Geschäftsjahr ist ein Rumpfgeschäftsjahr.
Erläuterungen im Abschnitt C. zu § 15.

§ 11
Bekanntmachungen

Die Bekanntmachungen der Gesellschaft erfolgen, soweit rechtlich zulässig, nur im elektronischen Bundesanzeiger, andernfalls im Bundesanzeiger oder dem an dessen Stelle tretenden amtlichen Veröffentlichungsblatt.
Erläuterungen im Abschnitt C. zu § 16.

§ 12
Schlussbestimmungen

1. Bei Auflösung der Gesellschaft oder bei Wegfall steuerbegünstigter Zwecke fällt das Vermögen der aufgelösten Gesellschaft, soweit es die nach § 4 Abs. 3 des Gesellschaftsvertrages zurück zu gewährenden Kapitalanteile und Sacheinlagen übersteigt, an den ......, oder, falls diese Körperschaft nicht mehr besteht, an die in ihrer Satzung in der zuletzt gültigen Fassung genannten steuerbegünstigten Anfallsberechtigten mit der Maßgabe, diese Mittel ausschließlich und unmittelbar für steuerbegünstigte Zwecke im Sinne des § 2 dieses Gesellschaftsvertrages zu verwenden.

2. Die Ungültigkeit einzelner Bestimmungen des Vertrages berührt nicht seine Wirksamkeit. Anstelle der unwirksamen Bestimmung oder zur Ausfüllung einer Lücke ist eine angemessene Regelung zu vereinbaren, die dem am nächsten kommt, was die Vertragschließenden unter Berücksichtigung von der Tendenzausrichtung der Gesellschaft gewollt haben oder nach dem Sinn und Zweck des Vertrages gewollt hätten, sofern sie den Punkt bedacht hätten. Beruht die Ungültigkeit auf einer Leistungs- oder Zeitbestimmung, so tritt an ihre Stelle das gesetzlich zulässige Maß.

3. Die Gesellschaft trägt die mit der Errichtung/Änderung der Gesellschaft anfallenden Kosten bis zur Höhe von insgesamt 2.500 EUR (Notar- und Registergerichtsgebühren, einschließlich Veröffentlichungskosten).

Erläuterungen im Abschnitt C. zu § 18 und § 19.

IV. Muster einer Mediations- und Schiedsklausel[456]

Immer häufiger wird die Notwendigkeit erkannt, Konflikte außerhalb der klassischen Verfahren der Streitbeilegung im Wege kooperativer Verhandlungen zu lösen. Ziel der Mediation ist es, Konflikte durch eine rechtsverbindliche Vereinbarung zu lösen, die im Vergleich zu einer gerichtlichen Auseinandersetzung kosten- und zeitsparender zu erreichen ist und dabei die Beziehungen der Konfliktparteien zueinander schont oder sogar verbessert.

Für den Fall der Erfolglosigkeit des Mediationsverfahrens ist die Aufnahme einer umfassenden Schiedsgerichtsklausel in den Vertrag sinnvoll.

Der nachfolgende Formulierungsvorschlag enthält eine Kombination aus Mediations- und Schiedsklausel, wobei der einstweilige Rechtsschutz vor den ordentlichen Gerichten offen gehalten wird.

Mediations- und Schiedsklausel

1. Bei Meinungsverschiedenheiten aus oder im Zusammenhang mit diesem Vertrag werden die Parteien zunächst versuchen, im Wege von partnerschaftlichen Verhandlungen eine einvernehmliche Lösung zu erzielen.
2. Sollten die Parteien eine solche einvernehmliche Lösung nicht innerhalb von 60 Tagen nach Beginn der Verhandlungen gefunden haben oder sollte die Verhandlung nicht innerhalb von 30 Tagen nach der Aufforderung einer Partei begonnen haben, werden die Parteien ein Mediationsverfahren nach der Verfahrensordnung der Gesellschaft für Wirtschaftsmediation und Konfliktmanagement e. V. (gwmk), Brienner Straße 9, 80333 München, durchführen, es sei denn, die Parteien vereinbaren einvernehmlich und schriftlich vor Ablauf der vorstehenden Fristen eine andere Fristen- und/oder Verfahrensregelung. Während der vorgenannten oder vereinbarten Fristen ist der Rechtsweg nur in den in diesem Vertrag ausdrücklich genannten Fällen eröffnet.
3. Während der Dauer des Mediationsverfahrens ist die Verjährung der zwischen den Vertragsparteien bestehenden Ansprüche, die Gegenstand des Verfahrens sind, gehemmt. Die Vertragsparteien sind sich darüber einig, dass die Berufung auf einen durch die Ausschlussfrist bedingten Rechtsverzicht rechtsmissbräuchlich und damit nach § 242 BGB unwirksam ist.
4. Sollte das Verfahren gemäß § 7 der Verfahrensordnung der gwmk erfolglos beendet werden, wird die Meinungsverschieden-

heit unter Ausschluss des ordentlichen Rechtsweges endgültig und bindend in einem Schiedsverfahren gemäß den Bestimmungen der Schiedsgerichtsordnung der Deutschen Institution für Schiedsgerichtsbarkeit e. V., Schedestraße 13, 53113 Bonn, entschieden. Das Schiedsgericht besteht aus drei Schiedsrichtern, die nach den Bestimmungen der vorgenannten Schiedsgerichtsordnung ernannt werden. Die Entscheidung des Schiedsgerichts muss auch eine Entscheidung über die Tragung der Kosten des Schiedsverfahrens enthalten. Sitz des Schiedsgerichtes ist .... Die Vertragspartner können ein anderes Schiedsverfahren schriftlich vereinbaren.

5. Die vorstehenden Bestimmungen schließen die Durchführung eines Verfahrens zur Erlangung einstweiligen Rechtsschutzes vor den ordentlichen Gerichten (§§ 916 ff. ZPO) nicht aus.

V. Checkliste Geschäftsführeranstellungsvertrag[457]

Der Geschäftsführeranstellungsvertrag ist kein Arbeits-, sondern ein Dienstvertrag, auf den wesentliche arbeitsrechtliche Schutzvorschriften keine Anwendung finden.[458] Der Anstellungsvertrag kann formlos geschlossen werden.[459] Im Allgemeinen schließen die Parteien einen schriftlichen Vertrag, der die wichtigsten Fragen regelt.[460] Gesellschaftsvertragliche Regelungen können durch den Anstellungsvertrag nicht geändert werden. Daher geht im Falle eines Widerspruchs zwischen Gesellschafts- und Geschäftsführeranstellungsvertrag, z.B. über die Begrenzung von Weisungsrechten, die Regelung im Gesellschaftsvertrag vor.[461]

Mit einer Abfindungsvereinbarung kann der Verlust des Kündigungsschutzes[462] ausgeglichen werden. Bei der Bemessung der Abfindung sind die gemeinnützigkeitsrechtlichen Schranken zu beachten.[463]

Wenn die Vergütung der Geschäftsführer die der Arbeitnehmer des Unternehmens nicht deutlich übersteigt, ist die Vereinbarung einer – eventuell um einen Freistellungsanspruch ergänzte – Haftungsbegrenzung angemessen. Dann ist es allerdings im Interesse der Gesellschaft unverzichtbar, dem Geschäftsführer dienstvertraglich Ausbau und Nutzung geeigneter Kontrollinstrumentarien (z.B. Chancen- und Risikomanagementsystem[464]) aufzuerlegen.

Der organisationsrechtliche Akt der Bestellung zum Geschäftsführer ist von den vertraglichen Beziehungen zwischen dem Geschäftsführer und der Gesellschaft zu unterscheiden.[465] Bei einer unentgeltlichen Tätigkeit des Geschäftsführers liegt ein Auftragsvertrag (§§ 662 ff. BGB) zu Grunde. Auf eine entgeltliche Tätigkeit sind die Vorschriften des Dienstvertrages anzuwenden. Auf die haftungsrechtliche Situation des Geschäftsführers hat es keine Auswirkungen, ob er unentgeltlich oder gegen Entgelt tätig wird.[466]

1. Geschäftsführerbestellung
Zeitpunkt der Bestellung und Aufnahme der Tätigkeit
Berechtigung der Gesellschaft zur Bestellung weiterer Geschäftsführer

2. Geschäftsführungs- und Vertretungsbefugnis
Gesamt-, Einzelvertretung
Geschäftsverteilung
Zustimmungsvorbehalte

3. Ideelle und organisatorische Einbindung
Ideelle Zielvorgaben
Einbindung in Organisationsverbund/Anbindung an Kommune

4. Pflichten und Verantwortlichkeit
Aufgabenumfang
Dienstzeit
Verpflichtung zur Zusammenarbeit mit dem Gesellschafter
Sorgfaltsmaßstab (Haftungsbegrenzung)[467]
Versicherungsdeckung
Verschwiegenheitsverpflichtung
Integritätsvorgaben[468]

5. Nebentätigkeit, Wettbewerb
Nebentätigkeits-/Wettbewerbsverbot mit Erlaubnisvorbehalt
Zuordnung von Geschäftschancen
Vertragsstrafe

6. Bezüge des Geschäftsführers
Festgehalt
Bemessungsgrundlagen für variable Gehaltsbestandteile[469]
Auszahlungsmodus
Zuschuss zur Sozialversicherung
Zusatzversorgung
Entgeltfortzahlung
Forderungsübergang bei Dritthaftung

7. Sonstige Leistungen, Spesen, Aufwendungsersatz

8. Jahresurlaub
Urlaubsumfang
Übertragungsmöglichkeit in das Folgejahr

9. Vertragsdauer, Kündigung
Kündigungsfristen
Gründe für außerordentliche Kündigung
Ansprüche bei Vertragsbeendigung, Abfindung

10. Schlussbestimmungen
Schriftformklausel
Heilende Klausel[470]
Ausschlussfristen
Auswirkungen des Vertrages auf weitere/frühere Verträge

VI. Checkliste Betriebsüberlassungs- und Pachtvertrag[471]

Der Betriebsüberlassungs- und Pachtvertrag legt die schuldrechtlichen Einzelheiten zu Übergang und Weiternutzung der für die Betriebsfortführung wesentlichen Faktoren auf die Gesellschaft fest. Hierbei wird der vom Betriebsübergang betroffene (Teil-)Betrieb eingegrenzt und werden die vom Betriebsübergang betroffenen Mitarbeiter namentlich aufgelistet.

Bei einem Übergang im Wege der im steuerbegünstigten Sektor häufig sinnvollen Einzelrechtsnachfolge müssen die besonderen Vorschriften des Umwandlungsgesetzes nicht eingehalten werden. Der Übergang der wesentlichen Rechtsbeziehungen muss, wie bei einem Vorgehen nach den Vorschriften des Umwandlungsgesetzes vielfach auch,[472] mit den Vertragspartnern und eventuellen Zuwendungsgebern des Betriebes abgestimmt werden. Nur für den Übergang der Arbeitsverhältnisse gilt eine Spezialvorschrift (§ 613a BGB).

Gemeinnützigkeitsrechtlich muss die inhaltlich-fachliche Verantwortlichkeit des Betriebsübernehmers für die zukünftige Betriebsführung sichergestellt sein.[473]

Eine Trennung des Vertragswerks in Betriebseinbringungs- und gesonderten Pachtvertrag ist wegen der gemeinnützigkeits- sowie zuschussrechtlichen gegenseitigen Bedingtheit der Vertragsteile in der Regel nicht sinnvoll. Die Beratungspraxis greift gerne auf allgemein verfügbare Musterverträge für die Betriebseinbringung und Pacht zurück, die der gegenseitigen Bedingtheit der Überlassungs- und Weiterführungsvorgaben (z.B. Nutzungsauflagen) gemeinnütziger Betriebe nicht ausreichend Rechnung tragen.

Der dingliche Vollzug des Vertragswerks (Eigentums-/Besitzübergang, Forderungsabtretung) erfolgt durch Einbuchung in das Rechenwerk der Tochtergesellschaft und deren Aufnahme der betrieblichen Tätigkeit im eigenen Namen. Im Regelfall ist eine vorherige ausführliche Inventarisierung im Vertragswerk aufwendig und bei der Auslagerung auf eine 100%ige Tochtergesellschaft rechtlich nicht erforderlich sowie praktisch nicht sinnvoll; zur Vereinfachung der späteren „Feinabstimmung" sollte hier auf eine Schriftformklausel verzichtet werden.

1. Betriebsübernahme, Betriebsführung
Beschreibung des betroffenen (Teil-)Betriebs
Verpflichtung zur Betriebsfortführung als Zweckbetrieb[474]
Inhaltlich-fachliche Verantwortlichkeit des Übernehmers
Vorgehen bei der Information der Geschäftspartner
Übertragungsstichtag

2. Verpflichtung zur Übertragung der Aktiva und Passiva
Zusammenstellung der einschlägigen Aktiva und Passiva
Abgrenzung von Forderungen, Verbindlichkeiten, liquide Mittel
Bewertung
Gewährleistungen
Freistellungsansprüche
Vereinbarung zum Saldoausgleich/Gesellschaftereinlage

3. Einräumung von Nutzungsrechten
Zusammenstellung von Nutzungsrechten
Zweckbindungen
Preisbemessung/Pachtentgelt

4. Zweckbindungsauflagen
Informations- und Dokumentationspflichten
Einstandspflichten
Ausgleichsansprüche

5. Übergang von Vertragsrechten und -pflichten
Abgrenzung der einschlägigen Vertragsverhältnisse
Informations- und Dokumentationspflichten
Einstands- und Freistellungspflichten
Ausgleichsansprüche

6. Übergang der Arbeitsverhältnisse[475]
(Teil-)Betriebsübergang
Zusammenstellung der betroffenen Arbeitsverhältnisse
Informations- und Dokumentationspflichten
Abgrenzung von Ansprüchen der Mitarbeiter

7. Betriebshaftpflicht und Verkehrssicherungspflichten
Abgrenzung der betroffenen Risiken
Zuordnung zu den Vertragspartnern
Versicherung von Risiken

8. Schlussbestimmungen
Schriftformklausel
Heilende Klausel[476]

Anlage
Zusammenstellung der verpachteten Grundstücke, aufstehenden
Gebäude und Anlagen
Pachtermittlung
Zusammenstellung der betroffenen Mitarbeiter

VII. Struktur des Letter of Intent

Wenn Dritte in die Strukturänderungen einbezogen werden sollen, insbesondere als Betriebserwerber oder künftige Mitgesellschafter, werden die Interessen und Risiken der am Transaktionsprozess Beteiligten häufig mit einem Letter of Intent, einer Punktation oder einem Vorvertrag aufgefangen.

Der **Letter of Intent** verpflichtet in der Regel noch nicht zum Abschluss des geplanten Betriebsübertragungs- oder Gesellschaftsvertrages, sondern enthält bindende Vereinbarungen zur Vorgehensweise, Verschwiegenheit und dem Rahmen einer Due Diligence.[477]

Mit **Punktation**[478] wird die unverbindliche Dokumentation oder verbindliche, abschnittsweise Festlegung von Verhandlungsergebnissen bezeichnet.[479]

Ein **Vorvertrag** enthält bindende Festlegungen zum Abschluss des späteren Hauptvertrages.[480]

Der Bezeichnung der Vereinbarung kommt nur eine geringe Bedeutung zu. Die rechtlichen Wirkungen sind vielmehr durch Auslegung zu ermitteln.[481] Beim Abschluss des Hauptvertrages zu beachtende Formvorschriften, z. B. zur notariellen Beurkundung, haben in der Regel Auswirkungen auf den Umfang der Bindungswirkung vorher getroffener Vereinbarungen.[482]

Die Checkliste gibt einen Überblick zu dem im Vorfeld einer Strukturänderung bestehenden rechtlichen Handlungsrahmen.

1. Darstellung des Ist-Zustandes
Beschreibung des Betriebes
Darstellung der betriebsnotwendigen Faktoren
Kennzahlenanalyse

2. Planung des Zielzustandes
Strategie
Beschreibung des Betriebes
Darstellung der betrieblichen Faktoren
Kennzahlen

3. Rahmenbedingungen der geplanten Gesellschaft
Gesellschaftszweck
Name und Sitz der Gesellschaft
Kapitalausstattung, Nachschusspflichten, Beteiligungsverhältnisse
Anzahl, Funktion und Struktur der Organe
Minderheitenrechte und Partizipationsmöglichkeiten
Verbandliche/kommunale Zuordnung der Gesellschaft

4. Ablaufplanung
Meilensteine
Zeitplan

5. Vertraulichkeit
Umfang der Geheimhaltungs-/Nichtverwendungspflichten
Vertragsstrafen

6. Rechtspflichten der Vertragspartner
Art und Umfang des Rechtsbindungswillens, Negativerklärung
Informations- und Mitwirkungspflichten[483]
Umfang der Due Diligence[484]
Verbot von Parallelverhandlungen[485]
Einstandspflichten
Vorbehaltserklärungen zur Haftung

7. Mediationsklausel[486]

8. Schlussbestimmungen
Schriftformklausel
Heilende Klausel[487]

VIII. Checkliste Due Diligence

Unter Due Diligence ist die sorgfältige Untersuchung und Analyse des Zielunternehmens im Rahmen einer Transaktion zu verstehen. Sie kann erforderlich werden, wenn Dritte in die Strukturänderungen einbezogen werden sollen, insbesondere als Betriebserwerber oder künftige Mitgesellschafter. Mit einer Due Diligence werden insbesondere die folgenden Funktionen verfolgt:[488]

- **Informationsbeschaffung** seitens eines Kaufinteressenten oder potenziellen Mitgesellschafters.
- **Ermittlung von Risiken, z. B.** bei der Umsetzung einer notwendigen Restrukturierung, mit Auswirkungen auf Kaufpreis, Anpassungsklauseln und Umfang des Transaktionsgegenstandes.
- **Beweissicherung, z. B.** wird eine Due Diligence bei Privatisierungen von Aufgaben und Unternehmen der öffentlichen Hand primär zur ordnungsmäßigen Dokumentation über die Verwendung des Staatsvermögens durchgeführt.[489]

In der Regel werden die Einzelheiten der Due Diligence vorher in einem **Letter of Intent** festgelegt.

Die vorstehende, von der allgemein üblichen Systematik abweichende[490] Checkliste orientiert sich an der typischen Situation bei Nonprofit-Organisationen. Sie gibt einen Überblick zu dem notwendigen Untersuchungs- und Analyseumfang.

- **Allgemeine externe Einflüsse**
  Auswirkungen des Steuerrechts
  Europäische Einflüsse
- **Marktveränderungen**
  Vergütungs-/Zuschussbestimmungen
  Wettbewerbsveränderungen
- **Strategische Aspekte**
  Verhältnis zur Kernkompetenz
  Ideelle Auswirkungen
  Marktreaktionen
  (Alternativ-)Strategien der Vertragspartner
- **Immobilien, Betriebsanlagen**
  Besitzverhältnisse
  Miet-/Pacht-/Leasingverträge[491]
  Zweckbindungsauflagen
  Grundstückslasten
  Funktionalität
  Grundstückslage
  Instandhaltungsstau

Altlasten
Betriebsnotwendigkeit
Bauplanungsrechtliche Situation
Stille Reserven
• **Bilanzposten**
• **Personal**
Personalorganisation
Personalwirtschaft
Tarifbindung, Vergütungssystem
Bestandsschutzvereinbarungen/Leistungsbereitschaft
Ausbildungsstand
Alterstruktur
Personalentwicklung
Zufriedenheit/Betriebsklima
Unternehmenskultur
Motive der Leistungsträger
• **Leistungsbereich**
Prägung durch verkäufertypische Eigenschaften
Auslastung
Produktpalette
Qualität
Preis-/Kostensituation
Standortfaktoren
Betriebsgröße
• **Organisatorische/interne Aspekte**
Geschäftsführung/Management
Marketing
EDV-Ausstattung
Chancen- und Risikomanagement
Rechnungswesen
Controllingstandard
• **Finanzielle Aspekte**
Kennzahlen
Kreditkonditionen
Zweckbindung von Mitteln
• **Steuerrechtliche Aspekte**
Gemeinnützigkeit
Mehrwertsteuer
Besteuerung der Transaktion
• **Sozialversicherungsrechtliche Aspekte**[492]
• **Rechtliche Aspekte**

IX. Übersicht zu typischen Durchgriffshaftungsrisiken

Der Begriff „Durchgriffshaftung" wird im allgemeinen Sprachgebrauch verwendet für Ansprüche des Geschädigten gegen
- Personen, die für die Organisation gehandelt haben
  Geschäftsführer, Abteilungs-, Bereichsleiter usw.
- Shareholder
  Gesellschafter einer GmbH
- Personen, die für die Shareholder gehandelt haben
  Geschäftsführung der Obergesellschaft
  Bei der Abwägung der Chancen und Risiken einer Gesellschaftsgründung sind neben den von der Rechtsprechung entwickelten Fallgruppen einer Durchgriffshaftung auch anderweitige Anspruchsgrundlagen, z. B. des Steuerrechts oder aus Vertrag, und die Risiken aus einer gegenseitigen wirtschaftlichen Abhängigkeit zu berücksichtigen. Die nachfolgende Übersicht bezieht diese Fallkonstellationen zur Unterstützung einer umfassenden Chancen- und Risikoanalyse mit ein:
- Übernahme betrieblicher Risiken durch Gesellschafter/Obergesellschaft
  – Gewährung von Sicherheiten
  Einräumung von Grundpfandrechten für Kontokorrentvereinbarungen
  Gewährung von Bürgschaften für Kredite, Altersversorgungsverpflichtungen
  – Verantwortlichkeit für Verkehrssicherungspflichten
  z. B. Räum-/Streupflicht, Gebäudehaftpflicht bei Verpachtung
  – Mitverpflichtung als Zuschussempfänger
  – Refinanzierungsrisiko bei Verpachtungen an die Gesellschaft
  Kapitaldienst bei darlehensfinanzierten Pachtgegenständen
  – Haftung aus gemeinsamen Projekten, in der Regel als Gesellschafter einer Gesellschaft bürgerlichen Rechts
  – Haftung für Umsatzsteuer bei umsatzsteuerlicher Organschaft
  – Freistellungsverpflichtung gegenüber Geschäftsführer der Gesellschaft
- Garantenpflichten des Gesellschafters
  – Weiterleitung steuerbegünstigter Mittel
  Verstoß gegen zeitnahe Verwendungspflicht bei der Gesellschaft[493]
  Gemeinnützigkeitswidrige Mittelverwendung bei der Gesellschaft[494]

Verlust der Steuerbegünstigung des Mittelempfängers (Gesellschaft)[495]
- Mitverpflichtung aus Zuschussweiterleitung
- Erteilung von Prüfsiegeln bei Verwendungsnachweisen
• Nachhaftung bei einer Umstrukturierung
- Nachhaftung nach dem Umwandlungsgesetz[496]
- Betriebliche Steuern[497]
- Ansprüche der Mitarbeiter[498]
• Mitverantwortung in der Krise einer GmbH
- Gesellschafterdarlehen gelten als Eigenkapital[499]
  Verzinsung oder Rückführung unzulässig
- Gesellschafterleistungen werden eigenkapitalähnlich
  Verpachtung hat nunmehr unentgeltlich zu erfolgen
  Dienstleistungen sind nunmehr unentgeltlich zu erbringen
  - jeweils begrenzt bis zum nächsten üblichen Kündigungstermin -
• Einwirkungen auf die Haftungsmasse
- Liquiditätstransfer außerhalb bilanzieller Gewinne
  Cash-Pooling[500]
- Erteilung offensichtlich nachteiliger, rechtlich bindender Weisungen
- Gezielte Risikoverlagerung in Gläubigerbenachteiligungsabsicht[501]

X. Checkliste Unternehmensverbundrichtlinie

Nach ihrer Rechtsnatur ist die Unternehmensverbundrichtlinie eine Dienstanweisung an die Geschäftsführer und sichert damit gleichzeitig die notwendige organisatorische Eingliederung für eine umsatzsteuerliche Organschaft.[502] Sie regelt die grundsätzliche Ausrichtung der Verbundteilnehmer, gemeinsame Standards und wesentliche Aspekte der Zusammenarbeit. Die Checkliste kann nur erste Anhaltspunkte bieten. Der konkrete Regelungsumfang muss individuell an der strategischen Ausrichtung des Verbundes ausgerichtet werden; hierbei sind auch die etwaigen Risiken einer zu weit reichenden Anbindung zu berücksichtigen.

- Definition des Verbundes, z.B. „Kommuneeinschließlich ihrer Eigenbetriebe und 100%igen Tochtergesellschaften" oder „A-Verein, B-Stiftung und Gesellschaften, an denenodergemeinsam direkt oder indirekt mehr als 50% halten."[503]
- Bezugnahme zum Gesellschaftsvertrag, sofern dieser bereits eine Unternehmensverbundrichtlinie als Geschäftsordnung der Geschäftsführung vorsieht
- ideelle Ausrichtung
  Die ideelle Ausrichtung sollte bereits im Gesellschaftsvertrag festgeschrieben worden sein. Wegen der besonderen, auch steuerrechtlichen Bedeutung sollte in der Einleitung der Richtlinie die ideelle Ausrichtung dargestellt werden.
  – grundlegende Werte
  – Einbeziehung von Satzung, Leitbild und weiterer Wertaussagen des Gesellschafters
  – Bezugnahme auf die Regelungen im Gesellschaftsvertrag
- allgemeine Verpflichtung zum Zusammenwirken
- personelle Zusammenarbeit einschließlich Verfahrensfragen
  – in Organen, z.B. Ausschuss des Stadtrates oder des Vereinsvorstandes
  – in Gremien, z.B. monatliche Verbundkonferenz mit Leitungskräften aller Verbundmitglieder
  – in ad hoc einzurichtenden Ausschüssen
- aktive und passive Informationsrechte und -pflichten
  – allgemeine Verpflichtung zur (wechselseitigen) Information in allen Angelegenheiten (z.B. auch Konkurrenzbeobachtung, Marktchancen, …), die für die Beteiligten von wesentlicher Bedeutung sind
  – konkrete Berichtspflichten, z.B. im Rahmen des operativen und strategischen Controllings, einer Balanced Scorecard, Instrumenten des Wissensmanagements im Intranet, …

- Standards und Weisungsbefugnisse von Fachabteilungen
  - Rechnungswesen
  - Controlling & Berichtswesen
  - EDV inkl. Hardware, Systemsoftware, Anwendungssoftware, Datenschutz, Datensicherheit, ...
  - Qualitätsmanagement, darüber auch Fachstandards bei gemeinsamen Geschäftsfeldern
  - Organisationshandbuch
  - Erscheinungsbild, Corporate Identity
  - Informationspools (im Intranet), Wissensmanagement
  - Personalentwicklung
  - Innenrevision als Verbundrevision
  - ......
- Verpflichtung zur Abnahme von Leistungen
  - Rechnungswesen
  - Personal
  - Bau- und Liegenschaften
  - Controlling
  - EDV
  - zentrale Dienste wie Küche, Wäscherei, Fuhrpark
  - sonstige Leistungen
- Ausnahmen von der Verpflichtung zur Zusammenarbeit/ Weisungsbefugnissen

Bei der Verpflichtung zur Abnahme von Leistungen sind die gemeinnützigkeitsrechtlichen Restriktionen zu beachten. Marktgängige Serviceleistungen dürfen in aller Regel nur zum mittleren Entgelt zwischen Marktpreis und niedrigeren Erstellungskosten abgerechnet werden (Grundsatz der Margenteilung). Eine Abnahme überteuerter Leistungen kann unter Umständen zu Durchgriffshaftungsrisiken führen.

XI. Übersicht zur umsatzsteuerlichen Organschaft

Entgeltliche Dienstleistungen zwischen steuerbegünstigten Organisationen unterliegen in der Regel[504] nur dann keiner Umsatzbesteuerung, wenn zwischen diesen eine sog. umsatzsteuerliche Organschaft besteht;[505] dazu muss eine der Organisationen (Organgesellschaft) finanziell, wirtschaftlich und organisatorisch in die andere Organisation (Organträger) eingegliedert sein.[506] Die Eingliederungsmerkmale können unterschiedlich deutlich ausgeprägt sein.[507] Auch eine juristische Person des öffentlichen Rechts kann Organträger sein, wenn und soweit sie unternehmerisch tätig ist.[508] Voraussetzungen einer umsatzsteuerlichen Organschaft:

- finanzielle Eingliederung
  Stimmrechtsmehrheit des Organträgers für wesentliche Beschlüsse,[509] auf die Kapitalmehrheit kommt es dagegen nicht an.
- wirtschaftliche Eingliederung
  Betriebsmittel werden der Tochtergesellschaft durch den Gesellschafter miet-/pachtweise zur Verfügung gestellt und die Unternehmen ergänzen sich bei ihrem jeweiligen Aufgaben-/Tätigkeitsspektrum. Es ist nicht erforderlich, dass die Tochtergesellschaft wirtschaftlich vom Gesellschafter abhängig ist.[510] Der Gesellschafter muss in geringem Umfang selbst weiterhin betriebliche Umsätze tätigen.[511] Dies ist z.B. im Falle einer Vermietung von Räumlichkeiten oder Erbringung von entgeltlichen Dienstleistungen[512] an die Tochtergesellschaft erfüllt.
- organisatorische Eingliederung
  Personalunion auf der Geschäftsführungsebene, je nach Ausgestaltung reicht auch eine anderweitige organisatorische Verflechtung (z.B. durch Dienstanweisung, Unternehmensverbundrichtlinie) aus.

Risiken einer umsatzsteuerlichen Organschaft:

- Haftung des Gesellschafters für die Umsatzsteuer der Tochtergesellschaft
- Damit liegen gleichzeitig die Voraussetzungen einer grunderwerbsteuerlichen Organschaft vor, so dass im Falle von Strukturänderungen Grunderwerbsteuer auf die in Enkelgesellschaften gehaltenen Immobilien anfallen kann.

Das Gemeinnützigkeitsrecht schließt eine umsatzsteuerliche Organschaft zwischen einer gemeinnützigen Gesellschaft und ihrem Gesellschafter nicht aus.[513]

XII. Checkliste Geschäftsordnung für den Aufsichtsrat

Im Aufsichtsrat kommen häufig Personen zusammen, die sonst nicht in einer regelmäßigen Arbeitsbeziehung stehen. Innerhalb kürzester Zeit müssen sie zu einer guten Zusammenarbeit finden und mit wenigen Treffen im Jahr über die Entwicklung der GmbH wachen sowie positive Impulse beisteuern. Durch eine Geschäftsordnung kann das Zusammenspiel über den Gesellschaftsvertrag hinaus geregelt werden, damit möglichst wenig Zeit durch die Diskussion von Verfahrensfragen verloren geht und neue Gremienmitglieder schnell in den Arbeitsablauf hineinfinden. Die Geschäftsordnung kann zugleich als Arbeitsanleitung dienen. Die folgenden Stichworte liefern Anregungen zu möglicherweise sinnvollen Regelungsbereichen.

- Präambel
  - Funktion der Geschäftsordnung
  - Wertorientierung, z.B. am Leitbild des Gesellschafters und aus §§ 2 und 3 der Mustersatzung
  - Verbundorientierung, Verpflichtung zum Interessenausgleich zwischen Verbund und Gesellschaft
  - Grundsätze der Arbeitsweise, z.B. transparent, klar und konsequent[514]
  - Verpflichtung zur vertrauensvollen Zusammenarbeit innerhalb des Aufsichtsrates und mit anderen Organen der Gesellschaft, insbesondere der Geschäftsführung und der Gesellschafterversammlung, sowie des Verbundes
- Aufgaben des Aufsichtsrates
  - Verweis auf Gesellschaftsvertrag bezüglich der Organfunktion, nachrichtliche Auflistung um in der Geschäftsordnung einen vollständigen Überblick über die Aufgaben zu erhalten
  - Ziele und konkrete Aufgaben als vertiefende Ausführung, z.B. Beschreibung der Funktionen Beratung, Kontrolle und Vertretung der Gesellschaft gegenüber der Geschäftsführung
  - Grundsätze, wie z.B. langfristige Orientierung der Entscheidungen, transparente Abwägung ideeller (verbandlicher, kommunaler) und wirtschaftlicher Ziele
- Erwartungen an die Gremienmitglieder
  - fachliche Qualifikation, gegenüber dem Gesellschaftsvertrag ausführlicher beschrieben
  - zeitlicher Einsatz
  - Vor-, Nachbereitung von Sitzungen
  - besondere Aufgaben des Vorsitzenden, z.B. Einladung, Vorbereitung, Abstimmung mit Geschäftsführung, Sicherstellung der Dokumentation

- Ausschüsse und externe Unterstützung
  - Zielsetzung von Ausschüssen
  - Bildung und Auflösung von Ausschüssen
  - Arbeitsweise in den Ausschüssen
  - Zusammenspiel zwischen Aufsichtsrat und Ausschuss
  - Nutzung von externer Unterstützung, z. B. Voraussetzungen, Kosten, Verschwiegenheit, Umgang mit den Ergebnissen
- Qualität der Aufsichtsratstätigkeit
  - Mitgestaltung der strategischen Planung und eines Frühwarnsystems als Teil des Chancen- und Risikomanagementsystems
  - Beurteilung des internem Überwachungssystem der Gesellschaft bzw. des Verbundes
  - Zusammenarbeit mit der Verbundrevision, Innenrevision und dem Wirtschaftsprüfer
  - Steuerung mittels differenziertem Geschäftsplan und unterjährig einer Balanced Scorecard[515]
  - Beurteilung von Qualitätsmanagement und Organisationshandbuch
  - Dokumentation von Entscheidungen (Protokollierung, Grundsatz der Schriftlichkeit)
  - Nutzung von elektronischer Kommunikation (E-Mail, Intranet) und ggf. Managementtools der Gesellschaft, z. B. lesender Zugriff auf die Projektplanung und das Berichtswesen
  - Berücksichtigung der Verbundrichtlinie
- Zusammenarbeit mit Gremien
  - allgemeine Grundsätze
  - Hinweise zu einzelnen Gremien (Geschäftsführung, Gesellschafterversammlung, ggf. Aufsichtsgremium des Gesellschafters, ggf. Revisionsgremium des Gesellschafters, ggf. Gremium der Verbundsteuerung), jeweils mit Verweis auf Gesellschaftsvertrag, vertiefender Erläuterung, Informationsrechte und -pflichten, Zustimmungsvorbehalten
- Zusammenarbeit innerhalb des Aufsichtsrates
  - Ressortabgrenzung
  - Gesamtverantwortung
  - Form und Verfahren der Information, Beschlussfassung und Dokumentation
  - Vertretungsregelung bezüglich der Ressorts
  - Evaluation der Zusammenarbeit

XIII. Checkliste Geschäftsordnung für die Geschäftsführung

Die Geschäftsordnung dient der praxisorientierten Konkretisierung der Aufgaben, Pflichte und Rechte der Geschäftsführung. Dazu verweist sie auf den Gesellschaftsvertrag, Leitbild der Gesellschafter und ggf. weitere Dokumente. Sie regelt insbesondere die Zusammenarbeit bei mehreren Geschäftsführern und mit den anderen Gesellschaftsorganen. Über den Gesellschaftsvertrag und den Geschäftsführeranstellungsvertrag wird sie zur verbindlichen Grundlage der Geschäftsführung. Bereits im Gesellschaftsvertrag getroffene Regelungen können durch die Geschäftsordnung nicht verändert werden. Die Checkliste liefert Anregungen für ggf. regelungsbedürftige Fragestellungen.

- Präambel
  - Funktion der Geschäftsordnung
  - Wertorientierung, z.B. am Leitbild des Gesellschafters und aus §§ 2 und 3 der Mustersatzung
  - Verbundorientierung, Verpflichtung zum Interessenausgleich zwischen Verbund und Gesellschaft
  - Hervorhebung von Führungsgrundsätzen (aus dem Leitbild oder als gesonderte Führungsrichtlinien des Verbundes), z.B. Transparenz, Delegation, Führung durch Ziele
  - Verpflichtung zur vertrauensvollen Zusammenarbeit innerhalb der Geschäftsführung und mit anderen Organen der Gesellschaft sowie des Verbundes
- Aufgaben der Geschäftsführung
  - Verweis auf Gesellschaftsvertrag bezüglich der Organfunktion, nachrichtliche Auflistung um in der Geschäftsordnung einen vollständigen Überblick über die Aufgaben zu erhalten
  - Ziele und konkrete Aufgaben, ggf. in Verbindung mit einem Verweis auf den Anstellungsvertrag
  - Grundsätze, wie Wirtschaftlichkeit, transparente Abwägung ideeller und wirtschaftlicher Ziele
- Qualität der Geschäftsführung
  - Errichtung eines Chancen- und Risikomanagementsystems[516] einschließlich strategischem und operativen Controlling, Frühwarnsystem und internem Überwachungssystem
  - Steuerung mittels Balanced Scorecard[517]
  - Qualitätsmanagement
  - Dokumentation von Entscheidungen (Protokollierung, Grundsatz der Schriftlichkeit)
  - Nutzung von gemeinsamen Tools, z.B. im Intranet[518]

- Zusammenarbeit im Verbund
  - Verweis auf Verbundrichtlinie[519]
  - personelle und sachliche Zusammenarbeit
  - verbindliche Leistungsabnahme
  - Einhaltung von Standards (EDV, Controlling[520] und MIS,[521] QM, …)
- Zusammenarbeit mit Gremien
  - allgemeine Grundsätze, z. B. zur Zusammenarbeit mit den Aufsichtsgremien[522]
  - Verweise auf Gesellschaftsvertrag mit vertiefender Erläuterung
  - Informationsrechte und -pflichten
  - Zustimmungsvorbehalte
  - Rückversicherung in Zweifelsfällen
  - Behandlung von Eilfällen
- Zusammenarbeit innerhalb der Geschäftsführung
  - Ressortabgrenzung
  - Gesamtverantwortung
  - wechselseitige laufende Unterrichtung
  - Form und Verfahren der Information, Beschlussfassung und Dokumentation
  - Vertretungsregelung
  - Evaluation der Zusammenarbeit

XIV. Checkliste Nonprofit Governance[523]

Nicht nur bei der Gründung, sondern auch im Rahmen einer Evaluation alle ein bis zwei Jahre sollte die Qualität der Unternehmensleitung auf den Prüfstand kommen. Die für die **laufende Überprüfung** wichtigsten Aspekte aus Abschnitt IV. 2. werden in dieser Checkliste als Kontrollfragen für die Selbstevaluation zusammengestellt. Eine Checkliste speziell für den Aufsichtsrat siehe D. XIX.

1. **Ideelle Orientierung:** Gibt es eine strategische Planung, die sich erkennbar an den ideellen Werten der Gesellschaft orientiert?
2. **Strategische Planung:** Gibt es eine systematische strategische Planung, die gemeinsam von Aufsichtsrat und Geschäftsführung entwickelt und schriftlich dokumentiert wird?
3. **Kommunikation mit Anspruchsgruppen:** Werden die Wertorientierung, strategische Unternehmensentscheidungen und die Entwicklung der Gesellschaft gegenüber wesentlichen Anspruchgruppen differenziert kommuniziert, z.B. durch Veröffentlichung von Jahresabschluss und Geschäftsbericht?
4. **Dokumentation:** Dokumentiert ein Organisationshandbuch (oder entsprechender Bereich im Intranet) wesentliche Zuständigkeiten, Arbeitsabläufe und Regelungen in aktueller, verständlicher und ausreichend umfassender Form?
5. **Unternehmensverbund:** Werden, z.B. bei einer Holding, durch das Organisationshandbuch und das Controllingsystem alle verbundenen Unternehmen nahtlos und transparent integriert, ohne dass „blinde Flecken" für Aufsicht und Steuerung entstehen?[524]
6. **Trennung Aufsicht und Kontrolle:** Bleiben in der tatsächlichen Ausfüllung der Funktionen Aufsicht und Kontrolle getrennt, d.h. beschränkt sich das Aufsichtsorgan auf die ihm zugewiesenen Aspekte der Führung (Kontrolle, Beratung und im vorgesehenen Umfang Mitwirkung bei der strategischen Planung) oder entwickelt es sich faktisch zur operativen Geschäftsführung?
7. **Zusammenwirken von Aufsichtsrat und Geschäftsführung:** Stimmt zwischen Aufsichtsrat und Geschäftsführung die Balance zwischen harmonischer, produktiver Zusammenarbeit einerseits und kritischem Hinterfragen der Planungen und Führungsergebnisse andererseits?
8. **Gremiensitzungen:** Stehen notwendige Unterlagen und Protokolle zeitnah und komfortabel zur Verfügung? Finden die Gremiensitzungen satzungskonform statt und zeichnen sich auf der Basis guter Vorbereitung, regelmäßiger Teilnahme der Mitglieder und sachkundiger Moderation durch produktive Arbeitser-

gebnisse aus oder gibt es irgendwelche Arbeitshemmnisse struktureller oder personeller Art?

9. **Besetzungen:** Werden die Organe im Rahmen einer weitsichtigen Nachfolgeplanung, ohne direkten Wechsel aus der Geschäftsführung in das Aufsichtsgremium und entsprechend sachlich begründeter Kompetenzprofile besetzt, so dass ideelle, wirtschaftliche und fachliche Aspekte jederzeit ausreichend berücksichtigt sind?

10. **Überprüfung „kritischer" Regelungen:** Sind folgende Regelungen, soweit gegeben, noch notwendig und wird ihre Praxis angemessen kontrolliert: bestehende Interessenkollisionen bei Organmitgliedern, gewährte Alleinvertretungsberechtigungen, Gestattung von In-Sich-Geschäften, Geschäfte zwischen der Gesellschaft und Organmitgliedern sowie deren Angehörigen?

11. **Wirtschaftsprüfung:** Wird ein branchenerfahrener Wirtschaftsprüfer direkt durch den Aufsichtsrat[525] beauftragt und mit ihm ausreichend ausführlich persönlich kommuniziert? Werden Interessenkollisionen – z.B. durch die Verbindung mit umfangreichen Beratungsaufträgen oder persönlichen Beziehungen zur Geschäftsführung – vermieden und wird durch regelmäßigen Wechsel des Prüfers[526] einer Betriebsblindheit vorgebeugt?

12. **Operatives Controlling:** Erhalten die Organe zeitnahe, verständliche und ausreichend differenzierte Berichte zur wirtschaftlichen und fachlichen Entwicklung, z.B. als Soll-Ist-Vergleiche auf Kostenstellenebene und als Balanced Scorecard?

13. **Geschäftsführung:** Funktioniert bei einer mehrköpfigen Geschäftsführung die klare Aufgabenabgrenzung, kooperative Zusammenarbeit und kritische Einsicht in die Bereiche des jeweils anderen? Gilt Entsprechendes bei einer einköpfigen Geschäftsführung in Verbindung mit seiner Stellvertretung?

XV. Musterprotokoll der Gründungsversammlung

Das Gründungsprotokoll wird bei der Beurkundung vom Notar aufgesetzt. Das Muster soll das Verständnis für den Ablauf der Gründung erleichtern.

Eine **Einzelvertretungsbefugnis** des/der Geschäftsführer und eine allgemeine **Befreiung von § 181 BGB (Selbstkontrahierungsverbot)** sollten nicht vorgesehen werden, um die Grundsätze der Nonprofit-Governance – **Vier-Augen-Prinzip** – möglichst weitgehend zu berücksichtigen; eine allgemeine Befreiung vom Selbstkontrahierungsverbot könnte auch mit Auflagen von Zuwendungsgebern kollidieren.

Verhandelt zu .... am ....

Vor dem unterzeichneten Notar

....

....

erschienen

1. ....

2. ....

3. ....

alle handelnd nicht für sich selbst, sondern für

....

....

dem Notar jeweils ausgewiesen durch Personalausweis.

Die Frage des Notars nach einer Vorbefassung im Sinne von § 3 Abs. 1 Nr. 7 BeurkG wurde von den Erschienenen verneint.

Die Erschienen erklären sodann:

1. Wir gründen eine Gesellschaft mit beschränkter Haftung und geben ihr den Gesellschaftsvertrag, der dieser Urkunde als Anlage beigefügt ist.

2. Wir treten hiermit zur ersten Gesellschaftsversammlung zusammen und beschließen einstimmig:

Zu Geschäftsführern werden bestellt:

....

....

Die Geschäftsführer sind gemeinsam/einzeln zur Vertretung der Gesellschaft berechtigt.

3. Der Notar hat die Beteiligten belehrt, dass
   – die Gesellschaft mit beschränkter Haftung erst mit der Eintragung in das Handelsregister entsteht und die Haftungsbeschränkung auch erst zu diesem Zeitpunkt eintritt,

- diejenigen, die vor der Eintragung im Namen der Gesellschaft handeln, für die so begründeten Verbindlichkeiten unbeschränkt mit ihrem ganzen Vermögen haften,
- vor dem heutigen Tage vorgenommene Zahlungen auf die Stammeinlage möglicherweise keine Erfüllungswirkung haben, die Stammeinlage also möglicherweise ein weiteres Mal eingezahlt werden muss,
- vereinbarte Geldeinlagen nicht wirksam durch Aufrechnung oder Verrechnung erbracht werden können und so genannten verdeckte Sacheinlagen (z. B. die Rückzahlung der Geldeinlage als Kaufpreis für einzubringende Gegenstände oder als Darlehen an den Gesellschafter) keine Erfüllungswirkung haben,
- die Gesellschafter für ausstehende Einlagen gesamtschuldnerisch haften,
- für falsche Angaben bei der Errichtung der Gesellschaft die Gründerhaftung nach § 9 GmbH-Gesetz besteht und falsche Angaben bei der Eintragung der Gesellschaft in das Handelsregister mit Strafe bedroht sind und
- solange sich alle Geschäftsanteile in der Hand eines Gesellschafters oder daneben in der Hand der Gesellschaft befinden, jeweils unverzüglich nach Beschlussfassungen der Gesellschafterversammlung eine Niederschrift anzufertigen und zu unterschreiben ist.

Weiterhin hat der Notar über die Differenzhaftung belehrt.
4. Die Geschäftsführer werden allseits unter Befreiung von § 181 BGB[527] bevollmächtigt, alle etwa zur Eintragung in das Handelsregister erforderlichen Erklärungen und Handlungen abzugeben und vorzunehmen.

Diese Niederschrift wurde den Erschienenen von dem Notar vorgelesen, von ihnen genehmigt und von ihnen sowie dem Notar eigenhändig, wie folgt, unterschrieben:

....

....

XVI. Ablaufplan zur GmbH-Gründung

Diese Checkliste fasst die wichtigsten Schritte der GmbH-Gründung in einer Übersicht zusammen.[528]

- Beschlussfassung über die Prüfung und Vorbereitung einer GmbH-Gründung
  - bei mehreren Gesellschaftern Vorgründungsgesellschaft, Letter of Intent
  - Bildung einer Projektgruppe
  - Aufstellung einer Projektplanung mit Zeitrahmen, beteiligten Personen, Entscheidungskompetenzen, Ressourcen
  - Entscheidung über externe Beratung (Steuerrecht, Gesellschaftsrecht, bei Auslagerung Arbeitsrecht) und Begleitung (Moderation von Entscheidungsprozessen)
- Klärung der Gründungsmotive
  - Vor- und Nachteile in Bezug auf die strategischen Ziele der Beteiligten
  - Chancen und Risiken bezüglich künftiger Entwicklungen, z. B. Mitgliederentwicklung, kommunales Steueraufkommen, Einfluss der EU, Rückgang staatlicher Sozialausgaben etc.
  - unterschiedliche Erwartungen verschiedener Interessengruppen
  - mögliche Kompensation von Nachteilen
- laufende Kommunikation mit wesentlichen Interessengruppen, z. B. Gremien der Gesellschafter, Betriebsrat, Leitungskräfte
- Organisationsstruktur und Eckpunkte der Gesellschaft
  - Vergleich mit anderen Rechtsformen
  - Gesellschaftszweck
  - Anzahl der Gesellschafter
  - Entscheidung für ein Grundmodell mit oder ohne Aufsichtsrat[529]
  - Organigramm
  - wesentliche Mehrheitsverhältnisse und Einflussverteilung der Organe sowie Gesellschafter
- Entwurf der Satzung
- Erstellung eines Gründungskonzeptes mit wesentlichen Eckpunkten
- Aufstellung eines Geschäftsplans
- Abstimmung mit erfolgsrelevanten Partnern
  - Abstimmung mit der Finanzverwaltung wegen Gemeinnützigkeit
  - ggf. Abstimmung mit Genehmigungsbehörden
  - ggf. Abstimmung mit Sozialleistungsträgern und anderen Vertragspartnern

- interne Beratung und Beschlussfassungen
- notariell beurkundete Gründungsversammlung mit Bestellung der Geschäftsführung[530]
- externe Kommunikation, besonders bei Auslagerung
- Anmeldung und Eintragung beim Handelsregister
- Aufnahme des Geschäftsbetriebes
- Kapitalerhöhung zur Heilung einer verdeckten Sacheinlage (in Sonderfällen)[531]

XVII. Struktur eines Geschäftsplans

Viele Organisationen erstellen nur einen Haushaltsplan, d. h. eine sachlich geordnete Zusammenstellung der erwarteten Einnahmen und Ausgaben. Schon deutlich aussagefähiger ist ein Wirtschaftsplan, der Aufwand und Ertrag verursachungsgerecht den einzelnen Jahren zuordnet. Erst ein umfassender Geschäftsplan enthält alle für die Steuerung und Kontrolle der Gesellschaft wesentlichen Angaben. Er hilft der Geschäftsführung, die Gesellschaft zielgerichtet zu führen und dem Aufsichtsrat, alle wesentlichen Aspekte der strategischen Steuerung im Auge zu behalten. Zudem kann er mit einer Balanced Scorecard[532] verzahnt werden. Die aufgeführten Stichpunkte verdeutlichen den empfehlenswerten Inhalt eines jährlich zu aktualisierenden Geschäftsplans. Der Umfang richtet sich nach der Größe und Komplexität des Geschäftsbetriebes.

- langfristige Unternehmensziele als Konkretisierung des Gesellschaftszwecks
- Zusammenfassung der strategischen Planung mit einem Horizont von drei bis sieben Jahren
  - relevante Entwicklungen im Umfeld der Gesellschaft mit ihren Chancen und Risiken
  - Stärken und Schwächen der Organisation
  - abgeleitete Wettbewerbsvorteile und strategische Ausrichtung
  - Leistungen, Zielgruppen und angestrebte Wettbewerbsposition
  - messbare strategische Ziele für die nächsten Jahre
- Wirtschaftsplan mit Vorjahresvergleich und Kommentierung wesentlicher Prämissen
  - Plan-GuV
  - Ergebnisplanung nach Kostenstellen mit wesentlichen Annahmen über Preise, Leistungsmengen und (Personal-)Kostenentwicklung
  - Investitions- und Instandhaltungsplanung für ein Jahr, bei Immobilienbesitz zwingend für fünf bis zehn Jahre
  - langfristige Finanzplanung, zwingend bei Immobilienbesitz
  - Liquiditätsplanung
  - Zusammenfassung der Teilpläne zu einer Plan-Bilanz
- operative Planung je Abteilung, Einrichtung oder Projekt
  - kurze Charakterisierung der Leistungen, Zielgruppen, Finanzierung
  - Entwicklungsperspektiven (Nachfrage, Finanzierung, Konkurrenz, fachliche Entwicklung, gesetzliche Rahmenbedingungen)
  - Ressourcen, Innovationen und Qualität

- konkrete Maßnahmen
- Verdichtung der operativen Ziele zu einer Balanced Scorecard (BSC)
- operative Planung für die Gesellschaft
  - Entwicklung des Portfolios an Leistungen
  - neue Abteilungen, Einrichtungen oder Projekte
  - übergreifende Entwicklungen und Maßnahmen, z.B. Einführung von Qualitätsmanagement
  - Verbindung von strategischer und operativer Planung über eine Gesamt-BSC

XVIII. Muster einer qualifizierten Rangrücktrittsvereinbarung

Zur Verbesserung der Liquiditätslage erhalten Gesellschaften gelegentlich von ihren Gesellschaftern oder nahe stehenden Unternehmen Überbrückungsdarlehen. In einem Überschuldungsstatus[533] müssten diese selbst dann als Fremdkapital ausgewiesen werden, wenn es sich dabei um sog. eigenkapitalersetzende Darlehen[534] der Gesellschafter handeln würde.[535]

Aus insolvenzrechtlicher Sicht würde daher mit einem Überbrückungsdarlehen zwar der Insolvenzgrund der Zahlungsunfähigkeit[536] behoben, zugleich entstünde aber das Risiko einer Überschuldung.[537] Der Geschäftsführung der Gesellschaft droht daher auch nach Erhalt eines Überbrückungs- oder Sanierungsdarlehens eine Regresshaftung wegen Insolvenzverschleppung.

Wenn der Gläubiger und die Gesellschaft einen qualifizierten Rangrücktritt vereinbaren, wird die davon erfasste Verbindlichkeit in einem Überschuldungsstatus dem Eigenkapital gleichgestellt. Mit einer solchen Vereinbarung kann daher eine Insolvenzlage und die Haftung aus Insolvenzverschleppung vermieden werden. Dafür ist natürlich Voraussetzung, dass der Rangrücktritt betragsmäßig die Überschuldung vollständig abdeckt. Die Rangrücktrittsvereinbarung wird als „qualifiziert" bezeichnet, wenn sie die davon erfasste Verbindlichkeit auch im Insolvenzverfahren dem Eigenkapital gleichstellt.

Rangrücktrittsvereinbarung

zwischen

....

– nachfolgend als Gläubiger bezeichnet –
und der

....

– nachfolgend als Gesellschaft bezeichnet –
Der Gläubiger und die Gesellschaft schließen zur Vermeidung einer Überschuldung der Gesellschaft die folgende Rangrücktrittsvereinbarung:
Hiermit tritt der Gläubiger mit einem Betrag von EUR ....
seiner Ansprüche aus

....

....

hinter die Forderungen aller gegenwärtigen und zukünftigen weiteren Gläubiger der Gesellschaft zurück. Der Rangrücktritt schließt die vertraglichen Ansprüche auf Zinsen und Kosten mit ein.

Der Gläubiger verpflichtet sich, den vorgenannten Betrag gegenüber der Gesellschaft nicht geltend zu machen, solange es dadurch zu einer Überschuldung i. S. v. § 19 InsO der Gesellschaft käme.

Den vorgenannten Betrag einschließlich zugehöriger Zinsen und Kosten kann der Gläubiger nur verlangen, wenn die Leistung aus einem ausgewiesenen Überschuss oder aus dem im handelsrechtlichen Jahresabschluss ausgewiesenen sonstigen, die Verbindlichkeiten übersteigenden freien Vermögen oder aus einem etwaigen Liquidationsüberschuss möglich ist.

Im Fall der Liquidation kann eine Erfüllung erst nach Befriedigung sämtlicher vorrangiger Verbindlichkeiten und bis zur Abwendung der Krise nur gleichrangig mit den Einlagenrückgewähransprüchen der Gesellschafter und ggf. den Ansprüchen weiterer in gleicher Weise im Rang zurückgetretener Gläubiger verlangt werden. Das Gleiche gilt auch für die Schlussverteilung eines Liquidationserlöses nach § 199 InsO im Rahmen eines Insolvenzverfahrens.

Weist ein Überschuldungsstatus unter Einbeziehung der von diesem Rangrücktritt erfassten Ansprüche eine Überschuldung nicht mehr auf, kann diese Vereinbarung mit einer Frist von drei Monaten gekündigt werden. Die Kündigung ist ausgeschlossen, wenn es dadurch zum Eintritt einer Zahlungsunfähigkeit der Gesellschaft kommen würde.

....

   Gläubiger   Gesellschaft

XIX. Checkliste Selbstevaluation des Aufsichtsrates

Der Aufsichtsrat sollte alle ein bis zwei Jahre seine Arbeitsweise kritisch überprüfen. Dies kann als Selbstevaluation oder durch externe Begleitung erfolgen. Der Fragenkatalog führt die wichtigsten Aspekte auf.[538]

- Entspricht die Zusammensetzung des Aufsichtsrats den Vorschriften des Gesellschaftsvertrages und den tatsächlichen Anforderungen an seine Funktion?
- Handelt es sich um einen ausreichen kleinen (bis fünf Personen) oder durch Ausschüsse strukturierten Aufsichtsrat, so dass er auch in Krisensituationen praktisch arbeits- und entscheidungsfähig ist?
- Finden genügend und ausreichend vorbereitete Sitzungen statt, um das Aufgabenpensum zu bewältigen?
- Nehmen die Aufsichtsratsmitglieder ausreichend regelmäßig und vorbereitet an den Sitzungen teil?
- Werden die Sitzungen gut strukturiert, ergebnisorientiert moderiert, zeitnah dokumentiert und findet eine Beschlusskontrolle statt?
- Wird der Aufsichtsrat frühzeitig, umfassend und sachgerecht durch die Geschäftsführung und den Vorsitzenden des Aufsichtsrates unterrichtet?
- Wird insbesondere fristgerecht ein ausreichend detaillierter und fundierter Geschäftsplan vorgelegt?
- Werden bei der Arbeit wirtschaftliche und ideelle Ziele ausbalanciert?
- Besteht ein ausreichendes Chancen- und Risikomanagement?
- Besteht eine vertrauensvolle Zusammenarbeit
  - innerhalb des Aufsichtsrates,
  - mit der Geschäftsführung,
  - der Gesellschafterversammlung und
  - ggf. weiteren Organen der Gesellschaft oder der Gesellschafter?
- Nimmt der Aufsichtsrat seine Führungs- und Kontrollfunktion gegenüber der Geschäftsführung wahr,
  - indem er sich kritisch mit Vorschlägen der Geschäftsführung auseinander setzt,
  - Engagement und Erfolge deutlich positiv würdigt und
  - bei unbefriedigenden Ergebnissen und Verhaltensweisen ausreichend deutlich und konsequent reagiert?
- Ist die Zusammenarbeit mit dem Wirtschaftsprüfer sachgerecht, insbesondere

- wird ein branchenerfahrener Wirtschaftsprüfer ausgewählt, beauftragt und wechselt die personelle Besetzung des Prüfungs-
  teams in angemessenem Umfang,[539]
- erfolgt eine unmittelbare, regelmäßige, mindestens jährliche
  Aussprache mit dem Wirtschaftsprüfer
- gibt es die Gelegenheit zum Austausch mit dem Wirtschaftprü-
  fer auch in Abwesenheit der Geschäftsführung
- wird der Wirtschaftsprüfer bei Bedarf über die Pflichtprüfung
  hinaus prüfend (nicht: beratend) für Fragestellungen zur Qualität der Verwaltung und Geschäftsführung in Anspruch genommen?
- verzichtet der Wirtschaftsprüfer auf aggressives Cross-Selling
  (auf nachfolgende Beratungsaufträge ausgerichtete Prüfungs-
  handlungen und werden für die Beratungen stattdessen Spezialisten eingesetzt)?[540]
- wird die Tätigkeit des Wirtschaftsprüfers vor dem Hintergrund
  der in der Öffentlichkeit geübten Kritik[541] regelmäßig kritisch
  gewürdigt?
- Bestehen Interessenkollisionen oder können solche in nächster
  Zeit auftreten
  - z. B. durch Wechsel aus der Geschäftsführung in den Aufsichts-
    rat
  - persönliche Beziehungen zur Geschäftsführung oder Mitarbei-
    tern der Gesellschaft
  - Tätigkeiten für oder Beziehungen zu konkurrierenden Organi-
    sationen, wichtigen Geschäftspartnern oder Aufsichtsbehör-
    den?
- Besteht eine vollständige Trennung zwischen Geschäftsführung
  und operativer Kontrolle, auch unter Berücksichtigung von ver-
  wandtschaftlichen und wirtschaftlichen Beziehungen oder Ab-
  hängigkeiten anderer Art?
- Werden alle Geschäfte zwischen der Gesellschaft und Mitgliedern
  des Aufsichtsrates dargestellt?

XX. Checkliste Balanced Scorecard in Nonprofit-Organisationen

Eine gemeinnützige Organisation muss die konsequente Verfolgung ihrer ideellen Ziele sicherstellen, um die Steuerbegünstigung zu gewährleisten und sich vor allem auch die Unterstützung wichtiger Anspruchsgruppen – Mitglieder, Spender, Kooperationspartner, Zuwendungsgeber etc. – zu sichern. Gleichzeitig muss sie wie jedes Unternehmen eine Insolvenz vermeiden, Kundenbeziehungen pflegen, die Qualität der Arbeit sichern und für stetige Weiterentwicklung ihres Angebotes sorgen. Zur parallelen Verfolgung dieser zentralen Erfolgsfaktoren bürgert sich immer mehr der Einsatz einer Balanced Scorecard (BSC) ein.[542]

Die folgende Checkliste beschreibt den Aufbau einer BSC für Nonprofit-Organisationen und dient zugleich der Überprüfung einer angemessenen operativen Steuerung, ob nun mit oder ohne BSC, in der gGmbH.

1. Liegen schriftlich formulierte strategische Ziele als Vorgabe für das operative Controlling vor?
2. Handelt es sich um bis zu vier konkrete Ziele, bei denen eindeutig festgestellt werden kann, ob sie erreicht wurden?
3. Werden für das operative Controlling, also mit einem Zeithorizont von einem Jahr, messbare wirtschaftliche Ziele und inhaltliche Ergebnisse vorgegeben?
   Beispiel: Eigenkapitalverzinsung größer 4% und Versorgung aller Interessenten mit Plätzen in einer Kindertagesstätte, nach Wunsch halb- oder ganztags.
4. Werden operative Ziele zu den wichtigsten Anspruchsgruppen formuliert, z.B. zu Mitgliedern, Kunden, Kostenträgern oder Zuwendungsgebern?
   Beispiel: Erhöhung des Mitgliederbestandes um 5% und Senkung des Durchschnittsalters um 3 Jahre, Gewinnung von 50 Erstspendern, Verbesserung der Kundenzufriedenheit in einer standardisierten Befragung, Wiederbelegung durch neu gewonnene Kostenträger.
5. Gibt es messbare Qualitätsziele, insbesondere zur Prozessqualität?
   Beispiel: Verbesserung des Punktewertes der EFQM-Selbstevaluation um 20 Punkte, Beantwortung von 95% aller Anfragen innerhalb von 2 Werktagen.
6. Werden in Bezug auf MitarbeiterInnen und Innovation als Basis für die künftige Qualität Ziele vorgegeben?

Beispiel: Anzahl der an der strategischen Planung orientierten Weiterbildungstage, Umsatz mit in den letzten drei Jahren neu entwickelten Angeboten.

7. Werden im Rahmen der Planung sachliche Zusammenhänge zwischen Innovation, Qualität, Befriedigung der Anspruchgruppen und Erreichung der Organisationsziele diskutiert und veranschaulicht?

8. Werden alle Ziele durch Kennzahlen messbar gemacht?

9. Werden für die Kennzahlen Sollwerte anstatt nur vage Verbesserungen geplant?

10. Gibt es zu allen Teilzielen – die BSC nennt dies Perspektiven – konkrete Aktionen, mit denen die Ziele erreicht werden sollen?

11. Werden alle strategischen Ziele durch wenigstens eine Aktion direkt unterstützt?

12. Stehen alle Aktionen mit wenigstens einem der strategischen Ziele im Zusammenhang?

13. Wird über die Zielerreichung in allen Perspektiven wenigstens quartalsweise, bei den finanziellen Zielen monatlich berichtet?

XXI. Übersicht zu Public Private Partnership (PPP)

Zunehmend muss sich der Dritte Sektor auf die Konkurrenz von oder Gestaltungskombinationen mit PPP-Projekten einstellen. Als PPP werden langfristige, vertraglich geregelte Kooperationen zur Erfüllung öffentlicher Aufgaben in einem gemeinsamen Organisationszusammenhang unter Einbindung privaten Kapitals und Know-hows bezeichnet.

Privatisierungsalternativen der öffentlichen Hand:

* Erfüllungsprivatisierung
  Ein Privatunternehmer wird als Verwaltungshelfer zur Erfüllung öffentlicher Aufgaben eingesetzt.

* Pflichtenprivatisierung
  Abgesehen von einer Restgewährleistungsfunktion wird die öffentlich-rechtliche Aufgabe einem Privatunternehmer übertragen.

* Vollprivatisierung
  Die bisher von einem Hoheitsträger wahrgenommene Aufgabe wird vollständig an einen Privatunternehmer abgegeben.

Die beiden zuerst genannten Alternativen können ggf. auch als PPP umgesetzt werden.

Rechtliche Ausgestaltung von PPP:

* Betreiber- und Konzessionsmodelle
  Abschluss eines privatrechtlichen Betreiber- oder öffentlich-rechtlichen Konzessionsvertrages

* Gründung einer gemeinsamen Gesellschaft
  Mehrheitsgesellschafter ist in der Regel die öffentliche Hand. Die Rechtsform der GmbH ist der AG wegen ihrer besseren Handhabbarkeit und Flexibilität vorzuziehen.

Ablauf des PPP-Prozesses:

* Bedarfsfeststellung, Realisierungspotenzial, Zieldefinition
* Vorläufige Leistungsbeschreibung, Beschaffungsvariantenvergleich
* Ausschreibung und Vergabe
* Finanzmittelbeschaffung und Leistungsüberwachung
* Vertragsabwicklung und abschließende Erfolgskontrolle

Typische Risiken des PPP:

* Vergabe- und haushaltsrechtliche Restriktionen
* Projektkomplexität
* Sicherstellung des Qualitätsstandards
* Haftung für Schlechterfüllung
* Unsicherheit bei Besteuerung (Umsatz-, Grund-, Grunderwerb-. Körperschaft- und Gewerbesteuer, etc.)

- Abwälzbarkeit zusätzlicher Kosten auf die Nutzer
- Wissens- und Kompetenztransfer in die Privatwirtschaft
- Risikoakkumulation bei der öffentlichen Hand

Nach derzeitigen Erkenntnissen führt die Komplexität der PPP-Projekte in vielen Fällen dazu, dass die öffentliche Hand weiterhin die Risiken trägt, während die privaten Partner insbesondere finanziell profitieren.

E. Weiterführende Hinweise zu Literatur und Rechtsprechung

1. Gemäß §§ 51–68 AO und den Einzelsteuergesetzen.
2. Alternative Rechtsformen siehe IV b und Voraussetzungen der Steuerbegünstigung siehe X.
3. Zur Renaissance der Stiftung von *Holt/Koch*, Stiftungssatzung, 2004, S. 1 ff.
4. Eine Abfrage bei den Genios Wirtschaftsdatenbanken nach Firmen in Deutschland mit „gemeinnützige" oder „gGmbH" im Firmenname ergab 3.963 Firmenprofile. Datum der Abfrage 17. August 2004.
5. Speziell zur Ökonomisierung der Sozialen Arbeit siehe *Grunwald*: Neugestaltung der freien Wohlfahrtspflege, Weinheim, 2001, S. 20 ff.
6. nach *Boeßenecker*, Spitzenverbände der Freien Wohlfahrtspflege in der BRD, 2. Auflage 1998, S. 42. Daten aus 1980 nicht angegeben.
7. *Ohne Autor*, Non-Profit-Organisationen. Jenseits von Markt und Wettbewerb, in: Informationsdienst des Instituts der deutschen Wirtschaft, Heft 24/1998, S. 5.
8. *Bundesarbeitsgemeinschaft der Wohlfahrtspflege (BAGFW)*, Die Freie Wohlfahrtspflege (Imagebroschüre), 2003, S. 11.
9. Mitgliederschwund. DGB muss eigene Stellen streichen, in: Spiegel-Online, 12. Juli 2004, www.spiegel.de, Datum des Zugriffs 25. Juli 2005. Geplant sei ein Abbau der Stellen um neun Prozent in den nächsten drei Jahren.
10. Für die Soziale Arbeit siehe *Grunwald*, Neugestaltung der freien Wohlfahrtspflege, 2001, S. 20–23.
11. Z. B. durch die Pflegeversicherung.
12. Z. B. bei der Qualifizierung von Arbeitslosen oder Auszubildenden für den ersten Arbeitsmarkt durch Bildungsträger im Auftrag der Bundesagentur für Arbeit.
13. Nach Pflege-Buchführungsverordnung PBV, analog für Krankenhäuser nach KHBV.
14. Nach den „Basel II"-Richtlinien für Banken, die eine Differenzierung der Eigenkapitalhinterlegung je nach Ausfallrisiko des Kreditengagements verlangen.
15. Als Auswahl umfassender bzw. einflussreicherer Werke aus einem seit 1995 explosionsartig gewachsenem Angebot mögen genügen: *Arnold/Maelicke*, Lehrbuch der Sozialwirtschaft, 2. Auflage 2003; *Badelt*, Handbuch der Nonprofit Organisation, 2. Auflage 1999; *Eschenbach/Horak*, Führung der Nonprofit Organisation, 2. Auflage 2003; *Hauser/Neubarth/Obermair*, Sozial-Management, 2. Auflage 2000; *Lung*, Nonprofit-Management, 1998; *Pracht*, Betriebswirtschaftslehre für das Sozialwesen, 2002; *Schwarz*, Sozialmanagement, 4. Auflage 2001; *Schwarz/Purtschert/Giroud*, Das Freiburger Management-Modell für Nonprofit-Organisationen, 3. Auflage 1999 sowie neben Anderen die Loseblattsammlungen *Geckle*, Der Verein. Organisationshandbuch für die Vereinsführung sowie *Beck*, Handbuch Sozialmanagement.
16. Kürzer und mit anderen Akzenten auch bei *Schreiber*: Innovationsmanagement für soziale Organisationen, Regensburg, 2001, S. 37 ff.
17. So bringt z. B. Bayern ein „Gesetz zur Kostenentlastung der Kommunen im sozialen Bereich" in den Bundesrat ein, das Kommunen in Abhängigkeit von der Haushaltslage mehr Spielraum bei der Gewährung von Leistungen einräumen soll. Meldung in SOZIALwirtschaft aktuell, Heft 15–16, S. 5.

18. Z. B. langfristige Mietverträge, arbeitsrechtlicher Kündigungsschutz, Zweckbindung von bezuschusstem Anlagevermögen, starke ideelle Bindung an ein Angebot.
19. In vielen Fällen werden für die Startphase oder unbeabsichtigt auf Dauer Garantien übernommen, z. B. für die die Altersversorgung, so dass eine Entlastung erst über die Jahre oder nur in begrenztem Umfang eintritt.
20. Sofern eine Partizipation Betroffener oder Angehöriger vorgesehen ist, könnte ggf. eine Genossenschaft in Frage kommen.
21. Diagnosis Related Groups = Patientengruppen mit vergleichbarer Diagnose und ähnlichem Schweregrad der Erkrankung.
22. Zuschüsse sind umsatzsteuerpflichtig, wenn sie in einem unmittelbaren und ausschließlichen Austausch zu einer üblicherweise entgeltlich erbrachten Leistung stehen und keiner der im Umsatzsteuergesetz angeführten Befreiungstatbestände eingreift, vgl. BFH, Urteil vom 9. Oktober 2003 – V R 51/02. Häufig ist mit dem Zuschuss eine gezielte Förderung des gemeinnützigen Trägers verbunden oder der Träger erbringt durch die Einbindung ehrenamtlichen Engagements eine Leistung, die weit mehr als eine marktüblich bezahlte Gegenleistung darstellt. Die Leistung wird dann regelmäßig nicht ausschließlich oder primär für den Zuwendungsgeber, sondern vor allem im eigenen Interesse des steuerbegünstigten Trägers zur Erzielung seiner ideellen Ziele erbracht.
23. Zu denken ist hier z. B. an eine Wirtschaftlichkeitsprüfung nach SGB XI (Pflegeversicherung).
24. Eine sehr umfassende Darstellung der Privatisierung auf nationaler und europäischer Ebene bietet *Richter,* Privatisierung und Funktionswandel der Freien Wohlfahrtspflege, 2002, insbesondere S. 98–143.
25. Zur Bedeutung von neuen Finanzierungsstrukturen *Menninger,* Betriebswirtschaftliche Aspekte unterschiedlicher Finanzierungswege. In: *Maelicke,* Veränderungsmanagement in der Sozialwirtschaft. Baden-Baden, 2000, S. 123 ff.
26. Beispielsweise die Fusion von Diakoniehilfswerk (DHW) und Norddeutscher Gesellschaft für Diakonie (NGD) in Schleswig-Holstein in 2003.
27. Zur gemeinnützigen Aktiengesellschaft siehe www.gemeinnuetzigeAG.de.
28. Zum Franchising im Sozialbereich siehe www.socialfranchise.de.
29. Für die Zentrale kann auch eine (ggf. gemeinnützige) Genossenschaft erwogen werden. Die Franchisenehmer können praktisch jede Rechtsform, im Falle der Steuerbegünstigung jede körperschaftliche Organisationsform wählen.
30. Vergleichbare Prozesse hat es auch bei anderen Organisationen gegeben, z. B. beim Deutschen Sportbund.
31. In jeweils unterschiedlicher Ausprägung bei grundsätzlicher Übereinstimmung z. B. *Grundwald,* Neugestaltung der freien Wohlfahrtspflege, 2001, S. 97 oder *Angershausen,* Ende der Schonzeit, in *Arbeitskreis Nonprofit-Organisationen,* Nonprofit-Organisationen im Wandel, 1998, S. 23. Gelegentlich werden die ideelle Komponente des Mitgliederverbandes und das ehrenamtliche Engagement als zwei verschiedene Funktionen gesehen, so dass von vier Rollen die Rede ist.
32. *Koch/von Holt,* Verein oder GmbH? Zur Ansiedlung wirtschaftlicher Aktivitäten bei Verbänden. in NDV (Nachrichtendienst des Deutschen Vereins für öffentliche und private Fürsorge), Frankfurt 2002, S. 315–325.
33. Siehe z. B. unter besonderer Betrachtung der Auswirkungen für die Wohlfahrtspflege *Ottnad/Wahl/Miegel,* Zwischen Markt und Mildtätigkeit, 2000, 83–99.
34. Vertiefend dazu *Klawitter,* Thesen zu Opaschowski: Deutschland 2010; ders., Private Altersvorsorge, www.socialnet.de/materialien/, Datum des Zugriffs 25. Juli 2005.

35. Vertiefend *El Mahi*, Die Europäische Genossenschaft, in: DB 2004 S. 967–972.
36. Eine ausführliche Darstellung des Modells liefern *Koch/von Holt*, Verein oder GmbH? Zur Ansiedlung wirtschaftlicher Aktivitäten bei Verbänden, in: NDV, Heft 9/2002, S. 315–325.
37. §§ 65 ff. AO.
38. Andere Autoren unterscheiden mehrere Funktionen, z. B. bei einem Verband Dienstleistung, Mitgliederverein, (sozialpolitischer) Interessenverband und Weltanschauungsverband mit einer Mission. So *Angerhausen*: Ende der Schonzeit. Die „neue" Legitimationsempfindlichkeit von Wohlfahrtsverbänden. In *Arbeitskreis Nonprofit-Organisationen* (Hrsg.), Nonprofit-Organisationen im Wandel, Frankfurt, 1998, S. 23. Die organisatorische Differenzierung zwischen Mitgliederverband und Politik/Mission kann zusätzlich zur Auslagerung von Wirtschaftsbetrieben für eine Effizienzsteigerung erforderlich werden.
39. Die lose Kopplung ermöglicht ein differenziert an unterschiedliche Umwelten angepasstes Verhalten, birgt aber zugleich die Gefahr einer „Zerreißprobe". So *Bode*: Von Strategien und Zerreißproben. Chancen und Gefahren loser Kopplung in freiwilligen Vereinigungen. In: *Arbeitskreis Nonprofit-Organisationen* (Hrsg.), Mission Impossible? Strategien im Dritten Sektor, Frankfurt, 2003, S. 32. Die Problematik gilt analog für kommunale Betriebe.
40. Außer bei einem kommunalen Gesellschafter finden sich gesetzlich vorgeschriebene demokratische Elemente im Vereinsrecht. Bei einem Verein mit sehr wenigen Mitgliedern oder ein Stiftung kann die tatsächliche Kontrollstruktur einem Betrieb im Privatbesitz sehr nahe kommen. Bei Körperschaften des öffentlichen Rechts finden sich sowohl demokratische wie stark hierarchische Strukturen.
41. Siehe www.caritas-altenhilfe.de, Menüpunkt Unternehmen, Datum des Zugriffs 25. Juli 2005. Zum 1. Januar 2004 fusionierten die Caritasverbände im Erzbistum Berlin, so dass die differenzierte Struktur auch im Zusammenhang mit einem Konzentrationsprozess gesehen werden kann.
42. *Schiffer/Rödl/Rott* (Hrsg.), Haftungsgefahren im Unternehmen, 2004, Rn. 2102 ff.; ausführlich *von Holt*, Haftung von Vorstandsmitgliedern und Vereinsgeschäftsführern, in BFS-Informationen 07 und 08/01, abrufbar unter unter der Rubrik *Verein*.
43. So z. B. bei *Richter,* Privatisierung und Funktionswandel der Freien Wohlfahrtspflege, Baden-Baden, 2002, S. 163.
44. Auf diesen Aspekt wird im Abschnitt V „Strategische Gestaltungsspielräume" eingegangen.
45. Beispielsfall BGH, Urteil vom 11. November 2002 – II ZR 152/02.
46. *Schilmar*, Kapitalerhaltung versus Konzernfinanzierung? – Cash Pooling und Upstream-Besicherung im Lichte der neuesten BGH-Rechtsprechung, DB 2004, 1411–1416.
47. So hat z. B. die Rechnungslegung nach der Krankenhaus-Buchführungsverordnung (KHBV) zu erfolgen.
48. Siehe www.klinikum-karlsruhe.de, Menüpunkt „Über uns", Datum des Zugriffs 25. Juli 2005.
49. Beschlussvorlage des Referat Wirtschaft/Finanzen und Beteiligungen der Landeshauptstadt Stuttgart für die Sitzung des Verwaltungsausschusses am 28. Januar 2004.
50. Ein klassisches Beispiel ist der Kontrollverlust der Kommunen am RWE-Konzern, der ursprünglich der kommunalen Energieversorgung diente, heute jedoch in Konkurrenz zu den Stadtwerken auftritt.
51. Typische Beispiele sind die Raiffeisenbanken und Gewerkschaftsunternehmen, die sich von den Interessen der ursprünglichen Klientel immer mehr entfernt haben.

52. *Koch*, Konzeptheft Balanced Scorecard, BFS Service GmbH (Köln), 2004.
53. Siehe hierzu die langsamen Entwicklungen bei der Deutschen Bahn AG.
54. Seminarbetrieb eines körperschaftsteuerbefreiten Berufsverbandes: BFH, Urteil vom 30. Juni 1971 – I R 57/70.
55. Siehe www.bielefelder-bauernhausmuseum.de, Datum des Zugriffs 2. August 2004.
56. Siehe www.wissenschaft-im-dialog.de, Menüpunkt „Wissenschaft im Dialog", Datum des Zugriffs 25. Juli 2005.
57. Zulässig im Rahmen des § 58 Nr. 2 AO.
58. Zur verdeckten Gewinnausschüttung durch eine kostenlose Dienstleistung des Betriebes gewerblicher Art s. BFH, Urteil vom 28. Januar 2004 – I R 87/02.
59. Eine seltene Ausnahme wäre eine Servicegesellschaft, die als Werkstatt für behinderte Menschen oder als Integrationsbetrieb realisiert wird.
60. Zu den einzelnen Aspekten einer Due Diligence („sorgfältigen Prüfung") s. Checkliste in Abschnitt D.
61. Selten als gemeinnützige Gesellschaft, z. B. mit Bildungsangeboten.
62. Siehe www.srh.de, Menüpunkt „Unternehmen", Datum des Zugriffs 25. Juli 2005.
63. § 55 Abs. 1 Satz 1 AO.
64. *Fischer*, in: *Hübschmann/Hepp/Spitaler*, Kommentar zur AO und FGO, Rn. 32, 40, 45 zu § 55 AO; *Hüttemann*, Wirtschaftliche Betätigung und steuerliche Gemeinnützigkeit, 1990, S. 50 ff.
65. § 53 GmbHG.
66. Auf das Zusammenwirken der Organe wird in Kapitel V eingegangen. Zu Gesellschafter und Geschäftsführer siehe die beiden letzten Abschnitte dieses Kapitels.
67. Weitere Ausführungen zu Aufsichtsrat und Beirat im nächsten Kapitel.
68. Siehe Abschnitt V. 5.
69. Die mit Abstand meisten Vereine sind Sportvereine.
70. Z. B. Parteien (als nicht eingetragene Vereine), Gewerkschaften, Interessenverbände.
71. *Schwarz*, in: *Bamberger/Roth*, Kommentar zum BGB, 2003, § 26 Rn. 4 f.
72. Bei einer gGmbH erhalten die Gesellschafter beim Ausscheiden allerdings nicht mehr als ihre eingezahlten Kapitalanteile und den gemeinen Wert ihrer eingebrachten Sacheinlagen zurück, § 55 Abs. 1 Nr. 2, 4 AO.
73. Ausführlicher bei *von Holt/Koch*, Stiftungssatzung, 2004.
74. § 51 S. 2 AO i. V. m. § 1 Abs. 1 KStG.
75. § 58 Nr. 1, 2 AO.
76. § 10b EStG.
77. Verweise auf das Aktiengesetz finden sich in den Paragraphen 51b (Gerichtliche Entscheidung über das Auskunfts- und Einsichtsrecht) und 52 (Aufsichtsrat).
78. §§ 264–335 HGB.
79. § 52–§ 68 AO.
80. § 10b EStG.
81. § 1 GmbHG.
82. Katalog des § 52 AO.
83. *Müller/Hense*, Beck'sches Handbuch der GmbH, 3. Auflage 2002, § 5 Rn. 135.
84. § 60 Abs. 1 AO.
85. FG Saarland, Beschluss vom 04. August 2003 – 1 V 145/03.
86. § 32 a GmbHG.
87. § 58 Nr. 2, § 55 Abs. 1 S. 1 AO.

88. § 272 Abs. 2 HGB auch mit weiteren Fällen, die in der Praxis der gGmbH nicht relevant sind.
89. § 5 Abs. 1 GmbHG.
90. § 5 Abs. 3 GmbHG.
91. § 7 Abs. 2 GmbHG.
92. § 24 GmbHG.
93. § 5 Abs. 4 GmbHG.
94. § 9c Abs. 1 GmbHG.
95. § 9 GmbHG.
96. *Goette*, Die GmbH, 2. Auflage 2002, § 2 Rn. 43 ff.; hierzu kritisch *Roth/ Altmeppen*, Kommentar zum GmbH-Gesetz, 5. Auflage 2005, § 5 Rn. 69 ff.
97. BGH, Urteil vom 07. Juli 2003 – II ZR 235/01.
98. § 22 GmbHG.
99. § 82 GmbHG.
100. BGH, Urteil vom 24. November 2003 – II ZR 171/01.
101. *Müller/Hense*, Beck'sches Handbuch der GmbH, 3. Auflage 2002, § 8 Rn. 6.
102. BGH, Urteil vom 13. Mai 2004 – 5 StR 73/03.
103. §§ 49 Abs. 3, 84 GmbHG.
104. § 32a GmbHG.
105. BGH; Urteil vom 20. September 2004 – II ZR 302/02.
106. AE Nr. 1 zu § 55 AO.
107. Verstoß gegen das Gebot der Selbstlosigkeit, § 55 AO; *Hüttemann*, Wirtschaftliche Betätigung und steuerliche Gemeinnützigkeit, 1990, S. 50 f.
108. Beck'sches Handbuch der GmbH, § 2, Rn. 43.
109. Unterliegt die GmbH dem MitbestG, muss die Bestellung nach § 31 durch den Aufsichtsrat erfolgen. .
110. Dazu gehören z. B. auch E-Mails mit rechtsgeschäftlichem Inhalt, für deren Archivierung die Geschäftsführer verantwortlich sind.
111. Mit besonderer Berücksichtigung von Nonprofit-Organisationen siehe *Koch/von Holt*, Konzeptheft Chancen- und Risikomanagement, Köln, 2003; grundlegend zum Chancen- und Risikomanagementsystem s. *Lück*, Elemente eines Risiko-Managementsystems, DB 1998, 8–14 und *Kaiser*, Erweiterung der zukunftsorientierten Lageberichterstattung: Folgen des Bilanzrechtsreformgesetzes für Unternehmen, DB 2005, 345–353.
112. § 64 GmbHG.
113. *Lutter/Hommelhoff*, Kommentar zum GmbH-Gesetz, 16. Auflage 2004, § 37 Rn. 17 ff.
114. *Roth/Altmeppen*, Kommentar zum GmbH-Gesetz, 5. Auflage 2005, § 37 Rn. 3 ff.; *Lutter/Hommelhoff*, Kommentar zum GmbH-Gesetz, 16. Auflage 2004, § 37 Rn. 2 f.
115. §§ 48–54 HGB, § 46 GmbHG.
116. §§ 95–116 AktG.
117. § 52 Abs. 1 GmbHG.
118. Zu den Einschränkungen im mitbestimmten Betrieb siehe Abschnitt V. 4.
119. Zu den Aufgaben im Einzelnen siehe § 11 der Mustersatzung. In der Praxis sind auch als Aufsichtsrat bezeichnete Gremien zu finden, die entweder nur eine rein beratende oder durch weit reichende Befugnisse sogar eine geschäftsführende Funktion haben.
120. So auch beim Aufsichtsrat der AG nach § 112 AktG.
121. OLG Schleswig-Holstein, Beschluss vom 26. April 2004 – 2 W 46/04.
122. Zu den Einzelheiten s. *Koch/von Holt*, Überlegungen zur verantwortungsvollen Führung von Stiftungen, Stiftung & Sponsoring, Rote Seiten 1/2005 S. 7.
123. Bei einer größeren Zahl von Eigentümern wäre eine Genossenschaft oder Aktiengesellschaft zu prüfen.

124. Bei häufigem Wechsel eignet sich eher ein Verein oder eine Aktiengesellschaft.
125. Gelegentlich werden an Stelle einer Tochtergesellschaft Vereine oder Stiftungen gegründet. In beiden Fällen ist zwar eine Anbindung an die Interessen einer die Gründung initiierenden Körperschaft grundsätzlich möglich, aber weniger einfach in der Handhabung und langfristigen Sicherstellung der Bindung. Auch aus umsatzsteuerlichen Gründen sind diese Alternativen nur in Ausnahmefällen sinnvoll.
126. So z. B. bei *Merchel,* Trägerstrukturen in der Sozialen Arbeit, Weinheim, 2003, S. 186.
127. Die Schaffung von autarken Unternehmenseinheiten, die autonom agieren können, sieht Kolhoff als wesentlichen Überlebensfaktor. *Kolhoff,* Analyse und Entwicklung von Organisationen im sozialen Sektor, Augsburg, 2003, S. 121.
128. Durch die Einführung des TVöD wird der Unterschied geringer ausfallen. Sofern der BAT bisher einzelvertraglich einbezogen wurde, kann es auf die Formulierung im Arbeitsvertrag ankommen, ob der TVöD unmittelbar mit seiner Einführung greift oder erst über eine ggf. anfechtbare Änderungskündigung in das Arbeitsverhältnis einbezogen werden kann. Ferner bleibt das grundsätzliche Problem, dass die Tarifsteigerung von der Entgeltsteigerung abgekoppelt ist und der Leistungsanbieter in eine existenzbedrohende Schere zwischen steigendem Tariflohn und stagnierenden Einnahmen geraten kann.
129. Zur Stiftung Liebenau als Beispiel *Staiber/Kuhn,* Holding mit gGmbHs. In: neue caritas, Heft 11/2000, Seite 9 ff.
130. Eine weitere Konkretisierung kann in einer Geschäftsordnung vorgenommen werden. Beispielsweise hat im Verband seine gGmbH zur Teilnahme an einer gemeinsamen jährlichen Strategietagung verpflichtet, so dass über die gemeinsame Arbeit auch personelle Kontakte zwischen ehrenamtlichen Gremienmitgliedern und hauptamtlichen Leitungskräften entstehen.
131. Missachtung des Gebots der Selbstlosigkeit § 55 AO.
132. § 1 Abs. 1 DrittelbG. Das Drittelbeteiligungsgesetz, offiziell Gesetz über die Drittelbeteiligung der Arbeitnehmer im Aufsichtsrat, wurde durch das Zweite Gesetz zur Vereinfachung der Wahl der Arbeitnehmervertreter in den Aufsichtsrat vom 18. Mai 2004 als Artikel 1 in Kraft gesetzt und betrifft Wahlen ab dem 1. Juli 2004. Es löste Regelungen des BetrVG 1952 ab, die nach § 129 Abs. 1 BetrVG 1972 bis dahin noch anzuwenden waren.
133. Nicht eingegangen wird an dieser Stelle auf die für gGmbHs nur selten in Frage kommenden Regelungen des Mitbestimmungsgesetzes, das nach § 1 Abs. 1 MitbestG für GmbHs mit in der Regel mehr als 2.000 Arbeitnehmern gilt und einen paritätisch besetzten Aufsichtsrat vorsieht.
134. § 1 Abs. 2 DrittelbG.
135. *Müller,* in: Beck'sches Handbuch der GmbH, Gesellschaftsrecht – Steuerrecht, 3. Auflage 2002, § 6 Rn. 88.
136. Beispiele in: *Blanke/Trümmer* (Hrsg.), Handbuch Privatisierung. Rechtshandbuch für Personal- wie Betriebsräte, Rn. 672.
137. § 55 Abs. 1 Nr. 2 AO.
138. § 55 Abs. 1 Nr. 1 AO.
139. Dann wird die Steuerbegünstigung allerdings wegen Nichteinhaltung der eigenen Satzung, also auch bei Verwendung der Gewinne für steuerbegünstigte Zwecke, gefährdet.
140. § 55 Abs. 1 Satz 1 AO.
141. Vertiefende Darstellung in Kapitel VI.
142. Dabei sollten die Grundsätze aus dem Abschnitt IV. 9 „Aufsichtsrat" und dem Kapitel VI „Nonprofit Governance" unbedingt berücksichtigt werden.

143. Gesetz zur Kontrolle und Transparenz im Unternehmensbereich.
144. Zu den Nachteilen einer unreflektierten Übernahme des Risikomanagementsystems auf den Nonprofit-Sektors. v. Holt, Erfolgreich steuern in schwierigen Zeiten – Was Sie beim Aufbau eines Risikomanagementsystems in Ihrer Einrichtung zu beachten haben, in: Handbuch Sozialmanagement, Abschnitt A 2.5, S. 3.
145. Transparenz- und Publizitätsgesetz.
146. Die Ergebnisse wurden publiziert von Baums (Hrsg.), Bericht der Regierungskommission Corporate Governance, 2001.
147. Bei Nonprofit-Organisationen sieht die Regierungskommission DCGK erheblichen rechtspolitischen Diskussionsbedarf, Baums (Hrsg.), Bericht der Regierungskommission Corporate Governance, 2001, S. 6 .
148. So z. B. zur Public Corporate Governance Bühner/Oberndörfer, Risikomanagement am Beispiel von US-Cross-Border-Leasing-Transaktionen. In: DB 2004, S. 941.
149. Beispielhaft für die Diskussion in der Wohlfahrtspflege ist ein allgemeiner Beitrag des Referatsleiters Wirtschaft und Statistik beim Deutschen Caritasverband Niko Roth, Ohne Kontrolle keine Glaubwürdigkeit; in: neue caritas, Heft 4/2003, Seite 9–16, und konkreter zur Umsetzung im Rahmen einer Satzungsreform der Justitiar des Diözesan-Caritasverbandes für das Erzbistum Köln Georg Ludemann: Gegenseitige Kontrolle – für mehr Vertrauen; in: neue caritas, Heft 7/2004, Seite 22–26.
150. Deutsche Bischofskonferenz (Hrsg.), Soziale Einrichtungen in katholischer Trägerschaft und wirtschaftliche Aufsicht, 2004.
151. Eine gute Übersicht liefert Österreichisches Normungsinstitut (Hrsg.), Corporate Social Responsibility. Handlungsanleitung zur Umsetzung von gesellschaftlicher Verantwortung in Unternehmen. CSR-Leitfaden, 2004.
152. Denn in einem kleineren Gremium fühlt sich das einzelne Organmitglied stärker in die Verantwortung genommen, Malik, Die neue Corporate Governance, 3. Auflage 2002, S. 194 f.; Koch/v. Holt, Verein oder GmbH? Zur Ansiedlung wirtschaftlicher Aktivitäten bei Verbänden. in NDV (Nachrichtendienst des Deutschen Vereins für öffentliche und private Fürsorge), Frankfurt 2002, S. 315–325 (321; v. Holt/Koch, Stiftungssatzung, Beck'sche Mustervertäge Bd. 47, 1. Auflage 2004, S. 112; zur Diskussion s. Baums (Hrsg.), Bericht der Regierungskommission Corporate Governance, 2001, Rz. 49.
153. Der Abschlussprüfer hat Dokumentations-, Anregungs-, Substitutions-, Haftungsreduktions-, Begutachtungs- und Beratungsfunktionen, vgl. z. B. Theisen, Grundsätze einer ordnungsmäßigen Information des Aufsichtsrats, 3. Auflage 2002, S. 177 ff.
154. Zu den Informationsanforderungen. Theisen, Grundsätze einer ordnungsmäßigen Information des Aufsichtsrats, 3. Auflage 2002, S. 129 ff.
155. Baums (Hrsg.), Bericht der Regierungskommission Corporate Governance, 2001, Rz. 62; zum Aufsichtsgremium s. Theisen, Grundsätze einer ordnungsmäßigen Information des Aufsichtsrats, 3. Auflage 2002, S. 74 f.; Malik, Die neue Corporate Governance, 3. Auflage 2002, S. 224 .
156. Hierzu s. Koch/v. Holt, Konzeptheft Chancen- und Risikomanagement, Köln 2003.
157. Siehe Formular D. XVI.
158. Siehe Checkliste D.VIII.
159. Schwaiger, in: Beck'sches Handbuch der GmbH, Gesellschaftsrecht ● Steuerrecht, 3. Auflage 2002, § 2 Rn. 7.
160. Siehe Checkliste D. VII.
161. Z. B. Zustimmung eines Zuwendungsgebers bei Zweckbindung von Anlagevermögen, Zustimmung eines Geschäftspartners auf Übertragung eines Lea-

singvertrages oder Aufnahme in eine Bedarfsplanung und damit Zusage der Finanzierung von Leistungen.

162. Hierbei gilt der Grundsatz der Abschnittsbesteuerung, s. § 60 Abs. 2 AO.

163. Vgl. § 132 UmwG; z. B. *Schmidt*, § 673 BGB bei Verschmelzungsvorgängen in Dienstleistungsunternehmen – oder: Geisterstunde im Umwandlungsrecht? in DB 2001, 1019.

164. Z. B. die Nachhaftung nach § 133 UmwG.

165. BGH, Urteil vom 24. Juni 2004 – III ZR 215/03.

166. Zur Form siehe § 2 GmbHG.

167. § 7 Abs. 1 GmbHG.

168. § 78 GmbHG.

169. Siehe Abschnitt IV. 5. Gesellschaftskapital.

170. BGH, Urteil vom 17. September 2001 – II ZR 275/99.

171. § 7 Abs. 2 und 3 GmbHG.

172. § 8 GmbHG.

173. § 11 Abs. 1 GmbHG.

174. § 11 Abs. 2 GmbHG.

175. Bei der Körperschaftssteuer zusätzlich Freigrenze für Gewinne durch steuerpflichtige Aktivitäten.

176. Nicht jedoch von der Grunderwerbsteuer, die z. B. bei einer Übertragung von Immobilien auf eine gGmbH in voller Höhe anfällt.

177. Der ermäßigte Umsatzsteuersatz spielt nur bei nicht vorsteuerabzugsberechtigten Kunden eine Rolle. Die Befreiung von der Umsatzsteuer führt zum Verlust der Vorsteuerabzugsberechtigung und kann daher im Einzelfall ein Nachteil sein.

178. Z. B. Lotteriesteuer, ggf. Kfz-Steuer, ggf. städtische Gebühren.

179. Z. B. von Stiftungen.

180. Ggf. vergütet mit steuerfreier Übungsleiterpauschale.

181. Grundsatz der zeitnahen Mittelverwendung § 55 Abs. 1 Nr. 5 AO.

182. Die Steuerbegünstigung schließt eine Finanzierung durch gewinnorientierte Eigenkapitalgeber bzw. über Mezzanine praktisch aus. Die Risiken der zunehmend unkalkulierbareren öffentlichen Finanzierung schrecken zunehmend auch Kreditgeber ab bzw. führen zu Risikoaufschlägen.

183. So war bis zum Jahr 2004 nicht verbindlich geklärt ob bzw. unter welchen Bedingungen Integrationsfirmen steuerbegünstigt sind.

184. So z. B. durch das Vereinsförderungsgesetz 1989 oder das Gesetz zur weiteren steuerlichen Förderung von Stiftungen 2000.

185. S. zum Ganzen *Helsper* (Ministerialrat an der Bundesakademie der Finanzen), Wege für Beweger im Steuerwesen, 2001; *Crezelius*, Vom Zustand des gegenwärtigen Steuerrechts, Stbg 2002, 558–563; Pressemitteilung des BMF vom 20. November 2002, DB 2002 Heft 48 S. XIV; zum Fehlverständnis in der Richterschaft s. das Beispiel *Weber-Grellet*, Die Funktion des Rechts in der fragmentierten modernen Gesellschaft – am Beispiel des Steuerrechts, DB 2002, 9–13 .

186. *Kessler/Spengel*, Checkliste potenziell EG-rechtswidriger Normen des deutschen Steuerrechts – Update 2004, DB, Beilage 6/2004 zu Heft 43.

187. BMF-Schreiben vom 29. Dezember 2003 IV A 4 – S 0430 – 7/03; teilweise mit Unterstützung des BFH, s. z. B. Urteil vom 19. März 2002 – VIII R 57/99 unter 5. b).

188. *Kirchhoff*, Der verfassungsrechtliche Auftrag zur Erneuerung des Steuerrechts; DSWR 2002, 250–254; *Crezelius*, Vom Zustand des gegenwärtigen Steuerrechts, Stbg 2002, 558–563; *Kirchhoff/Raupach*, Die Unzulässigkeit einer rückwirkenden gesetzlichen Änderung der der Mehrmütterorganschaft, DB, Beilage 3/2001; *Risto/Julius*, Die Verfassungswidrigkeit der Zinsbesteue-

rung, DB Beilage 4/2002; *Jebens*, Ist die Unsitte, Gesetzesreparaturen als rückgreifende Klarstellung zu deklarieren, mit dem Bestimmtheitsgebot zu vereinbaren?, DB 2005. 1240–1244.

189. In der Begründung zur Neufassung des § 68 Nr. 3 AO (BStBl. I 2004, 474) wird die deutlich großzügigere Rechtsprechung, s. BFH, Urteil vom 4. Juni 2003 – I R 25/02 unterschlagen.

190. Erst anlässlich einer Sitzung der Körperschaftsteuerreferenten Anfang 2002 wurde die gleichzeitige Steuerbegünstigung von Holding und Tochtergesellschaft befürwortet, OFD Hannover, Verfügung (koordinierter Ländererlass) vom 12. Juli 2002 – S-0176 – 2 – StO 215/S-2729 – 326 – StH 233; OFD Frankfurt a. M., Verfügung vom 16. Mai 2002 – S 0176 A – 1 – St II 12, DB 2002, 1531; OFD Nürnberg, Verfügung vom 16. August 2002 – S-0176 – 3/St 31 und von der Fachöffentlichkeit aufgegriffen, *Schick*, Holding: Erleichterung durch neue Verwaltungsauffassung, in Sozialwirtschaft aktuell 12/2002 S. 4.

191. Jetzt AE Nr. 2 zu § 57 AO, s. BMF-Schreiben vom 21. Januar 2003 – IV C 4 – S 0171 – 6/03, DB 2003, 313; Begründung: „Was nicht sein kann, das nicht sein darf", s. *Eversberg*, Der steuerpflichtige wirtschaftliche Geschäftsbetrieb – besondere Problemstellungen, in Stiftung & Sponsoring, 5/2001 Rote Seiten S. 6.

192. Z. B. Burghausener Erklärung der bayerischen Finanzämter auf der Jahrestagung April 2002, abgedruckt in DB 2002 Heft 18 S. XIV; Gemeinsame Erklärung der Präsidenten der Steuerberaterkammern und Oberfinanzpräsidenten in Baden-Württemberg, abgedruckt in DB 2002 Heft 38 S. XII; *Habammer*, Werbung für das Steuerzahlen?, Stbg 2001, 612–619; einzelne Finanzverwaltungen agieren aber auch gezielt gegen einen effizienten Vollzug, wie das Beispiel des Vorstehers des Finanzamts Bonn-Außenstadt zeigt, s. Stbg. 2003, 45 f.

193. Vorsicht Finanzamt – Ein erstmaliger Vergleich aller 572 Ämter offenbart vielerorts erhebliche Defizite bei Service und Know-how, Capital 11/2004, S. 86–104; z. B. belegt das im gemeinnützigkeitsrechtlichen Umfeld durch besonders merkwürdige Argumente negativ auffallende Finanzamt Kiel-Nord dort Platz 491.

194. Z. B. die Analyse von *Korezkij*, Verfassungsmäßigkeit der Mindestbesteuerung nach § 2 Abs. 3 EStG a. F., DStR, 2005, 111–1116 .

195. *Lange* (RiaBFH), Bundesregierung rechtfertigt Nichtanwendungserlass im Steuerrecht, DB, 2005, 354–358.

196. Z. B. die zu gemeinnützigkeitsrechtlichen Fragestellungen materiell rechtswidrigen BMF-Schreiben vom 27. November 2000 – IV C 6 – S 0189 – 22/00, DB 2000, 2561 und vom 15. Februar 2002 – IV C 4 – S 0174 – 2/01, DB 2002,456 .

197. Die Nichtanwendungserlasse ursprünglich rechtfertigende Vereinfachung der Steuererhebung wurde dem rechtswidrigen Bestreben der Aufkommensmaximierung (s. *Helsper*, Wege für Beweger im Steuerwesen, 2001, 3) geopfert, s. *Lange* (RiaBFH), Bundesregierung rechtfertigt Nichtanwendungserlass im Steuerrecht, DB, 2005, 354–358.

198. World Economic Forum, The Global Competitiveness Report 2004–2005, S. 281.

199. Zum Grundsatz „in dubeo pro fisco" s. z. B. BFH, Beschluss vom 15. Juni 2000 – IV B 6/99; zum fehlenden Rechtsstaatsverständnis s. auch BFH, Urteil vom 19. März 2002 – VIII R 57/99 unter 5. a); BFH, Beschluss vom 6. August 2001 – IV B 133/00; BFH, Beschluss vom 1. August 2001 – VII S 5/01; BFH, Beschluss vom 18. September 2001 – V B 205/00; zur völlig unzureichenden verfassungsrechtlichen Bewältigung des Problems durch das BVerfG s. FG Niedersachsen, Vorlagebeschluss vom 21. April 2004 – 4 K 317/91.

200. *Eichhorn,* Freie Wohlfahrtspflege in Europa aus betriebswirtschaftlicher Sicht I, 1996, S. 82 f.
201. *Eichhorn,* Freie Wohlfahrtspflege in Europa aus betriebswirtschaftlicher Sicht I, 1996, S. 142 f.
202. *Eichhorn,* Freie Wohlfahrtspflege in Europa aus betriebswirtschaftlicher Sicht I, 1996, S. 211 ff.
203. *Eichhorn,* Freie Wohlfahrtspflege in Europa aus betriebswirtschaftlicher Sicht II, 1998, S. 78 ff.
204. *Eichhorn,* Freie Wohlfahrtspflege in Europa aus betriebswirtschaftlicher Sicht II, 1998, S. 151 f.
205. *Eichhorn,* Freie Wohlfahrtspflege in Europa aus betriebswirtschaftlicher Sicht II, 1998, S. 245 ff.
206. *Eichhorn,* Freie Wohlfahrtspflege in Europa aus betriebswirtschaftlicher Sicht II, 1998, S. 362 ff.
207. Art. 13 Teil A Abs. 2 a) der 6. RL 77/388/EWG.
208. Art. 12 Abs. 3 Buchst. a Unterabs. 3 Anhang H Kategorie 14 der 6. RL 77/388/EWG.
209. *Eichhorn,* Freie Wohlfahrtspflege in Europa aus betriebswirtschaftlicher Sicht I, 1996, S. 252 ff.
210. Z. B. BFH, Vorlagebeschluss vom 14. Juli 2004 – I R 94/02.
211. *Heger,* in: *Gosch,* Kommentar zum Körperschaftsteuergesetz, 2005, § 5 Rn. 257.
212. § 51 S. 2 AO.
213. § 1 Abs. 1 Nr. 5 KStG i. V. m. § 51 S. 2 AO.
214. § 1 Abs. 1 Nr. 1 KStG i. V. m. § 51 S. 2 AO.
215. § 1 Abs. 1 Nr. 6 KStG i. V. m. § 51 S. 2 AO.
216. Katalog des § 52 sowie § 53 AO.
217. Anlage 1 zu § 48 Abs. 2 EStDV.
218. *Schauhof,* in: *Schauhoff,* Handbuch der Gemeinnützigkeit, 2. Auflage 2005, § 5 Rn. 20 ff.; *Buchna,* Gemeinnützigkeit im Steuerrecht, 8. Auflage 2003, S. 32 ff. .
219. § 55 AO.
220. Andernfalls liefe die Körperschaftsteuerbefreiung ins Leere, so aber fälschlich *Wallenhorst,* in: *Troll/Wallenhorst/Halaczinsky,* Die Besteuerung gemeinnütziger Vereine, Stiftungen und der juristischen Personen des öffentlichen Rechts, 5. Auflage 2004, Kapitel C Rn. 61.
221. § 55 Abs. 1 Nr. 5 S. 3 AO.
222. § 55 Abs. 1 Nr. 5 S. 1 AO.
223. *Hüttche,* Zur Rechnungslegung der gemeinnützigen GmbH, GmbHR, 1997, 1095–1100.
224. S. auch AE Nr. 28 zu § 55 AO.
225. § 55 Abs. 1 Nr. 5 S. 2 AO.
226. Vgl. die Beispiele von *Thiel,* Die zeitnahe Mittelverwendung – Aufgabe und Bürde gemeinnütziger Körperschaften. DB 1992, 1900–1907 unter VII.
227. § 270 HGB.
228. § 58 Nr. 6 f. AO; s. Begriff „Zufluss" in § 55 Abs. 1 Nr. 5 AO.
229. AE Nr. 10 zu § 58 Nr. 6 AO.
230. *Uterhark,* in: *Schwarz,* Kommentar zur Abgabenordnung, Rn. 16 zu § 58 AO; *Fischer,* in: *Hübschmann/Hepp/Spitaler,* Kommentar zur AO und FGO, Rn. 96 zu § 58 AO.
231. BFH BStBl 1989 II S. 670, 672 unter 4.a); *Thiel,* Die zeitnahe Mittelverwendung – Aufgabe und Bürde gemeinnütziger Körperschaften. DB 1992, 1900–1907 unter V. 4.; *Schauhoff,* in: *Schauhoff,* Handbuch der Gemeinnützigkeit, 2. Auflage 2005, § 8 Rn. 84. Die Finanzverwaltung vermeidet eine Auseinan-

dersetzung damit, dass der BFH die Rücklage anerkannt hat, s. *Buchna*, Gemeinnützigkeit im Steuerrecht, 8. Auflage 2003, S. 163.

232. AE Nr. 10 zu § 58 Nr. 6 AO.

233. *Uterhark* in: *Schwarz*, Kommentar zur Abgabenordnung, Rn. 12 zu § 58 AO.

234. § 58 Nr. 7 a) AO.

235. § 58 Nr. 11 AO.

236. § 58 Nr. 12 AO.

237. hierzu vertiefend *v. Holt/Koch*, Stiftungssatzung, Beck´sche Musterverträge Bd. 47, 1. Auflage 2004.

238. § 58 Nr. 7 b) AO.

239. *Thiel*, Die zeitnahe Mittelverwendung – Aufgabe und Bürde gemeinnütziger Körperschaften. DB 1992, 1900–1907 unter VI. und VII.; *Hüttche*, Zur Rechnungslegung der gemeinnützigen GmbH, GmbHR, 1997, 1095–1100.

240. § 63 Abs. 3 AO; AE Nr. 18 zu § 58 AO; *Fischer* in: *Hübschmann/Hepp/Spitaler*, Kommentar zur AO und FGO, Rn. 93 zu § 58 AO.

241. § 55 Abs. 1 Nr. 3 AO; zur Bemessung s. *Buchna*, Gemeinnützigkeit im Steuerrecht, 8. Auflage 2003, S. 120; *Berndt*, Stiftung und Unternehmen, 7. Auflage 2003, Rn. 1148; *Schauhoff* in: *Schauhoff*, Handbuch der Gemeinnützigkeit, 2. Auflage 2005, § 8 Rn. 21.

242. BFH, Urteil vom 18. Dezember 2002 – I R 60/01.

243. *Heger* in: *Gosch*, Kommentar zum Körperschaftsteuergesetz, 2005, § 5 Rn. 233 unter Berufung auf Herbert.

244. § 55 Abs. 1 Nr. 1 AO.

245. BFH, Beschluss vom 8. August 2001 – I B 40/01; FG München, Beschluss vom 27. August 1999 – 7 V 2380/99.

246. § 58 Nr. 5 AO.

247. § 61 AO.

248. BFH, Urteil vom 21. Januar 2005 – I R 52/03.

249. § 61 Abs. 1 i. V. m. § 55 Abs. 1 Nr. 4 AO.

250. § 56 AO.

251. *Heger*, in: *Gosch*, Kommentar zum Körperschaftsteuergesetz, 2005, § 5 Rn. 204; *Schauhoff*, in: *Schauhoff*, Handbuch der Gemeinnützigkeit, 2. Auflage 2005, § 6 Rn. 111.

252. *Schauhoff*, in: *Schauhoff*, Handbuch der Gemeinnützigkeit, 2. Auflage 2005, § 6 Rn. 113.

253. *Heger*, in: *Gosch*, Kommentar zum Körperschaftsteuergesetz, 2005, § 5 Rn. 207 rechnet dies dem Anwendungsbereich des Grundsatzes der Selbstlosigkeit zu.

254. *Fischer*, in: *Hübschmann/Hepp/Spitaler*, Kommentar zur AO und FGO, Rn. 87 zu § 58 AO.

255. § 57 AO.

256. § 57 Abs. 1 S. 2 AO.

257. Erst anlässlich einer Sitzung der Körperschaftsteuerreferenten Anfang 2002 wurde die gleichzeitige Steuerbegünstigung von Holding und Tochtergesellschaft befürwortet, OFD Hannover, Verfügung (koordinierter Ländererlass) vom 12. Juli 2002 – S-0176 – 2 – StO 215/S-2729 – 326 – StH 233; OFD Frankfurt a. M., Verfügung vom 16. Mai 2002 – S 0176 A – 1 – St II 12, DB 2002, 1531; OFD Nürnberg, Verfügung vom 16. August 2002 – S-0176 – 3/St 31 und von der Fachöffentlichkeit aufgegriffen, *Schick*, Holding: Erleichterung durch neue Verwaltungsauffassung, in Sozialwirtschaft aktuell 12/2002 S. 4.

258. Jetzt AE Nr. 2 zu § 57 AO, s. BMF-Schreiben vom 21. Januar 2003 – IV C 4 – S 0171 – 6/03, DB 2003, 313; Begründung: „Was nicht sein kann, das darf nicht sein", s. *Eversberg*, Der steuerpflichtige wirtschaftliche Geschäftsbetrieb – besondere Problemstellungen in Stiftung & Sponsoring, 5/2001 Rote Seiten S. 6.

259. Sehr str., so AE Nr. 2 zu § 57 AO; *Heger,* in: *Gosch,* Kommentar zum Körperschaftsteuergesetz, 2005, § 5 Rn. 200.
260. § 58 Nr. 1 AO.
261. § 63 Abs. 1 AO.
262. § 63 Abs. 3 AO.
263. Zur Unterteilung s. *Buchna,* Gemeinnützigkeit im Steuerrecht, 8. Auflage 2003, S. 202.
264. Zur Aufteilung s. *Heger,* in: *Gosch,* Kommentar zum Körperschaftsteuergesetz, 2005, § 5 Rn. 231 ff.
265. § 14 AO.
266. § 65 bis § 68 AO.
267. Zu den Einzelheiten s. § 65 bis § 68 AO.
268. § 64 AO, s. *Buchna,* Gemeinnützigkeit im Steuerrecht, 8. Auflage 2003, S. 204.
269. § 64 Abs. 6 Nr. 1 AO.
270. FG Schleswig-Holstein, Urteil vom 5.12. 2000 – IV 224/99; FG Niedersachsen, Urteil vom 8. Juli 1999 – V 362/97.
271. § 58 Nr. 8 AO.
272. Ausnahme: § 68 Nr. 6 AO.
273. § 64 Abs. 3 AO.
274. § 4 Nr. 12 UStG.
275. EuGH, Urteil vom 22. November 2001 – C 184/00 unter Tz. 15 (mangels Gegenleistung nicht „umsatzsteuerbar").
276. § 4 Nr. 12 UStG.
277. § 4 Nr. 18 UStG.
278. § 4 Nr. 16 UStG.
279. § 4 Nr. 23 bis 25 UStG, bei Wohlfahrtsorganisationen auch § 4 Nr. 18 UStG.
280. § 4 Nr. 21, 22 UStG.
281. § 4 Nr. 20, 22 UStG.
282. § 12 Abs. 2 Nr. 8 UStG.
283. § 12 Abs. 2 Nr. 1 UStG.
284. § 12 Abs. 2 Nr. 7 UStG.
285. § 12 Abs. 1 UStG.
286. § 15 UStG.
287. § 19 UStG.
288. § 23a UStG.
289. § 5 GrStG.
290. § 3 Abs. 1 Nr. 3 b).
291. BFH, Urteil vom 26. Februar 2003 – II R 64/00.
292. § 3 Nr. 5 KraftStG.
293. § 13 Abs. 1 Nr. 16 f) ErbStG.
294. § 9 Abs. 2 KStG.
295. Zum Anspruch hierauf s. BFH, Urteil vom 23. September 1999 – XI R 66/98.
296. BFH, Urteil vom 19. Dezember 1990 – X R 40/86.
297. BFH, Urteil vom 5. Februar 1992 – I R 63/91.
298. BFH, Urteil vom 13. August 1997 – I R 19/96.
299. BFH, Urteil vom 12. August 1999 – XI R 65/98.
300. BFH, Urteil vom 13. Juni 1969 – VI R 12/67 (str.).
301. BFH, Urteil vom 25. Juli 1969 – VI R 269/67.
302. § 10b Abs. 3 S. 4 f. EStG.
303. § 10b Abs. 3 S. 3 EStG.
304. § 6 Abs. 1 Nr. 4 EStG.
305. BFH, Urteil vom 23. Mai 1989 – X R 17/85.
306. § 50 EStDV.

307. AE NR. 2 zu § 63 AO.
308. § 3 Abs. 1 Nr. 1 GmbHG.
309. *Roth/Altmeppen*, Kommentar zum GmbH-Gesetz, 5. Auflage 2005, § 4 Rn. 46.
310. *Roth/Altmeppen*, Kommentar zum GmbH-Gesetz, 5. Auflage 2005, § 4 Rn. 45.
311. § 18 Abs. 1 HGB.
312. § 18 Abs. 2 HGB.
313. Vgl. *Baumbach/Hopt*, Kommentar zum HGB, 30. Auflage 2000, § 30 Rn. 6 mit Nachweisen aus der Rechtsprechung.
314. § 30 HGB.
315. *Roth/Altmeppen*, Kommentar zum GmbH-Gesetz, 5. Auflage 2005, § 4 Rn. 30.
316. *Roth/Altmeppen*, Kommentar zum GmbH-Gesetz, 5. Auflage 2005, § 4 Rn. 29.
317. Münchener Handbuch des Gesellschaftsrechts, Bd. 3, 2. Auflage 2003, § 19 Rn. 40.
318. § 4 a Abs. 2 GmbHG.
319. Beck´sches Handbuch der GmbH, Gesellschaftsrecht • Steuerrecht, 3. Auflage 2002, § 2 Rn. 59.
320. § 51– § 68 AO.
321. § 52– § 54 AO.
322. BFH, Urteil vom 18. Dezember 2002 – I R 15/02, BFH NV 2003, 840 .
323. § 60 Abs. 1 AO.
324. *Fischer,* in: *Hübschmann/Hepp/Spitaler*, Kommentar zur AO und FGO, Rn. 2 zu § 60 AO; *Heger*, in: *Gosch*, Kommentar zum Körperschaftsteuergesetz, 2005, § 5 Rn. 215.
325. FG Saarland, Beschluss vom 4. August 2003 – 1 V 145/03.
326. § 1 GmbHG.
327. *Roth/Altmeppen*, Kommentar zum GmbH-Gesetz, 4. Auflage 2003, § 1 Rn. 4.
328. *Heger*, in: *Gosch*, Kommentar zum Körperschaftsteuergesetz, 2005, § 5 Rn. 215.
329. § 60 Abs. 1 AO.
330. § 52– § 54 AO.
331. § 3 Abs. 1 Nr. 2 GmbHG.
332. Beck´sches Handbuch der GmbH, Gesellschaftsrecht • Steuerrecht, 3. Auflage 2002, § 2 Rn. 60.
333. *v. Holt/Koch*, Stiftungssatzung, Beck´sche Musterverträge Bd. 47, 1. Auflage 2004.
334. *Roth/Altmeppen*, Kommentar zum GmbH-Gesetz, 4. Auflage 2003, § 1 Rn. 11–13.
335. *Jost,* in: *Dötsch/Eversberg/Jost/Pung/Witt*, Die Körperschaftsteuer, § 5 Abs. 1 Nr. 9 KStG Rn. 310.
336. BVerwG, Urteil vom 22. Februar 1972, BVerwGE 39, 329.
337. Münchener Handbuch des Gesellschaftsrechts, Bd. 3, 2. Auflage 2003, § 18 Rn. 18b; *Wurzel/Schraml/Becker*, Rechtspraxis der kommunalen Unternehmen, 2005, Kapitel D, Rn. 301 f.
338. Münchener Handbuch des Gesellschaftsrechts, Bd. 3, 2. Auflage 2003, § 18 Rn. 18b.
339. Vgl. § 4 Nr. 18 UStG.
340. Zum Wettbewerbsverbot der Gesellschafter gegenüber der Gesellschaft siehe § 5a der Mustersatzung.
341. Siehe Checkliste X „Unternehmensverbundrichtlinie".
342. Zum Beteiligungscontrolling in der Kommune siehe *Richter,* Controlling im „Konzern" Stadt. In: Handbuch zur Verwaltungsreform, Opladen, 2. Auflage 2001, S. 401 ff.

343. Siehe Checkliste XI. „Umsatzsteuerliche Organschaft".
344. § 59 AO.
345. Anlage 1 und 2 des Anwendungserlasses zu § 60 AO.
346. § 55 Abs. 1 AO.
347. § 58 Nr. 6 f. AO.
348. § 58 Nr. 1–4 AO.
349. § 56 AO.
350. § 57 AO.
351. § 57 S. 2 AO.
352. § 57 Abs. 1 S. 2 AO.
353. § 58 Nr. 1 AO.
354. § 58 Nr. 2 AO.
355. § 63 AO.
356. Gemäß § 53 AO.
357. AE Nr. 9 zu § 53 AO; Nach allgemeinem steuerrechtlichen Grundverständnis ist dagegen nur Plausibilität des zutreffenden Empfängerkreises erforderlich – diese ist z. B. gegeben, wenn die Leistungen nach der Lebenserfahrung oder aufgrund bestimmte Umstände offensichtlich von einem anderen Personenkreis nicht nachgefragt werden.
358. § 3 Abs. 1 Nr. 3, 4 GmbHG.
359. § 5 Abs. 1 GmbHG.
360. § 5 Abs. 1 GmbHG.
361. § 5 Abs. 3 GmbHG.
362. § 5 Abs. 3 GmbHG.
363. § 45 Abs. 2 i. V. m. § 47 GmbHG.
364. § 5 Abs. 3 GmbHG.
365. § 7 Abs. 2 GmbHG.
366. § 5 Abs. 4 GmbHG.
367. § 5 Abs. 4 GmbHG.
368. § 9c GmbHG.
369. Vgl. *Reichert/Harbarth*, Der GmbH-Vertrag, Reihe Beck´sche Musterverträge Band 8, 3. Auflage 2001, S. 78.
370. § 8 Abs. 2 GmbHG.
371. Siehe auch *Roth/Altmeppen*, Kommentar zum GmbH-Gesetz, 5. Auflage 2005, § 7 Rn. 27 ff.
372. Münchener Handbuch des Gesellschaftsrechts, Bd. 3, 2. Auflage 2003, § 50 Rn. 91.
373. § 19 Abs. 2 GmbHG, hierzu *Goette*, Die GmbH, 2. Auflage 2002, § 2 Rn. 28.
374. *Goette*, Die GmbH, 2. Auflage 2002, § 2 Rn. 19.
375. *Goette*, Die GmbH, 2. Auflage 2002, § 2 Rn. 22.
376. *Roth/Altmeppen*, Kommentar zum GmbH-Gesetz, 5. Auflage 2005, § 5 Rn. 19.
377. § 3 Absatz 2 GmbHG. *Roth/Altmeppen*, Kommentar zum GmbH-Gesetz, 4. Auflage 2003, § 3 Rn. 36.
378. *Jost,* in: *Dötsch/Eversberg/Jost/Pung/Witt*, Die Körperschaftsteuer, § 5 Abs. 1 Nr. 9 KStG Rn. 321a.
379. § 55 AO.
380. Vgl. *Fischer,* in: *Hübschmann/Hepp/Spitaler*, Kommentar zur AO und FGO, Rn. 32, 37, 45 zu § 55 AO.
381. §§ 26 f. GmbHG, davon ausgenommen sind Haftungsrisiken, z. B. aus verdeckter Rückgewähr der Stammeinlage. Siehe Abschnitt IV. 6.
382. § 32a GmbHG.
383. *Fischer,* in: *Hübschmann/Hepp/Spitaler*, Kommentar zur AO und FGO, Rn. 75 zu § 55 AO.

384. BFH, Urteil vom 26. April 1989 – I R 209/85.
385. *Roth/Altmeppen*, Kommentar zum GmbH-Gesetz, 5. Auflage 2005, § 26 Rn. 9 m. w. N.
386. Beck´sches Handbuch der GmbH, Gesellschaftsrecht • Steuerrecht, 3. Auflage 2002, § 7 Rn. 80.
387. Beck´sches Handbuch der GmbH, Gesellschaftsrecht • Steuerrecht, 3. Auflage 2002, § 7 Rn. 83.
388. § 30 Abs. 2 GmbHG.
389. *Roth/Altmeppen*, Kommentar zum GmbH-Gesetz, 5. Auflage 2005, § 57d, Rn. 10.
390. § 30 Abs. 2 GmbHG.
391. *Roth/Altmeppen*, Kommentar zum GmbH-Gesetz, 5. Auflage 2005, § 5 Rn. 25.
392. Münchener Handbuch des Gesellschaftsrechts, Bd. 3, 2. Auflage 2003, § 19 Rn. 49.
393. Beck´sches Handbuch der GmbH, Gesellschaftsrecht • Steuerrecht, 3. Auflage 2002, § 7 Rn. 131.
394. Vgl. *Wurzel/Schraml/Becker*, Rechtspraxis der kommunalen Unternehmen, 2005, Kapitel D, Rn. 246.
395. §§ 45 ff. GmbHG.
396. §§ 35 ff. GmbHG.
397. Münchener Handbuch des Gesellschaftsrechts, Bd. 3, 2. Auflage 2003, § 6 Rn. 1.
398. *Neumann*, Non Profit Organisationen unter Druck, 2005, S. 264.
399. *Lutter/Hommelhoff*, Kommentar zum GmbH-Gesetz, 16. Auflage 2004, § 37 Rn. 19; Münchener Handbuch des Gesellschaftsrechts, Bd. 3, 2. Auflage 2003, § 44 Rn. 67.
400. Beck´sches Handbuch der GmbH, Gesellschaftsrecht • Steuerrecht, 3. Auflage 2002, § 3 Rn. 136 f.
401. *Roth/Altmeppen*, Kommentar zum GmbH-Gesetz, 5. Auflage 2005, § 50 Rn. 4.
402. § 51 Abs. 1 GmbHG.
403. Dies ist zulässig, Beck´sches Handbuch der GmbH, Gesellschaftsrecht • Steuerrecht, 3. Auflage 2002, § 4 Rn. 35.
404. Beck´sches Handbuch der GmbH, Gesellschaftsrecht • Steuerrecht, 3. Auflage 2002, § 4 Rn. 28.
405. Beck´sches Handbuch der GmbH, Gesellschaftsrecht • Steuerrecht, 3. Auflage 2002, § 4 Rn. 36.
406. Beck´sches Handbuch der GmbH, Gesellschaftsrecht • Steuerrecht, 3. Auflage 2002, § 4 Rn. 27.
407. § 18 GmbHG.
408. Sehr eindrucksvoll *Malik*, Die neue Corporate Governance, 3. Auflage 2002, S. 192 ff.; *v. Holt/Koch*, Stiftungssatzung, Beck´sche Musterverträge Bd. 47, 1. Auflage 2004, S. 112; *Koch/von Holt*, Verein oder GmbH? Zur Ansiedlung wirtschaftlicher Aktivitäten bei Verbänden. in NDV (Nachrichtendienst des Deutschen Vereins für öffentliche und private Fürsorge), Frankfurt 2002, S. 315–325 (321).
409. Münchener Handbuch des Gesellschaftsrechts, Bd. 3, 2. Auflage 2003, § 39 Rn. 73.
410. Klarstellungsfunktion, s. Münchener Handbuch des Gesellschaftsrechts, Bd. 3, 2. Auflage 2003, § 40 Rn. 36.
411. Münchener Handbuch des Gesellschaftsrechts, Bd. 3, 2. Auflage 2003, § 40 Rn. 3 ff.
412. § 35 Abs. 1 GmbHG.

413. *Lutter/Hommelhoff*, Kommentar zum GmbH-Gesetz, 16. Auflage 2004, § 37 Rn. 17.
414. § 43 GmbHG.
415. Directors & Officers-Versicherung.
416. Hierzu *Koch/v. Holt*, Arbeitsheft Chancen- und Risikomanagement, BFS Köln, 2003.
417. § 35 Absatz 2 GmbHG.
418. *Lutter/Hommelhoff*, Kommentar zum GmbH-Gesetz, 16. Auflage 2004, § 3 Rn. 55.
419. § 76 Abs. 1 AktG.
420. § 63 Abs. 1 AO.
421. OLG Schleswig-Holstein, Beschluss vom 26. April 2004 – 2 W 46/04.
422. Münchener Handbuch des Gesellschaftsrechts, Bd. 3, 2. Auflage 2003, § 48 Rn. 29, 34.
423. Entsprechende Zahlungen könnten als Verstoß gegen § 55 Abs. 1 Nr. 1 S. 2 und Abs. 3 AO angesehen werden, vgl. FG München, Beschluss vom 27. August 1999 – 7 V 2380/99; BFH, Beschluss vom 8. August 2001 – I B 40/01; bisher konnte der BFH die Frage dahinstehen lassen, vgl. BFH, Beschluss vom 8. August 2001 – I B 40/01: dort war in der Satzung ausdrücklich festgelegt, dass das Organ ehrenamtlich tätig werden sollte.
424. *Roth/Altmeppen*, Kommentar zum GmbH-Gesetz, 5. Auflage 2005, § 52 Rn. 1.
425. Münchener Handbuch des Gesellschaftsrechts, Bd. 3, 2. Auflage 2003, § 48 Rn. 87.
426. *Reichert/Harbarth*, Der GmbH-Vertrag, Reihe Beck'sche Musterverträge Band 8, 3. Auflage 2001, S. 124.
427. *Roth/Altmeppen*, Kommentar zum GmbH-Gesetz, 5. Auflage 2005, § 52 Rn. 48.
428. *Roth/Altmeppen*, Kommentar zum GmbH-Gesetz, 5. Auflage 2005, § 52 Rn. 49, 54.
429. hierzu auch *Schiffer/Rödl/Rott* (Hrsg.), Haftungsgefahren im Unternehmen, 2004, Rn. 354–362; *Roth/Altmeppen*, Kommentar zum GmbH-Gesetz, 4. Auflage 2003, § 52 Rn. 49.
430. *Schiffer/Rödl/Rott* (Hrsg.), Haftungsgefahren im Unternehmen, 2004, Rn. 363–374; *Roth/Altmeppen*, Kommentar zum GmbH-Gesetz, 5. Auflage 2005, § 52 Rn. 61 f.
431. Münchener Handbuch des Gesellschaftsrechts, Bd. 3, 2. Auflage 2003, § 20 Rn. 9, 11.
432. § 11 Abs. 2 GmbHG; Münchener Handbuch des Gesellschaftsrechts, Bd. 3, 2. Auflage 2003, § 20 Rn. 12.
433. *Buchna*, Gemeinnützigkeit im Steuerrecht, 8. Auflage 2003, S. 191.
434. § 58 Nr. 2 AO.
435. Münchener Handbuch des Gesellschaftsrechts, Bd. 3, 2. Auflage 2003, § 20 Rn. 90; *Reichert/Harbarth*, Der GmbH-Vertrag, Reihe Beck'sche Musterverträge Band 8, 3. Auflage 2001, S. 177 .
436. § 15 GmbHG.
437. *v. Holt/Koch*, Stiftungssatzung, Beck'sche Musterverträge Bd. 47, 1. Auflage 2004, S. 140 f.
438. *Reichert/Harbarth*, Der GmbH-Vertrag, Reihe Beck'sche Musterverträge Band 8, 3. Auflage 2001, S. 125 ff.
439. Beck'sches Handbuch der GmbH, Gesellschaftsrecht • Steuerrecht, 3. Auflage 2002, § 13 Rn. 101.
440. Beck'sches Handbuch der GmbH, Gesellschaftsrecht • Steuerrecht, 3. Auflage 2002, § 13 Rn. 102.

441. Beck'sches Handbuch der GmbH, Gesellschaftsrecht • Steuerrecht, 3. Auflage 2002, § 13 Rn. 109, 112.
442. *Roth/Altmeppen*, Kommentar zum GmbH-Gesetz, 5. Auflage 2005, § 34 Rn. 44.
443. *Goette*, Die GmbH, 2. Auflage 2002, § 6 Rn. 59.
444. *Goette*, Die GmbH, 2. Auflage 2002, § 6 Rn. 60.
445. § 55 Abs. 1 Nr. 2 i. V. m. Nr. 1 S. 2 AO.
446. § 53 Abs. 2 GmbHG.
447. BFH, Urteil vom 21. Januar 2005 – I R 52/03.
448. Münchener Handbuch des Gesellschaftsrechts, Bd. 3, 2. Auflage 2003, § 20 Rn. 91.
449. Münchener Handbuch des Gesellschaftsrechts, Bd. 3, 2. Auflage 2003, § 20 Rn. 88.
450. *Roth/Altmeppen*, Kommentar zum GmbH-Gesetz, 5. Auflage 2005, § 5 Rn. 72 f.
451. *Jost*, in: *Dötsch/Eversberg/Jost/Pung/Witt*, Die Körperschaftsteuer, § 5 Abs. 1 Nr. 9 KStG Rn. 314–316.
452. Weitere Ausführungen zum Gesellschaftsvertrag in Abschnitt A. IV. 2.
453. Pflicht bei der mitbestimmten GmbH.
454. Bei der Geschäftsführung aber auch des Aufsichtsrates gegenüber der Geschäftsführung.
455. *v. Holt/Koch*, Stiftungssatzung, Beck´sche Musterverträge Bd. 47, 1. Auflage 2004, S. 140 f.
456. s. *Böttcher/Laskawy*, Mediationsklauseln in Verträgen und Geschäftsbedingungen: Anregungen und Formulierungsvorschläge, DB 2004, 1247–1251; das Klauselwerk ist angelehnt an *Sick*, Die richtige Mediationsklausel im Vertrag – Voraussetzungen in der Praxis für die Nutzung der Vorteile der Mediation, BB Beilage 5, Heft 25/2003 S. 25–27.
457. S. hierzu auch *Jaeger*, Der Anstellungsvertrag des GmbH-Geschäftsführers, 4. Auflage 2001, Reihe Beck´sche Musterverträge Bd. 2.
458. *Marsch-Banner/Diekmann* in Münchener Handbuch des Gesellschaftsrechts, Bd. 3, 2. Auflage 2003, § 43 Rn. 9; *Goette*, Die GmbH, 2. Auflage 2002, § 8 Rn. 70.
459. *Goette*, Die GmbH, 2. Auflage 2002, § 8 Rn. 89 f.
460. *Marsch-Banner/Diekmann* in Münchener Handbuch des Gesellschaftsrechts, Bd. 3, 2. Auflage 2003, § 43 Rn. 16.
461. *Marsch-Banner/Diekmann* in Münchener Handbuch des Gesellschaftsrechts, Bd. 3, 2. Auflage 2003, § 43 Rn. 6.
462. *Goette*, Die GmbH, 2. Auflage 2002, § 8 Rn. 70; *Jaeger*, Der Anstellungsvertrag des GmbH-Geschäftsführers, 4. Auflage 2001, Reihe Beck´sche Musterverträge Bd. 2, S. 28.
463. § 55 AO; *Hofmeister*, Wirtschaftliche Betätigungen gemeinnütziger Organisationen, in: *Jachmann*, Gemeinnützigkeit, Veröffentlichung der Deutschen Steuerjuristischen Gesellschaft, Band 26, 2003, S. 159–176 (176).
464. *Koch/v. Holt*, Arbeitsheft Chancen- und Risikomanagement, BFS Köln, 2003.
465. *Marsch-Banner/Diekmann* in Münchener Handbuch des Gesellschaftsrechts, Bd. 3, 2. Auflage 2003, § 43 Rn. 1.
466. BGH, Urteil vom 7.10.1963 – VII ZR 93/62, BB 1964 S. 100.
467. Eine Haftungsbegrenzung ist gesellschaftsrechtlich grundsätzlich zulässig, *Roth/Altmeppen*, Kommentar zum GmbH-Gesetz, 5. Auflage 2005, § 43 Rn. 82.
468. Zu denken ist hier insbesondere an ein Verbot, Belohnungen oder Geschenke in Bezug auf die dienstliche Tätigkeit entgegenzunehmen.
469. Die sich aus gemeinnützigkeitsrechtlichen Gründen nicht vorrangig am Gewinn der Gesellschaft orientieren sollten, vgl. § 55 Abs. 1 AO.
470. Sog. salvatorische Klausel, Teilnichtigkeitsklausel.

471. S. hierzu auch *Jaeger*, Der Anstellungsvertrag des GmbH-Geschäftsführers, 4. Auflage 2001, Reihe Beck'sche Musterverträge Bd. 2.
472. Vgl. § 132 UmwG; z. B. *Schmidt*, § 673 BGB bei Verschmelzungsvorgängen in Dienstleistungsunternehmen – oder: Geisterstunde im Umwandlungsrecht? in DB 2001, 1019.
473. § 58 Nr. 1 AO.
474. §§ 65–68 AO.
475. § 613a BGB.
476. Sog. salvatorische Klausel, Teilnichtigkeitsklausel.
477. *Bömelburg*, in: *Peemöller* (Hrsg.), Praxishandbuch der Unternehmensbewertung, 2. Kapitel, Rn. 27; *Rotthege/Wassermann*, Mandatspraxis Unternehmenskauf, 2003, Rn. 88; ähnlich *Wagner/Russ*, Wirtschaftsprüfer-Handbuch 2002, Bd. II, Kapitel O, Rn. 12.
478. *Wagner/Russ*, Wirtschaftsprüfer-Handbuch 2002, Bd. II, Kapitel O, Rn. 17.
479. *Rotthege/Wassermann*, Mandatspraxis Unternehmenskauf, 2003, Rn. 96.
480. *Bömelburg*, in: *Peemöller* (Hrsg.), Praxishandbuch der Unternehmensbewertung, 2. Kapitel, Rn. 27; *Rotthege/Wassermann*, Mandatspraxis Unternehmenskauf, 2003, Rn. 97.
481. *Rotthege/Wassermann*, Mandatspraxis Unternehmenskauf, 2003, Rn. 89; *Wagner/Russ*, Wirtschaftsprüfer-Handbuch 2002, Bd. II, Kapitel O, Rn. 12.
482. *Rotthege/Wassermann*, Mandatspraxis Unternehmenskauf, 2003, Rn. 99.
483. Z. B. Bereitstellung von Unterlagen/Zurverfügungstellung des Datenraums für eine Due Diligence.
484. Sorgfältigen Untersuchung und Analyse; zu den Hauptfunktionen einer Due Diligence s. *Wagner/Russ*, Wirtschaftsprüfer-Handbuch 2002, Bd. II, Kapitel O, Rn. 4.
485. *Rotthege/Wassermann*, Mandatspraxis Unternehmenskauf, 2003, Rn. 92.
486. Hierzu *Böttcher/Laskawy*, Mediationsklauseln in Verträgen und Geschäftsbedingungen: Anregungen und Formulierungsvorschläge, in DB 2004, 1247–1251.
487. Sog. salvatorische Klausel, Teilnichtigkeitsklausel.
488. *Wagner/Russ*, Wirtschaftsprüfer-Handbuch 2002, Bd. II, Kapitel O, Rn. 4.
489. *Wagner/Russ*, Wirtschaftsprüfer-Handbuch 2002, Bd. II, Kapitel O, Rn. 7.
490. S. www.vonHolt.de unter der Rubrik *Due Diligence*.
491. Zum US-Cross-Border-Leasing s. *Bühner/Oberndörfer*, Risikomanagement am Beispiel von US-Cross-Border-Leasing-Transaktionen, DB 2004, 941–945.
492. Z. B. *Pietrek*, Erstattung des Arbeitslosengelds beim Unternehmenskauf, DB 2003, 2065 f.
493. § 55 Abs. 1 Nr. 5 AO.
494. § 55 Abs. 1 Nr. 1 S. 1 AO.
495. § 58 Nr. 1, 2 AO.
496. § 133 UmwG.
497. § 75 AO.
498. § 613a Abs. 2 S. 1 BGB.
499. § 32a GmbHG.
500. BGH, Urteil vom 24. November 2003 – II ZR 171/01.
501. BGH, Urteil vom 20. September 2004 – II ZR 302/02.
502. § 2 Abs. 2 Nr. 2 UStG.
503. Alternativ zu dieser abstrakten Verweisung ist eine konkrete Auflistung möglich, die jedoch bei Erweiterung des Verbundes eine Änderung aller Vereinbarungen erfordert.
504. Abgesehen von bestimmten, explizit steuerbefreiten Umsätzen, z. B. der immer umsatzsteuerbefreiten gemeinnützigen Gestellung von Pflegepersonal, str.; a. A. z. B. FA Flensburg.

505. FG Baden-Württemberg, Urteil vom 3. Februar 1993 – 12 K 51/91.
506. § 2 Abs. 2 UStG.
507. BGH, Urteil vom 20. Februar 1992 – V R 80/85.
508. BGH, Urteil vom 9. Oktober 2002 – V R 64/99.
509. BGH, Urteil vom 22. November 2001 – V R 50/00.
510. BGH, Urteil vom 3. April 2003 – V R 63/01.
511. EuGH vom 27. September 2001 – Rs. C 16/00.
512. Hessisches Finanzgericht, Urteil vom 17. Februar 2003 – 6 K 493/99, EFG 2003, 1046.
513. BMF BStBl I 1973, 683.
514. Die schlagwortartig aufgeführten Grundsätze könnten in der Praxis bedeuten: 1. Alle Entscheidungen werden transparent auf Ziele und konkrete Sachverhalte bezogen. 2. Erwartungen an die Geschäftsführung werden klar und bestimmt formuliert. Dabei wird eindeutig zwischen unverbindlichen Anregungen, zu berücksichtigenden Empfehlungen und einzuhaltenden Weisungen unterschieden. 3. Getroffene Vereinbarungen werden konsequent umgesetzt. Insbesondere auf Abweichungen von Planungen und Vorgaben unvermissverständlich und zeitnah reagiert. Dabei kommen auch unangenehme Entscheidungen ohne Verzögerung zur Umsetzung.
515. Die Nutzung der Balanced Scorecard wird auch als Teil des Risikomanagements im Sinne des KonTraG angesehen. *Meyer,* Im Blindflug ins neue Jahrtausend? Strategische Führung mit Balanced Scorecard. In: *Maelicke* (Hrsg.), Strategische Unternehmensführung in der Sozialwirtschaft, Baden-Baden, 2002, S. 72.
516. *v. Holt/Koch,* Konzeptheft Chancen- und Risikomanagement, BFS-Service Köln.
517. *Koch,* Konzeptheft Balanced Scorecard, BFS Service GmbH (Köln), 2004.
518. Z. B. in den Bereichen Controlling, Wissensmanagement, Kommunikation.
519. Siehe Checkliste D.VI.
520. *Haux,* Handbuch Beteiligungsmanagement, 2001, Kapitel D 3.
521. Management-Informationssystem, vgl. *Haux,* Handbuch Beteiligungsmanagement, 2001, Kapitel C 5.7.
522. Zur Funktion s. *Malik,* Die neue Corporate Governance, 3. Aufl. 2002, S. 121 ff.
523. Sollte kein Aufsichtsrat installiert sein, gelten die Regelungen, soweit zutreffend, für die Gesellschafterversammlung.
524. Z. B. durch konsolidierten Abschluss und Einzelabschlüsse sowie gesonderte Darstellung der Mittel- und Leistungstransfers.
525. Oder die Gesellschafterversammlung.
526. Ca. alle 5 bis 7 Jahre.
527. Die beinhaltet keine allgemeine Befreiung vom § 181 BGB (Selbstkontrahierungsverbot).
528. Siehe die ausführliche Darstellung im Kapitel A.VII.
529. Siehe Kapitel A. V. 7.
530. Siehe Checkliste XV mit einem Musterprotokoll der Gründungsversammlung.
531. Die Einbringung eines Betriebes in eine bar gegründe GmbH kann unter Umständen als verdeckte Sacheinlage zu beurteilen sein.
532. *Koch,* Konzeptheft Balanced Scorecard, BFS Service GmbH (Köln), 2004.
533. § 19 Abs. 2 InsO.
534. § 32 a GmbHG.
535. BGH, Urteil vom 8. Januar 2001 – II ZR 88/99.
536. § 17 InsO.
537. § 19 InsO.
538. Weitere Aspekte, allerdings ohne Bezug zu Nonprofit-Organisationen bei *Seibt:* Effizienzprüfung der Aufsichtsratstätigkeit, DBetrieb, Heft 39/2003, S. 2111.

539. Kritische Aspekte zu einer obligatorischen externen Rotation bei *Haller/ Reitbauer,* Obligatorische externe Rotation des Abschlussprüfers – Felix Austria?, DB 2002, 2229–2235.

540. Bei sozialen Organisationen garantiert die Beauftragung der großen Consulting-Unternehmen keineswegs ein gutes Beratungsergebnis, *Groß,* Beratungsleistungen für soziale Organisationen, Deutscher Verein für öffentliche und private Fürsorge, 1999, S. 160; *Steppan,* Versager im Dreiteiler, S. 237; Zukunftstrends – Spezialisten werden die Nase vorn haben, Beilage Consulting zur Süddeutschen Zeitung vom 9./10. April 2005 und DB ticker managemnet & karriere, Nr. 21, 24. Mai 2005, S. XXII: Der bisher beobachtete Omnipotenzanspruch vieler Beratungsgesellschaften ist Trendforschern zufolge zu hinterfragen. Kunden stellen die „Alles-aus-einer-Hand"-Philosophie vor dem Hintergrund in der Vergangenheit nicht immer messbarer Beratungserfolge verstärkt auf den Prüfstand. Es spricht viel dafür, dass ein Beratermix die langfristig sinnvollere Lösung gegenüber der vielleicht bequemeren Zusammenarbeit mit einer vertrauten Gesellschaft sein könnte.

541. Z. B. *Steppan,* Versager im Dreiteiler, S. 211 ff.; *Marten,* Qualität von Wirtschaftsprüferleistungen, Düsseldorf 1999, S. 274, 277, 280, 282.

542. *Koch,* Konzeptheft Balanced Scorecard, BFS Service GmbH (Köln), 2004.

543. Eine ausführliche Besprechung des Titels steht unter www.socialnet.de/ rezensionen/1739.php bereit.

F. Anhang: Literaturempfehlungen und Links

Dieser kleine Band kann nur eine erste Orientierung bieten und nicht alle denkbaren Fragen im Zusammenhang mit einer gGmbH-Gründung klären. Daher finden Sie hier einige ausgewählte, weiterführende Informationsquellen.

Die ausgewählte und kommentierte **Literatur** bietet andere als die hier gewählten Schwerpunkte oder eine Vertiefung der Thematik.

- Brandmüller, Gerhard: Der GmbH-Geschäftsführer im Gesellschafts-, Steuer- und Sozialversicherungsrecht. Stollfuß Verlag (Bonn, Berlin) 2005, 17. Auflage, 448 Seiten, ISBN 3-08-315817-3, EUR 40,80.
  Der Ratgeber informiert über alle Fragen rund um den GmbH-Geschäftsführer und ist auch für juristische Laien von Nutzen.
- Deutsche Bischofskonferenz, Sekretariat der: Soziale Einrichtungen in katholischer Trägerschaft und wirtschaftliche Aufsicht. Arbeitshilfen Nr. 182. Deutsche Bischofskonferenz (Bonn) 2004, 35 Seiten.
  Die „Handreichung des Verbandes der Diözesen Deutschlands und der Kommission für caritative Fragen der Deutschen Bischofskonferenz "regelt die Anwendung des Deutschen Corporate Governance Kodex auf die Einrichtungen der Caritas.
- Fabry, Beatrice und Ursula Augsten (Hrsg.): Handbuch Unternehmen der öffentlichen Hand. Nomos (Baden-Baden) 2002. 713 Seiten, ISBN 3-7890-7521-3, EUR 91,00.
  Der umfassende Kommentar behandelt vielfältige Aspekte der Gründung und Führung öffentlicher Betriebe.
- Menges, Evelyne: Gemeinnützige Einrichtungen. Nonprofit-Organisationen gründen, führen und optimieren. Beck/dtv (München) 2004, 294 Seiten, ISBN 3-423-05296-1, EUR 12,50.
  Die Autorin behandelt die bei NPO verbreiteten Rechtsformen Verein, GmbH und Stiftung. Neben den rechtlichen und steuerlichen Grundlagen wird ein weites Themenspektrum berücksichtigt: u. a. Ehrenamt, Fundraising, Sozialversicherung, Haftung, GEMA, Versammlungsrecht, Datenschutz, Outsourcing & Fusion, Insolvenz und Auflösung. Der Juristin gelingt auf dem begrenzten Raum trotz der Themenbreite ein erstaunlicher Detailreichtum. Das preiswerte Taschenbuch bietet in alle verbreiteten rechtlichen Aspekte einer Nonprofit-Organisation eine praxisnahe erste Einführung.

- Müller, Welf und Burkhard Hense: Beck'sches Handbuch der GmbH. Gesellschaftsrecht – Steuerrecht. Beck (München) 2002. 1492 Seiten, ISBN 3-406-47893-X. EUR 108,00.
Das Handbuch stellt die ideale gesellschaftsrechtliche Ergänzung dieser Mustersatzung dar. Es bietet eine umfassende Darstellung der aktuellen Rechtsprechung und behandelt auch Randthemen wie Umwandlung Liquidation noch mit erschöpfender Tiefe.
- Oppenländer, Frank und Thomas Trölitzsch (Hrsg.): Praxishandbuch der GmbH-Geschäftsführung. Beck (München) 2004. 796 Seiten. ISBN 3-406-47516-7. EUR 84,00.
Das sehr umfangreiche Werk umfasst bereits Fragen der Rechtsformwahl, Satzungsgestaltung und Gründung. Der Schwerpunkt liegt bei den rechtlichen Aspekten der Geschäftsführung.[543]
- Reichert, Jochem und Stephan Harbarth: Der GmbH-Vertrag. Beck'sche Musterverträge Band 8. Beck (München) 3. Auflage 2001. 236 Seiten, ISBN 3-406-47497-7, EUR 30,00.
Dieser Band der gleichen Reihe legt den Schwerpunkt auf die steuerpflichtige GmbH.
- Voggensperger, Ruth C. u. a.: Gutes besser tun. Corporate Governance in Nonprofit-Organisationen. Haupt (Bern) 2004, 484 Seiten. ISBN 3-258-06728-7. EUR 45,00
Die Aufsatzsammlung bietet eine gute Übersicht über die aktuelle Nonprofit-Governance Diskussion in der Schweiz.

Das **Internet** bietet sich vor allem für sehr aktuelle Informationen und die Kontaktaufnahme an. Sie finden hier interessante Einstiegspunkte für weitere Recherchen.

- http://www.socialnet.de Das führende Portal für Sozialwesen und Nonprofit-Management bietet eine gute Übersicht über bestehende gGmbH. Die Volltextsuche liefert rund 500 Treffer (Stand 3/2005).
- http://www.socialnet.de/rezensionen/ Der Rezensionsdienst liefert jedes Jahr rund 500 Besprechungen aktueller Fachbücher. Zu den vertretenen Schlagwörtern gehören z. b. GmbH, gemeinnütziges Unternehmen und Gemeinnützigkeit
- http://www.corporate-governance-code.de Die aktuelle Fassung des Deutschen Corporate Governance Kodex.
- http://www.gruendungskatalog.de Portal der KfW mit Links zu allgemeinen Fragen der Unternehmensgründung.

G. Stichwortverzeichnis